高等院校医学实验教学系列教材

环境卫生学实习

主　编　牛静萍　唐焕文
副主编　张青碧　张　贺　戴文涛　龙文芳
编　委　（按姓氏笔画排序）

王良君	锦州医科大学	王　莹	锦州医科大学
牛静萍	兰州大学	邓芙蓉	北京大学
龙文芳	海南医学院	曲青山	[美国]纽约大学
阮　烨	兰州大学	李万伟	潍坊医学院
李昱辰	福建医科大学	张青碧	西南医科大学
张　贺	广东医科大学	张　莉	兰州大学
张　璟	济宁医学院	罗　斌	兰州大学
唐焕文	广东医科大学	蒋守芳	华北理工大学
韩知峡	西南医科大学	鲁　彦	佳木斯大学
蔡红平	南昌大学	戴文涛	广东药科大学

科学出版社
北　京

内 容 简 介

本书是理论教材《环境卫生学》（案例版，第 2 版）配套的实验教材。内容分为七个部分（26 个实习项目），主要包括：环境样品的采集和处理、空气环境质量监测、水环境质量监测、环境污染对人群健康影响的监测与评价、现场调查与评价、应急技术与案例分析和拓展型实验。既有验证性实验，也有综合性、设计性实验，同时结合案例分析，形式多样，内容全面。通过学习和实践，能够使学生进一步理解和掌握环境卫生学的基本理论和知识，以及环境卫生实际工作的基本要点，提高发现、分析及解决环境卫生问题的能力。

本书主要供全国高等医学院校预防医学、卫生检验与检疫等相关专业本科生使用，也是公共卫生执业医师考试和环境卫生工作者的重要参考资料。

图书在版编目（CIP）数据

环境卫生学实习 / 牛静萍，唐焕文主编. —北京：科学出版社，2017.1
ISBN 978-7-03-048549-6

Ⅰ. ①环… Ⅱ. ①牛… ②唐… Ⅲ. ①环境卫生学-医学院校-教学参考资料 Ⅳ. ①R12

中国版本图书馆 CIP 数据核字（2016）第 123267 号

责任编辑：朱 华 / 责任校对：李 影
责任印制：赵 博 / 封面设计：陈 敬

科学出版社 出版
北京东黄城根北街 16 号
邮政编码：100717
http://www.sciencep.com
北京凌奇印刷有限责任公司印刷
科学出版社发行 各地新华书店经销
*
2017 年 1 第 一 版 开本：787×1092 1/16
2025 年 1 月第五次印刷 印张：9 1/2
字数：222 000
定价：39.80 元
(如有印装质量问题，我社负责调换)

前　言

环境卫生学是一门实践性很强的学科，为了适应预防医学专业本科实践教学的要求，加强实践性教学环节，在全面理解和掌握环境卫生学的基本理论、基本知识的前提下，努力提高学生的基本实验技能及分析问题、解决问题的能力，我们编写了《环境卫生学实习》。

《环境卫生学实习》是为《环境卫生学》（案例版，第 2 版）教材专门编写的配套实验指导教材，第一版教材实验部分没有单独成册，实验内容是作为教材的一部分编写的，本次修订将实验内容作为《环境卫生学》（案例版）立体教材的组成部分，单独成册编写。

实验教学是实践教学的重要组成部分，加强实验教学是提升环境卫生学教学质量的重要途径，也是提高学生观察、分析问题和动手能力，培养学生学习兴趣的重要手段。随着大学开放式教育的发展，传统实验教学方式已无法满足现代教育的需要，实验教学改革已成为一种必然趋势。为了更好地进行本科生实验教学，《环境卫生学实习》根据预防医学专业本科生培养目标，结合当前环境卫生实际工作的需要，按照出版社“实验内容包括基本实验或经典验证性实验、综合性实验、研究创新性实验或设计性实验”的要求，在《环境卫生学》（案例版）教材实验内容的基础上，对实习项目进行了修订。

《环境卫生学实习》的实习内容分为七个部分：环境样品的采集和处理、空气环境质量监测、水环境质量监测、环境污染对人群健康影响的监测与评价、现场调查与评价、应急技术与案例分析和拓展型实习。实习项目在第 1 版的基础上增加了新的内容，从原来的 14 个增加到 26 个，包括了物理因素检测、化学分析、微生物检验、生物效应检测、环境流行病学调查资料分析、环境质量评价、预防性卫生监督、突发环境污染事件的应急处理技术、环境生态案例分析等。目的是加强实践教学环节，通过有代表性的实验项目，使学生进一步理解和掌握环境卫生学的基本理论和知识；通过实验操作，使学生更好地掌握环境卫生实际工作的基本要点，从不同角度加强学生的实验操作基本技能和动手能力，训练和提高发现问题、分析问题及解决问题的能力，以便尽快适应毕业后的实际工作。

《环境卫生学实习》涉及实习项目较多，考虑到全国各地的地区差别和办学条件的不同以及学时的限制，各学校可以根据本校的教学工作实际适当地选择使用，以满足不同地区和不同学校教学工作的实际需要。

《环境卫生学实习》编写过程中，来自全国 15 所高等医药院校的专家，在几个月的时间里，精心组织、反复讨论，确定了编写大纲；周密设计、科学选材，认真编写完成了教材的全部内容。在此衷心感谢大家付出的辛勤劳动！兰州大学给予大力支持，公共卫生学院的领导及专家和同事们给予了热情帮助，尤其张莉老师对每一个实习项目做了许多工作，在此深表感谢！同时感谢为本书编写、审定、出版过程中给予支持和帮助的所有单位和个人！在编写过程中，本教材引用了相关教材和书籍的部分资料，一并致谢！

由于作者水平有限，本教材疏漏和不足在所难免，恳请各院校同仁、同学提出宝贵意见。

牛静萍　唐焕文

2016 年 5 月

目　　录

前言
第一部分　环境样品的采集和处理 ········ 1
　实习 1　环境样品的采集 ········ 1
　实习 2　环境样品的前处理 ········ 13
第二部分　空气环境质量监测 ········ 18
　实习 3　空气中二氧化硫的测定 ········ 18
　实习 4　空气中颗粒物的测定 ········ 23
　实习 5　空气中氮氧化物的测定 ········ 28
　实习 6　空气中甲醛浓度的测定 ········ 35
　实习 7　空气中细菌的测定 ········ 39
第三部分　水环境质量监测 ········ 43
　实习 8　水中“三氮”的测定 ········ 43
　　第一节　水中氨氮的测定 ········ 43
　　第二节　水中亚硝酸盐氮的测定 ········ 47
　　第三节　水中硝酸盐氮的测定 ········ 50
　实习 9　水中化学耗氧量的测定 ········ 52
　实习 10　水中生化需氧量的测定 ········ 56
　实习 11　水中砷的测定 ········ 62
　实习 12　含氯消毒剂中有效氯含量、水中余氯量及需氯量的测定 ········ 68
　　第一节　含氯消毒剂中有效氯含量的测定 ········ 68
　　第二节　水中余氯的测定 ········ 69
　　第三节　水中需氯量的测定 ········ 73
　实习 13　水的细菌学检验 ········ 76
第四部分　环境污染对人群健康影响的监测与评价 ········ 85
　实习 14　唾液中溶菌酶的测定 ········ 85
　实习 15　血清中脂质过氧化物的测定 ········ 88
第五部分　现场调查与评价 ········ 91
　实习 16　室内空气质量监测与评价 ········ 91
　实习 17　饮用水卫生状况调查与评价 ········ 96
　实习 18　医院环境卫生的调查与评价 ········ 101
　实习 19　点污染源对城市大气质量影响调查与评价 ········ 103
第六部分　应急技术与案例分析 ········ 108
　实习 20　环境砷污染对居民健康影响的调查研究 ········ 108
　实习 21　突发环境污染事件处理的基本技能 ········ 113
　实习 22　环境生态案例分析 ········ 117
第七部分　拓展型实习 ········ 122
　实习 23　自然灾害的卫生应急处置 ········ 122

实习 24 大气中紫外线强度及空气离子的测定与评价 …… 125
实习 25 建筑识图基础与住宅设计卫生审查 …… 130
实习 26 化妆品中重金属的检测与评价 …… 135
第一节 化妆品中汞的测定 …… 135
第二节 化妆品中铅的测定 …… 138
第三节 化妆品中镉的测定 …… 142
参考文献 …… 146
彩图

第一部分　环境样品的采集和处理

实习1　环境样品的采集

（一）目的和意义

掌握如何根据检测目的正确选择采样方法；熟悉环境样品（如空气、水、土壤）的采集、保存与运输方法；了解认识各种采样仪器设备的基本结构和工作原理。为后续实习开展奠定基础。

在公共卫生与预防医学现场调查中，很重要的一项工作是现场环境样品的采集、保存和运输。采样是从大量分析对象中抽取有代表性的小质量样品作为分析材料的过程，要采集到能代表整批分析对象的小质量样品，必须遵守一定的规则，掌握适当的方法，并防止在采样过程中造成某种被测组分的损失或外来组分的污染。因此正确采集、妥善保存和快速送检，是对样品检验结果正确分析与评价的关键。

（二）原则

正确采集环境样品是获得真实可靠数据的关键环节。根据调查的目的、检测对象和样品种类不同，以及采样的特殊性，样品采集应遵守如下基本原则：

（1）采集的样品必须具备代表性样品代表性从抽样层面有两层含义：①随机性抽样，按照随机原则在抽样过程中保证整批分析对象中每一个单位都有被抽取的机会。②代表性取样：用系统抽样法进行采样，根据样品随空间（位置）、时间变化的规律，采集能代表其相应部分的组分和质量的样品。

（2）采样方法必须与分析目的一致。

（3）采样过程设法保持原有的理化指标，避免待测组分发生变化或丢失。

（4）防止和避免待测组分污染。

（5）采样过程尽可能简单易行，所用样品处理设备装置尺寸应该与处理的样品量相适应。

（6）注意采样安全，避免造成人员、样品和环境的污染。

（7）认真填写采样记录。应标明采样名称、编号、采样地点、采样时间、采样数量、采样方法、采样者、检测项目等。

一、空气样品的采集

空气中检测物的存在状态，取决于它们本身的理化性质和形成过程以及气象条件的影响，有气体、蒸气和气溶胶三种存在状态。根据存在状态的不同，空气检测物可分为气体、蒸气和气溶胶状态检测物。

空气检测物的浓度通常表示方法有以下几种：①质量体积浓度指以每立方米空气中含有物质的毫克数表示，单位为 mg/m^3。这是我国法定计量单位之一，可用于表示气体、蒸气和气溶胶状态空气检测物的浓度。②体积浓度指每立方米空气中含有检测物的毫升数，单位为 ml/m^3。这种表示法仅适用于表示气体和蒸气状态检测物的浓度，不适用于气溶胶状态检测物的浓度。③数量浓度指每立方米空气中含有多少个分子、原子或自由基，单位为个数/m^3。通常用来表示空气中浓度水平极低的检测物的含量。我国颁布的居住区大气和车间空气中有害物质的最高容许浓度以及室内空气质量卫生标准中空气检测物的浓度均以 mg/m^3 表示，国外一些文献有时以体积浓度表示空气检测物的浓度。在测定空气中有害物质时，不同现场的气象条件可能不同，为了使污染物的测定结果具有可比性，必须将采样体积换算成标准状况下的体积，再进行空气中有害物质浓度的计算。因此，采样时应记录采样现场的气温和气压，并根据气体状态方程将其换算成标准状况下的采样体积。

$$V_0 = V_t \times \frac{T_0}{T} \times \frac{P}{P_0} = V_t \times \frac{273}{T} \times \frac{P}{101.235}$$

式中：V_0—标准状况下的采样体积，m^3；

V_t—实际采样体积，m^3；

T_0—标准状况下的绝对温度，273K；

T—采样时的绝对温度，K；

P_0—标准状况下的大气压 101. 325kPa；

P—采样时的大气压，kPa 。

（一）采样方案

空气样品的采集原则是根据监测目的和检验项目，在对采样现场调查的基础上，应该选择好采样点、采样时间和频率；要根据待测物在空气中的存在状态、理化性质、浓度和分析方法的灵敏度选择合适的采样方法和采样量；正确使用采样仪器，要建立相应的空气采样质量保证体系，以满足分析方法的要求。根据检测目的不同，按大气和室内环境分别阐述空气样品采样点的选择；根据待测物在空气中的存在状态，按空气中气态、气溶胶和两种状态共存的检测物分别介绍空气样品的采集方法、原理以及最小采气量和采样效率等基本概念。

1. 大气采样

（1）大气样品采样点的选择：采集空气样品的地点称为采样点（sampling site）。采样点的选择是否正确，直接关系到所采集样品的代表性和真实性。对于大气污染调查的采样点选择，首先应根据大气污染监测目的进行调查研究，收集必要的基础资料，经过综合分析，设计布点方法，确定采样频率、采样方法和监测技术。

我国《环境监测技术规范》（大气和废气部分）对采样布点制定了以下原则和要求：①采样点应设在整个监测区域的高、中、低三种不同检测物浓度的地方。②在污染源比较集中，主风向比较明显时，应将污染源的下风向作为主要监测范围，布设较多的采样点，在其上风向布设对照点。③工业较密集的城区和工矿区，人口密度及检测物超标地区，要适当增设采样点；在郊区和农村，人口密度小及检测物浓度低的地区，可酌情少设采样点。④采样点的周围应开阔。应避免靠近污染源，根据污染源的高度和排放强度选择合适的距离设置点；避免靠近高层建筑物，以免受高层建筑物下旋流空气的影响；通常采样点与建筑物的距离应大于建筑物高度的两倍，采样点水平线与周围建筑物高度的夹角应不大于 30°；采样点周围无局部污染源；要尽量避开表面有吸附能力的物体（如建筑材料和树木），间隔至少 1m；交通密集区的采样点应设在距人行道边缘至少 1.5m 的地点。⑤根据监测目的确定采样高度。研究大气污染对人体健康的危害时，采样点应离地面 1.5～2m；连续采样例行监测，采样口高度应距地面 3～15m；若置于屋顶采样，采样点的相对高度度在 1.5m 以上，以减小扬尘的影响。各采样点应该容易接近、安全，并能提供可靠的电源，各采样点的采样设施、条件要尽可能一致或标准化，使获得的监测数据具有可比性。

（2）采样布点方法

1）网格布点法：将监测区域的地面划分成若干均匀网状方格，采样点设在两条直线的交点处或方格中心。对于有多个污染源，且污染源分布较均匀的地区常用此法布设采样点，它能较好地反映检测物的空间分布。

2）功能分区布点法：将监测区域划分为工业区、商业区、居住区、工业和居住混合区、商业繁华区、清洁区等，在各功能区设置一定数量的采样点。清洁对照点一般设在无污染区或远郊地区，一般在污染较集中的工业区和人口较密集的居住区多设采样点。按功能区划分布点法多用于区域性常规监测。

3）同心圆布点法：适用于受单污染源污染的地区采样点布设。即以污染群的中心或特定的污染源为中心，在污染源四周不同方位的不同距离地点设置采样点。一般在八个方位作射线，作半径为 100～5000m 的同心圆，根据污染源、风向频率、有害物质排出高度和排放量以及人力、物力等情况，在不同方位一定范围内设采样点。常年主导风向的下风向可以多设一些采样点。

4）扇形布点法：适用于孤立的高架点源，而且主导风向明显的地区。以污染源所在位置为顶点，常年主风向的下风向的扇形区域不同距离设置采样点，同时在无污染区选择对照点。扇形的角度一般为 45°～90°。

为了掌握检测物的垂直分布情况，对于建筑物沿山坡层层分布的城市，除了设置水平采样点外，还需设置一些垂直采样点。在实际工作中，应因地制宜，往往采用以一种布点方法为主，兼用其他方法的综合布点，使采样网点布设更加完善合理。目前，监测大气污染最有效的方法是建立大气污染自动监测系统，即在一个城市、一个区域或一个国家设置监测网，由监测中心站控制和指挥一系列的监测站，各监测站与中心站之间保持自动的信息联系。在一个监测区域内，采样点设置根据监测范围大小、检测物的空间分布特征、人口分布及密度、气象条件、地形及经济条件等因素综合考虑确定。

（3）采样时间和频率：采样时间系指每次采样从开始到结束所经历的时间，又称采样时段。采样频率系指在一定时间范围内的采样次数。要根据监测目的和《环境空气质量标准》（GB 3095—2012）所要求的监测项目、检测物分布特征及人力、物力等因素决定采样时间和采样频率。

一般短时间采样，空气样品缺乏代表性，监测结果不能反映检测物浓度随时间的变化，仅适用于突发污染事件、初步调查等情况的应急监测。为增强所采集样品的代表性，可以采取两种方式：一是增加采样频率，即每隔一定时间采样测定一次，取多个试样测定结果的平均值为代表值。这种方法适用于人工采样测定的情况，是我国目前大气污染常规监测和环境质量评价监测所采用的方法。若采样频率安排合理、适当积累足够数据，测定结果具有较好的代表性。二是使用自动采样仪器进行连续自动采样，其监测结果能很好地反映检测物浓度的变化，可以获得任何一段时间（如 1 小时、1 天、1 个月、1 个季度或 1 年）的代表值或平均值。

我国居住区大气的卫生标准通常要求检测空气中有害物质的一次最高容许浓度和日平均最高容许浓度。因此，对城镇空气污染状况调查时，应选择每日适当时间（包括夜间）多次采样。这样既可测得空气检测物的一次最高浓度，又可得到其日平均浓度。

2. 室内空气样品采样点的选择　根据我国《室内空气质量标准》（GB/T18883—2002）和《民用建筑工程室内环境污染控制规范》（GB50325—2010）对室内环境检测布点的要求，在监测室内空气污染时，应该按照所监测的室内面积大小和现场情况确定采样点的位置、数量，以便能正确反映室内空气检测物的水平。

（1）采样点选择的原则室内空气的采样点应避开通风道和通风口，离墙壁距离应大于 0.5m。采样点的高度原则上与人的呼吸带高度相一致，相对高度 0.5～1.5m。

（2）采样点的数量室内采样点的数量应按房间的面积设置，原则上小于 50 m^2 的房间应设 1～3 个点；50～100m^2 设 3～5 个点；100m^2 以上至少设 5 个点。样点设在对角线上或梅花式均匀分布，当房间内有 2 或 2 个以上的采样点时，应取各点检测结果的平均值作为该房间的检测值。

（3）采样时间和频率采样前至少关闭门窗 4h。年平均浓度至少连续或间隔采样 3 个月，日平均浓度至少连续采样 18h；8h 平均浓度至少连续采样 6h；平均浓度至少连续采样 45min。评价室内空气质量对人体健康影响时，在人们正常活动情况下采样；对建筑物的室内空气质量进行评价时，应选择在无人活动时进行采样，最好连续监测 3～7d。每次平行采样，平行样品的相对误差不超过 20%。经装修的室内环境，采样应在装修完成 7d 以后进行，一般建议在使用前采样监测。

（二）采样方法

1. 气态检测物的采样方法 通常分为直接采样法和浓缩采样法两大类。

（1）直接采样法直接采样法（direct sampling method）：是一种将空气样品直接采集在合适的空气收集器（air collector）内，再带回实验室分析的采样方法。该法主要适用于采集气体和蒸气状态的检测物，适用于空气检测物浓度较高、分析方法灵敏度较高、不适宜使用动力采样的现场；采样后应尽快分析。用直接采样法所得的测定结果代表空气中有害物质的瞬间或短时间内的平均浓度。根据所用收集器和操作方法的不同，直接采样法又可分为注射器采样法、塑料袋采样法、置换采样法和真空采样法。

1）注射器采样法（syringe sampling method）：这种方法用 50ml 或 100ml 医用气密型注射器作为收集器。在采样现场，先抽取空气将注射器清洗 3～5 次，再采集现场空气，然后将进气端密闭。用气相色谱分析的项目常用注射器采样法采样。

2）塑料袋采样法（sampling method using plastic bag）：该法用塑料袋作为采样容器。塑料袋既不吸附、解吸空气检测物，也不与所采集的空气检测物发生化学反应。在采样现场，用大注射器或手抽气筒将现场空气注入塑料袋内，清洗塑料袋数次后，排尽残余空气，重复 3～5 次，再注入现场空气，密封袋口，带回实验室分析。所用的采气袋应具有使用方便的采气和取气装置，而且能反复多次使用，其死体积不应大于其总体积的 5%。

3）置换采样法（substitution sampling method）：置换采样法以集气瓶（图 1-1）为采样容器。在采样点，将采气动力或 100ml 大注射器与采样容器连接（图 1-2），打开采样容器的活塞，抽取采气管容积 6～10 倍的现场空气，将管内空气完全置换后，再采集现场空气样品，密闭，带回。

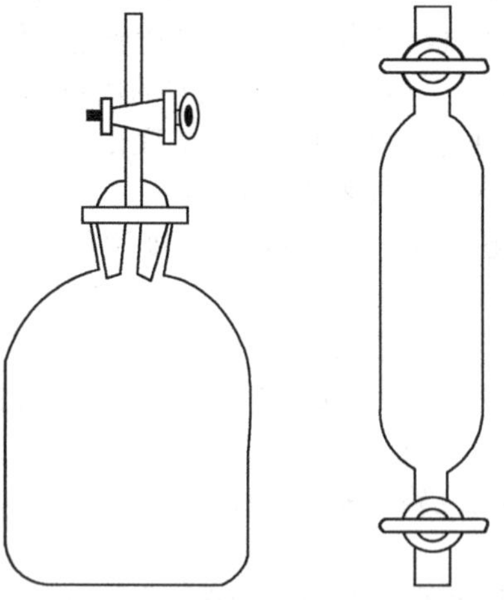

图 1-1 玻璃集气瓶

A. 真空采气瓶；B. 真空采气管

4）真空采样法（vacuum sampling method）采样容器为耐压玻璃或不锈钢制成的真空采气瓶（500～1000ml）（图 1-1）。采样前，先用真空泵将采样容器抽真空（见图 1-2），使瓶内剩余压力小于 133Pa，在采样点将活塞慢慢打开，待现场空气充满采气瓶后，关闭活塞，带回实验室尽快分析。抽真空时，应将采气瓶放于厚布袋中，以防采气瓶炸裂伤人。为防止漏气，活塞应涂渍耐真空油脂。

采样体积为：$V_S = V_B \times \dfrac{P_1 - P_2}{P_1}$

式中：V_S—实际采样体积，ml；

V_B—集气瓶容积，ml；

P_1—采样点采样时的大气压力，kPa；

P_2—集气瓶内的剩余压力，kPa 。

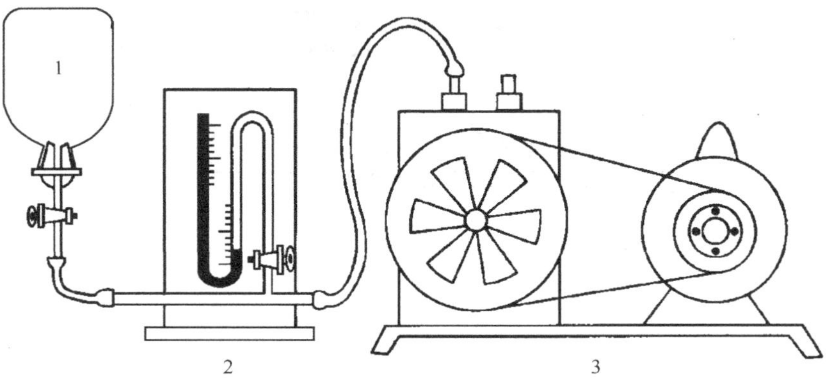

图 1-2　真空采样装置

1：集气瓶；2：闭口压力计；3：真空泵

直接采样法的优点是方法简便，可在有爆炸危险的现场使用。但要特别注意防止收集容器器壁的吸附和解吸现象。收集器内壁的吸附作用可使待测组分浓度降低，例如，用塑料袋采集二氧化硫、氧化氮、苯系物、苯胺等样品时，器壁吸附待测物，应该选用聚四氟乙烯塑料收集器采集这些性质活泼的气态检测物。有些收集器的内壁吸附待测物后又会解吸附，释放待测物，使待测组分浓度增加。因此，用直接采样法采集的空气样品应该尽快测定，减少收集器内壁的吸附、解吸作用。

（2）浓缩采样法浓缩采样法（concentrated sampling method）是大量的空气样品通过空气收集器时，其中的待测物被吸收、吸附或阻留，将低浓度的待测物富集在收集器内。空气中待测物浓度较低，或分析方法的灵敏度较低时，不能用直接采样法，需对空气样品进行浓缩，以满足分析方法的要求。浓缩采样法所采集空气样品的测定结果代表采样期间内待测物的平均浓度。浓缩采样法分为有动力采样法和无动力（无泵）采样法。

1）有动力浓缩采样法：这种采样方法以抽气泵为动力，将空气样品中气态检测物采集在收集器的吸收介质中而被浓缩。以液体为吸收介质时，可用吸收管为收集器；用颗粒状或多孔状的固体物质为吸附介质时，可用填充柱等为收集器。因此，有动力浓缩采样法又分为溶液吸收法、固体填充柱采样法、低温冷凝浓缩法等。在实际应用时，还应根据检测目的和要求、检测物的理化性质和所用分析方法等选择使用。

A. 溶液吸收法（solution absorption method）：该法利用空气中待测物能迅速溶解于吸收液，或能与吸收剂迅速发生化学反应而被采集。当空气样品呈气泡状通过吸收液时，气泡中待检测物的浓度高于气-液界面上的浓度，由于气态分子的高速运动，又存在浓度梯度，待测物迅速扩散到气液界面，被吸收液吸收（图 1-3）。

B. 固体填充柱采样法（solid adsorbent sampling method）：利用空气通过装有固体填充剂的小柱时，空气中有害物质被吸附或阻留在固体填充剂上，从而达到浓缩的目的，采样后，将待测物解吸或洗脱，供测定用（如图 1-4）。理想的固体填充剂应具有良好的机械强度、稳定的理化性质、通气阻力小，采样效率高，易于解吸附，空白值低等性能。

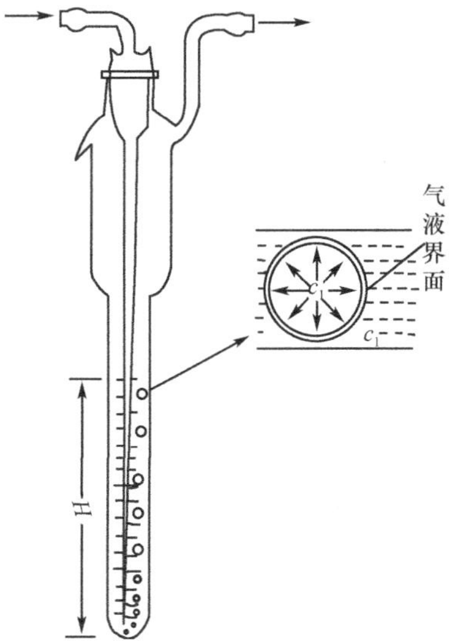

图 1-3　气体在溶液中的吸收过程

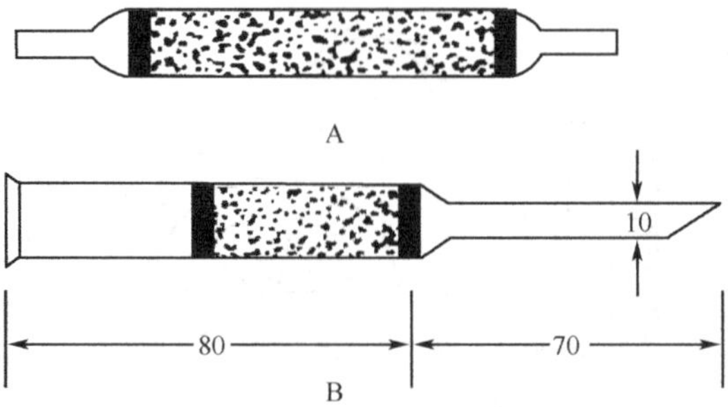

图 1-4 填充柱采样管

A. 细管；B.粗管

与溶液吸收法相比，固体填充剂采样法具有以下优点：可以长时间采样，适用于大气污染组分的日平均浓度的测定；克服了溶液吸收法在采样过程中待测物的蒸发、挥发等损失和采样时间短等缺点。只要选用适当，固体填充剂对气体、蒸气和气溶胶都有较高的采样效率，而溶液吸收法通常对烟、尘等气溶胶的采集效率不高。采集在固体填充剂上的待测检测物比在溶液中更稳定，可存放几天甚至数周。另外，去现场采样时，固体填充剂采样管携带也很方便。

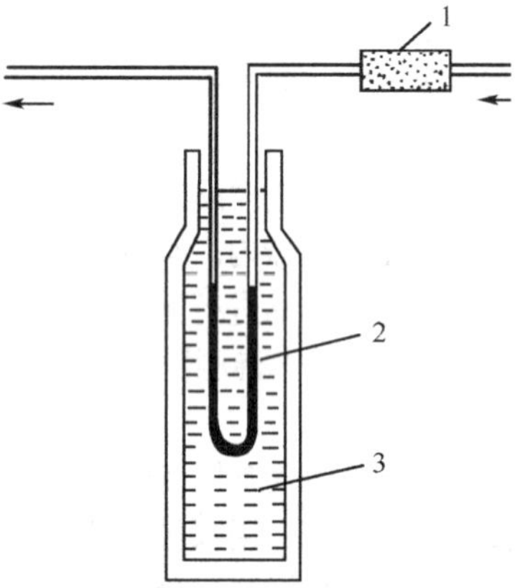

图 1-5 低温冷凝浓缩采样

1：干燥管；2：采样管；3：制冷剂

C. 低温冷凝浓缩法又称为冷阱法（cold trap method）：空气中某些沸点较低的气态物质，在常温下用固体吸附剂很难完全阻留，利用制冷剂使收集器中固体吸附剂温度降低，有利于吸附、采集空气中低沸点物质。采样管可做成 U 形或蛇形，插入冷阱中（见图 1-5）。经低温采样，待测组分冷凝在采样管中，将其连接在气相色谱仪进样口（六通阀），在常温下，或加热气化，并通入载气、待测组分被解吸，进入色谱仪进行分离和测定。

2）无动力（无泵）采样法：又称为被动式采样法（passive sampling method），该法是利用气体分子的扩散或渗透作用，自动到达吸附剂表面，或与吸收液接触而被采集，一定时间后检测待测物。不需要抽气动力和流量计等装置，适宜于采集空气中气态和蒸气状态的有害物质。根据采样原理不同，被动式采样法可分为扩散法和渗透法两类。

2. 气溶胶检测物的采样方法 主要有沉降法、滤料法和冲击式吸收管法。

3. 气态和气溶胶两种状态检测物的同时采样方法 主要有浸渍试剂滤料、泡沫塑料、多层滤料以及环形扩散管与滤料联用等采样方法。

（三）采样仪器

空气采样器（air sampler），指以一定的流量采集空气样品的仪器，通常由样本收集器和动力装置等组成。采样时应按照收集器、流量计、采样动力的先后顺序串联，保证空气样品首先进入收集器而不被污染、吸附，使所采集的空气样品具有真实性。

采样过程中需要使用抽气动力，使空气进入或通过收集器。实际工作中，应根据采样方法的流量和采样体积选择合适的抽气动力。常用的采气动力（sampling power）有手抽气筒、水抽气瓶，电动抽气机种类较多，常见的有：吸尘器、真空泵、刮板泵、薄膜泵、压缩空气吸引器等。

专用采样器在空气理化检验工作中，为了便于采样，通常将收集器、气体流量计和抽气动力组装在一起形成专用采样器。根据采样工作需要，采样时可以选择不同的收集器；一般专用采样器选用转子流量计测量气体流量，以电动抽气机作为采样动力。不少采样器上还装有自动计时器，能方便、准确地控制采样时间。专用采样器体积小、重量轻，携带方便，操作简便。根据其用途，专用采样器可分为以下：大流量采样器、中流量采样器、小流量采样器、分级采样器、粉尘采样器、气体采样器。

随着室内空气污染监测工作的开展，个体接触量监测已经成为评价环境污染与人体健康影响的重要依据。在空气污染和人体健康的监测中，常采用无泵采样器作为个体采样器（personal sampler）。这种采样器体积小，重量轻．可以做成钢笔或徽章的形状，佩戴在人们的上衣口袋处，跟随人们的活动实时采样，采样后送回实验室分析，用于测定人们对检测物的接触量或空气检测物的时间加权平均浓度。被动采样器不仅可以用作个体监测器，也可悬挂于室内的监测场所，连续采样一定时间后，测定检测物的浓度，以评价室内空气质量。

现场采样时，应该设置两个空白对照，并按其他样品一样处理，进行平行分析，若空白检验超过控制范围，则同批样品作废。采样时应记录现场的情况，包括各种污染源，采样日期、时间、地点、数量、布点方式、大气压力、气温、相对湿度、风速以及采样者签字等，并随样品一同送到实验室。在计算浓度时应将采样体积换算成标准状态下的体积。

（四）采样质量控制

1. 最小采气量（minimum sampling volume，V_{min}） 当空气中待测有害物质的浓度为其最高容许浓度值时，保证所采用的分析方法能够检出待测有害物质所需要采集的最小空气体积称为最小采气量。它与国家卫生标准中规定的待测有害物质的最高容许浓度值、分析方法的灵敏度以及分析时所用的样品量有关。当空气中有害物质的浓度低于国家卫生标准的最高容许浓度时，采气量对分析结果有很大的影响。如采气量足够大，就可以测得阳性结果；反之，就不能检出。

2. 采样效率及其评价方法采样效率（sampling efficiency） 是指在规定的条件（如采样流量、被采集物质浓度、采样温度和采样时间等）下，某采样方法所采集到待测物的量占其总量的百分数。采样效率受多种因素的影响，在选择采样方法或建立新的采样方法时必须确定其采样效率。空气理化检验工作中，采样方法的采样效率应高于90%，如果采样效率太低，将对测定结果产生较大影响。空气中待测物的存在状态不同，采样效率的评价方法也不一样。

3. 影响采样效率的因素 ①采集器对采样效率影响很大，在实际工作中合理选择适当采样装置是保证采样效率的前提。②吸收液或固体吸附剂，一般要求所选用的吸收剂对空气中的有害物质的溶解度大、化学反应速度快，与之能生成稳定的物质。在选择采样效率高的吸收液或固体吸附剂时，还应该考虑到采样后所生成的化合物对测定方法是否有影响。③不同的采集器应采用不同的采样速度，如用气体吸收管采集空气中的气体检测物采样速度太快，吸收液还来不及吸收待测物，待测物就被抽走，导致采样效率下降。④采样时还必须考虑气温、湿度等气象因素的影响。另外，还必须正确掌握采样方法和采样仪器的使用，这些都是保证采样效率达到要求的重要条件。

二、水质样品的采样

（一）环境水样品的采集

1. 水质采样方案设计

（1）地表水水质监测点位的布设关系到监测数据是否有代表性，是否能真实地反映水环境质量现状及污染发展趋势的关键问题。设置合理断层，断面在总体和宏观上应能反映水系或区域的水环境质量状况；各断面的具体位置应能反映所在区域环境的污染特征；尽可能以最少的断面获取有足够代表性的环境信息；应考虑实际采样时的可行性和方便性。根据上述总体原则，对水系可设背景断面、控制断面（若干）和入海断面。对行政区域可设背景断面（对水系源头）或入境断面（对过境河流）、控制断面（若干）和入海河口断面或出境断面。在各控制断面下游，如果河段有足够长度（至少 10km），还应设削减断面

（2）污水采样要考虑采样的时间、地点和频次三个方面。为了采集到有代表性的污水，采样前应该了解污染源的排放规律和污水中污染物浓度的时、空变化。在采样的同时还应该测量污水的流量，以获得排污总量数据。

污水监测点位的布设原则：①第一类污染物采样点位一律设在车间或车间处理设施的排放口或专门处理此类污染物设施的排放口；②第二类污染物采样点位一律设在排污单位的外排口。③进入集中污水处理厂和进入城市污水管网的污水应根据地方环境保护行政主管部门的要求确定。

污水处理设施效率监测采样点的布设：①对整体污水处理设施效率监测时，在各种进入污水处理设施污水的入口和污水设施的总排口设置采样点。②对各污水处理单元效率监测时，在各种进入处理设施单元污水的入口和设施单元的排口设置采样点。

2. 水样采集 环境水样根据具体情况，静态水体和流动水体的采样方法不同，应加以区别。瞬时采样和混合采样均适用于静态水体和流动水体，混合采样更适用于静态水体，周期采样和连续采样适用于流动水体。水环境样品的采样方式如下：

（1）开阔河流的采样，应包括下列几个基本点：①用水地点的采样；②污水流入河流后，应在充分混合的地点以及流入前的地点采样；③支流合流后，对充分混合的地点及混合前的主流与支流地点的采样；④主流分流后地点的选择；⑤根据其他需要设定的采样地点。各采样点原则上应在河流横向及垂向的不同位置采集样品。采样时间一般选择在采样前至少连续两天晴天，水质较稳定的时间（特殊需要除外）。采样时间是在考虑人类活动、工厂企业的工作时间及污染物到达时间的基础上确定的。另外，在潮汐区，应考虑潮的情况，确定把水质最坏的时刻包括在采样时间内。

（2）封闭管道的采样，也会遇到与开阔河流采样中所出现的类似问题。采样器探头或采样管应妥善地放在进水的下游，采样管不能靠近管壁、湍流部位，例如在“T”形管、弯头、阀门的后部，可充分混合，一般作为最佳采样点，但是对于等动力采样（等速采样）除外。采集自来水或抽水设备中的水样时，应先放水数分钟，使积留在水管中的杂质及陈旧水排出，然后再取样。采集水样前，应先用水样洗涤采样器容器、盛样瓶及塞子 2～3 次（油类除外）。

（3）水库和湖泊的采样，由于采样地点不同和温度的分层现象可引起水质很大的差异。在调查水质状况时，应考虑到成层期与循环期的水质明显不同。了解循环期水质，可采集表层水样，了解成层期水质，应按深度分层采样。在调查水域污染状况时，需进行综合分析判断，抓住基本点，以取得代表性水样。如废水流入前、流入后充分混合的地点、用水地点、流出地点等，有些可参照开阔河流的采样情况，但不能等同而论。

（4）地下水可分为上层滞水、潜水和承压水。监测井采样不能像地表水采样那样可以在水系的任一点进行，因此，从监测井采得的水样只能代表一个含水层的水平向或垂直向的局部情况。如果采样目的只是为了确定某特定水源中有没有污染物，那么只需从自来水管中采集水样。当采样的目的是要确定某种有机污染物或一些污染物的水平及垂直分布，并做出相应的评价，那么需要组织相当的人力物力进行研究。

（5）降水的采样时，要准确地采集样品难度很大，在降水前必须盖好采样器，只在降水实际出现之后才打开。每次降水取全过程水样（降水开始到结束）。采集样品时，应避开污染源，采样器四周应无遮挡雨、雪的高大树木或建筑物，以便取得准确的结果。

（6）污水的采样频次：①监督性监测，地方环境监测站对污染源的监督性监测每年不少于 1 次，如被国家或地方环境保护行政主管部门列为年度监测的重点排污单位，应增加到每年 2～4 次。②企业自控监测，工业污水按生产周期和生产特点确定监测频次。一般每个生产周期不

得少于3次。③对于污染治理、环境科研、污染源调查和评价等工作中的污水监测，其采样频次可以根据工作方案的要求另行确定。④根据管理需要进行调查性监测，监测站事先应对污染源单位正常生产条件下的一个生产周期进行加密监测。⑤排污单位如有污水处理设施并能正常运行使污水能稳定排放，则污染物排放曲线比较平稳，监督检测可以采瞬时样；对于排放曲线有明显变化的不稳定排放污水，要根据曲线情况分时间单元采样，再组成混合样品。采样方法：a）污水的监测项目根据行业类型有不同要求。在分时间单元采集样品时，测定pH、COD、BOD_5、溶解氧、硫化物、油类、有机物、余氯、粪大肠菌群、悬浮物、放射性等项目的样品，不能混合，只能单独采样。b）自动采样用自动采样器进行，有时间等比例采样和流量等比例采样。当污水排放量较稳定时，可采用时间等比例采样，否则必须采用流量等比例采样。c）采样的位置应在采样断面的中心；在水深大于1m时，应在表层下1/4深度处采样；水深小于或等于1m时，在水深的1/2处采样。

在水样采集过程中，可以根据需要使用流量测量方法，常用方法为：污水流量计法、容积法、速仪法、量水槽法、溢流堰法。

（二）水源水及饮用水采集

1. 水源水的采集　水源水是指集中式供水水源地的原水。水源水采样点通常应选择汲水处。

（1）表层水在河流、湖泊可以直接汲水的场合，可用适当的容器如水桶采样。从桥上等地方采样时，可将系着绳子的桶或带有坠子的采样瓶投入水中汲水。注意不能混入漂浮于水面上的物质。

（2）一定深度的水在湖泊、水库等地采集具有一定深度的水时，可用直立式采水器。这类装置是在下沉过程中水从采样器中流过。当达到预定深度使容器能自动闭合而汲水取水样。在河水流动缓慢的情况下使用上述方法时最好在采样器下系上适宜质量的坠子，当水深流急时要系上相应质量的铅鱼，并配备绞车。

（3）对于自喷的泉水可在涌口处直接采样。采集不自喷泉水时，应将停滞在抽水管中的水汲出，新水更替后再进行采样。从井水采集水样，应在充分抽汲后进行，以保证水样的代表性。

2. 自来水采集

（1）出厂水是指集中式供水单位处理工艺过程完成的水，出厂水的采集点应设在出厂进入输送管道以前处。

（2）末梢水是指出厂水经输水管网输送至终端（用户水龙头）处的水，末梢水的采集应注意采样时间。夜间可能析出可沉渍于管道的附着物，取样时应打开龙头放水数分钟，排出沉积物。采集用于微生物学指标检验的样品前应对水龙头进行消毒。

3. 二次供水的采集　二次供水是指集中式供水在入户之前经再度储存、加压和消毒或深度处理，通过管道或容器输送给用户的供水方式。二次供水的采集：应包括水箱（或蓄水池）进水、出水以及末梢水。

4. 分散式供水的采集　分散式供水是指用户直接从水源取水，未经任何设施或仅有简易的供水方式。分散式供水的采集应根据实际使用情况确定。

（三）水质样品的保存

各种水质的水样，从采集到分析这段时间内，由于物理的、化学的、生物的作用会发生不同程度的变化，这些变化使得进行分析时的样品已不再是采样时的样品，为了使这种变化降低到最小的程度，必须在采样时对样品加以保护。水样在储存期内发生变化的程度主要取决于水的类型及水样的化学性和生物学性质，也取决于保存条件、容器材质、运输及气候变化等因素。

1. 容器的选择　采集和保存样品的容器应充分考虑以下几方面（特别是被分析组分以微量存在时）：①最大限度地防止容器及瓶塞对样品的污染。②容器壁应易于清洗、处理。③容器或容器塞的化学和生物性质应该是惰性的，以防止容器与样品组分发生反应。④防止容器吸收或吸附待测组分，引起待测组分浓度的变化。⑤深色玻璃能降低光敏作用。

2. 容器的准备 一般规则：①所有的准备都应确保不发生正负干扰；②尽可能使用专用容器，以减少交叉污染；③对于新容器，一般应先用洗涤剂清洗，再用纯水彻底清洗。特殊用途采样容器准备：①用于测定农药、除草剂等样品的容器，一般使用棕色玻璃瓶。②用于微生物分析样品的容器及塞子、盖子应经高温灭菌。③采集加氯处理的水样时，此须去氯处理。④当被测水样含有高浓度重金属时，则须在采样瓶内加入螯合剂以减少金属毒性，采样点位置较远，须长距离运输的这类水样更为重要。

3. 容器的封存 对需要测定物理、化学分析物的样品，应使水样充满容器至溢流并密封保存，以减少因与空气中氧气、二氧化碳的反应干扰及样品运输途中的振荡干扰。但当样品需要被冷冻保存时，不应溢满封存。

4. 生物检测的处理保存 用于化学分析的样品和用于生物分析的样品是不同的。加入到生物检测的样品中的化学品能够固定或保存样品，“固定”是用于描述保存形态结构，而“保存”是用于防止有机质的生物化学或化学退化。

5. 样品的冷藏、冷冻 在大多数情况下，从采集样品后到运输到实验室期间，在 1～5℃冷藏并暗处保存，对保存样品就足够了。冷藏并不适用长期保存，对废水的保存时间更短。–20℃的冷冻温度一般能延长储存期。

6. 添加保存剂 所加入的保存剂有可能改变水中组分的化学或物理性质，因此选用保存剂时一定要考虑到对测定项目的影响。如待测项目是溶解态物质，酸化会引起胶体组分和固体的溶解，则必须在过滤后酸化保存。必须要作保存剂空白试验，特别对微量元素的检测。

（四）样品运输

水样采集后必须立即送回实验室，根据采样点的地理位置和每个项目分析前最长可保存时间，选用适当的运输方式，样品运输时应注意以下几点：水样运输前应将容器的外（内）盖盖紧。装箱时应用泡沫塑料等分隔，以防破损。同一采样点的样品应装在同一包装箱内，如需分装在两个或几个箱子中时，则需在每个箱内放入相同的现场采样记录表。运输前应检查现场记录上的所有水样是否全部装箱。要用醒目色彩在包装箱顶部和侧面标上“切勿倒置”的标记。

每个水样瓶均需贴上标签，内容有采样点位编号、采样日期和时间、测定项目、保存方法，并写明用何种保存剂。水样送至实验室时，首先要检查水样是否冷藏，冷藏温度是否保持 1～5℃。其次要验明标签，清点样品数量，确认无误时签字验收。如果不能立即进行分析，应尽快采取保存措施，防止水样被污染。

（五）水样采集的质量控制

水样采集的质量控制的目的是检验采样过程质量，是防止样品采集过程中水样受到污染或发生变质的措施。

1. 现场空白 ①现场空白是指在采样现场以纯水作样品，按照测定项目的采样方法和要求，与样品相同条件下装瓶、保存、运输、直至送交实验室分析。②通过将现场空白与实验室内空白测定结果相对照，掌握采样过程中操作步骤和环境条件对样品质量的影响的状况。现场空白所用的纯水要用洁净的专用容器，由采样人员带到采样现场，运输过程中应注意防止沾污。

2. 运输空白 ①运输空白是以纯水作样品，从实验室到采样现场又返回实验室。运输空白可用来测定样品运输、现场处理和储存期间或由容器带来的可能沾污。②每批样品至少有一个运输空白。

3. 现场平行样 ①现场平行样是指在同等采样条件下，采集平行双样密码送实验室分析，测定结果可反映采样与实验室测定的精密度。当实验室精密度受控时，主要反映采样过程的精密度变化状况。②现场平行样要注意控制采样操作规程和条件的一致。对水质中非均相物质或分布不均匀的污染物，在样品灌装时摇动采样器，使样品保持均匀。③现场平行样占样品总量的 10%以上，一般每批样品至少采集两组平行样。

4. 现场加标样或质控样 ①现场加标样是取一组现场平行样，将实验室配置的一定浓度的被测物质的标准溶液，等量加入到其中一份已知体积的水样中，另一份不加标样，然后按样品要求进行处理，送实验室分析。将测定结果与实验室加标样对比，掌握测定对象在采样、运输过程中的准确度变化情况。现场加标除加标在采样现场进行外，其他要求应与实验室加标样相一致。现场使用的标准溶液与实验室使用的为同一标准溶液。②现场质控样是指将标准样与样品基体组分接近的标准控制样带到采样现场，按样品要求处理后与样品一起送实验室分析。③现场加标样或质控样的数量，一般控制在样品总量的 10%左右，每批样品不少于 2 个。

三、土壤样品的采集

（一）资料收集规划及工具准备

1. 资料收集 收集各级土壤图、土壤剖面记载表、地块速测样登记表、土壤类型、肥力及以往土壤调查结果和典型剖面化验结果，常年生产情况等资料。收集资料，主要用于了解行政区内土壤分布规律、农业生产发展现状，制订符合实际情况的采样计划，包括采样具体地点、采样线路、采样数量等。

2. 采样规划 采样任务的确定，每个项目土壤样品采集的数量由项目要求确定，各项目根据当地实际情况数量可高于项目要求所定的数量。

样品采集总体规划要求：①全面均衡，在整个区域耕地（含园地和菜地）范围进行统筹规划，采样覆盖到县域所有行政村耕地的所有土种，相同土种取样点的布设要匀称。②统筹考虑，推荐施肥样和用于耕地地力评价样统筹考虑相结合，布点时必须同时确定一定比例用于耕地地力评价的样品。③作物对象选择，以选择有代表性、不同作用的区域，如农田、果园、林地、草场、荒野区等。④样品控制单元大小，一般平原区、农田作物每 100～500 亩采一个混合样，丘陵区、大田园艺作物每 30～80 亩采一个混合样。⑤布点疏密把握，测土配方施肥示范区采样布点宜密些，测土配方施肥面上应用区采样布点疏些；可耕地及当地的优势特色作物采样布点宜密些，其他作物及林地荒野区采样布点宜疏些。

用于耕地地力评价的土样采集规划，在搞好样品采集总体规划的基础上进行用于耕地地力评价的土样采集规划，选取其中的部分样点兼顾用于耕地地力评价。具体要求：①样点数量，总采样数小于 2000 个的，规划用于耕地地力评价的土样不少于 600 个；总采样数 2000～3000 个的，规划用于耕地地力评价的土样不少于 800 个，总采样数大于 3000 个的，规划用于耕地地力评价的土样不少于 1000 个。②规划原则与方法，根据地域布点，要求在整个县域范围内进行均衡布点，保证地域分布的均衡性；根据土壤类型布点，每个土种都要求布有点，每个土种上布点的数量根据土种面积大小按比例确定；根据作物类型布点，保证区域内各个主要作物上布有点。

采样任务数逐级分解，各项目应根据采样区域的耕地面积、土壤类型、土地利用现状（作物种类）和地形地貌等搞好采样规划，并将采样任务数逐级分解至下属二级单位。

3. 采样规划图绘制 要求区域每个采样最小单位绘制一张大比例尺的规划图。采样规划图绘制一般原则：①每个区域耕地的每个土种至少采有一个样，以确保耕地地力评价样品的均匀分布；②一般根据同一采样单元其土种类型、土地利用现状、耕作制度、产量水平等因素要求相同，同时考虑地块相连、样品控制面积等因素划分采样单元；③土种变化较多的区域，主要以地形地貌、土地利用现状以及土壤肥力水平为划分依据，一个采样单元可包含多个土种，面积较小的土种，可归并入同一土属的邻近土种或并入利用现状相同且肥力大致相当的土种进行规划；④在一个采样单元内，存在多种利用现状时，以利用现状面积较大的作物来进行采样和调查；⑤在土壤图上勾划每个采样单元的边界，并用阿拉伯数字按序号标注上采样号，如 1、2、3…*n*。规划用于兼顾耕地地力评价的，同时加注评价 1、评价 2、评价 3…评价 *n* 或用醒目的符号标注。

4. 准备工具 准备采样必需的工具，如铁铲、土刀、塑料布、塑料袋、小绳子、铅笔、采样标签纸、GPS 定位仪等。

（二）样品采集

1. 采样田块确定 样点应根据地形和土壤的利用方式（草坪、树木）确定，尽量做到样点要具备代表性，实地采样必须按采样规划图所确定的采样单元进行采样，不得随意变更，若有变更须注明理由。为便于田间示范追踪和施肥分区，采样集中在位于每个采样单元相对中心位置的一个农户的一个典型地块上进行，采样地块面积为 1～10 亩，在采样地块中心位置采用 GPS 定位，记录经纬度，精确到 0.1″。

2. 采样时间 在作物收获后或播种施肥前采集，一般在秋后；果园在果品采摘后第一次施肥前采集，幼树及未挂果果园，应在清园扩穴施肥前采集。进行氮肥追肥推荐时，应在追肥前或作物生长的关键时期采集。

3. 采样周期 同一采样单元，无机氮及植株氮营养快速诊断每季或每年采集 1 次；土壤有效磷、速效钾等一般 2～3 年采集 1 次；中、微量元素一般 3～5 年采集 1 次。

4. 采样深度 大田采样深度为 0～20cm，果园采样深度一般在 0～20 cm、20～40 cm 两层分别采集。用于土壤无机氮含量测定的采样深度应根据不同作物、不同生育期的主要根系分布深度来确定。

5. 采样点数量 要保证足够的采样点，使之能代表采样单元的土壤特性，每个样品取 15～20 个样点。

6. 采样路线 采样时应沿着一定的线路，按照“随机”“等量”和“多点混合”的原则进行采样。一般采用 S 形布点采样。在地形变化小、地力较均匀、采样单元面积较小的情况下，也可采用梅花形布点取样。要避开路边、田埂、沟边、肥堆等特殊部位。蔬菜地混合样的采集要在整地起垄前采集。果园采样要以树干为圆点向外延伸到树冠边缘的 2/3 处采集，每株对角采 2 点，但一定要注意避开施肥沟。

7. 采样方法 每个取土样点的取土深度及采样量应均匀一致，土样上层与下层的比例要相同。取样器应垂直于地面入土，深度相同。用取土铲取样应先铲出一个耕层断面，再平行于断面取土。所有样品都应采用不锈钢取土器采样。

8. 样品量 用于推荐施肥的采样地块为 0.5kg。用于田间试验和兼顾耕地地力评价的采样地块为 2kg 以上，且需长期保存备用。用四分法将多余的土壤弃去。方法是将采集的土壤样品放在盘子里或塑料布上，将样品捏碎并混匀，铺成正方形或圆形，画对角线将土样分成四份，把对角的两份分别合并成一份，保留一份，弃去一份。如果所得的样品依然很多，可再用四分法处理，直至所需数量为止。

9. 装袋与样品标记 采集的样品放入统一的样品袋，用铅笔写好标签，内外各一张。采样时的土壤标签与土壤始终放在一起，严禁混错，样品名称和编码始终不变。

10. 野外调查 为掌握土壤立地条件、土壤理化性状与施肥管理水平和更好地对采样单元进行施肥推荐，在样品采集的同时，对采样地块的基本情况和施肥情况进行田间实地调查。

（张　贺）

实习 2　环境样品的前处理

（一）目的和意义

环境样品种类繁多（常见的有空气、水、土壤、食品、固体废弃物等），组分复杂，且很多待测物质浓度极低，往往难以直接测定，需经过一系列前处理后，才可进行仪器分析。环境样品前处理的主要目的是去除样品中的杂质，浓缩痕量的待测组分，提高方法的灵敏度，降低检出限。在环境样品分析工作中，样品前处理是最耗时的步骤，也是关键步骤，它是分析和检测的基础，其优劣程度直接关系到整个分析过程的准确性、灵敏度、分析速度和成本。

通过本实习，使学生熟悉各种环境样品的前处理方法，能根据检测目的和要求选择合适的样品处理方法，为后继实习的开展奠定基础。

（二）原理和方法

环境样品前处理方法的选择取决于样品的性状、样品中待测组分的化学性质和浓度以及所用的分析仪器和分析方法等因素。根据环境样品的性状不同，固体样品的前处理技术有索氏提取法、超声波辅助萃取、微波辅助萃取、超临界流体萃取、加速溶剂萃取等；液体样品的前处理技术有液液萃取、液相微萃取、固相萃取、固相微萃取、液膜萃取、吹扫捕集法等；气体样品的前处理技术有固体吸附剂法、全量空气法（聚合物袋、玻璃容器捕集法）、吹扫捕集法、固相微萃取等。根据待测组分的化学性质不同，无机化学物分析的前处理方法有湿式消化法、干式消化法、微波消解法和稀释法等；有机化学物分析的前处理包括顶空法、吹扫捕集法、水蒸气蒸馏法、液液萃取法、固相萃取法、固相微萃取法、微波萃取、超临界流体萃取等。本部分对几种主要的前处理技术进行简单介绍。

一、样 品 制 备

检验前需将待检样品制成均匀质样品，以保证取任何部分都能较好地代表全部待检样品的特征。应根据待检样品的性质和检测要求采用不同的制备方法。例如：土壤样品阴干后，以木槌打碎，以 2mm 标准筛筛出< 2mm 的土壤（需全部过筛）后，再依据处理要求进一步缩分制样。固体食品可用粉碎机将样品粉碎，过 20～40 目筛。

目数表示筛孔直径的大小，目数越大，孔径越小。各国标准筛的规格不尽相同，常用的泰勒制是以每英寸长的孔数为筛号，称为目。例如，100 目的筛子表示每英寸筛网上有 100 个筛孔。筛孔尺寸与标准目数对应关系为：0.850mm（20 目），0.425mm（40 目），0.250mm（60 目），0.150mm（100 目），0.0750mm（200 目）。

二、湿式消化法

湿式消化法（也称湿灰化法）是一种传统的消化方法，此法利用氧化性酸和氧化剂对有机物进行氧化、水解，分解有机物，保留无机成分。该方法适用于大多数环境样品分析无机成分的前处理，可同时进行多样品的操作。

湿式消化中最常用的氧化性酸和氧化剂有硫酸、硝酸、高氯酸、过氧化氢等。单一的氧化性酸在操作中不易将试样完全分解或易产生危险，湿式消化中常采用混酸法，如硫酸-硝酸-高氯酸法、硝酸-高氯酸法、过氧化氢-硝酸法、钼酸钠-硫酸-高氯酸法、硫酸-高锰酸钾法等，具体方法应根据样品的性质和所用仪器来选择。

1. 基本操作步骤 （以土壤、食物等样品为例）①准确称取经去杂质、烘干、粉碎、过筛后的样品适量，放入 250ml 的三角烧瓶中（为避免样品沉积于瓶底，可加少许水将样品湿润），加入数粒玻璃珠防止消化过程中暴沸和爆炸。②加入 5ml 硝酸和 3ml 硫酸，室温放置数小时（或过夜）。③于电热板上缓慢加热，消化过程中液体开始变成棕色时，需不断沿瓶壁滴加硝酸（直至有机成分完全分解），继续加热至产生浓厚白烟，待浓烟全部散尽不再产生白烟，直至溶液变成无色透明为止（消化完全）。④取下三角烧瓶冷却后定容备用。

2. 注意事项 湿式消化法依赖于大量的酸，消化条件难以控制，试剂消耗量大，对环境污染也相对较大，同时酸中的杂质会在消化过程中带入样品中，因此为了保证实习结果，湿式消化法建议使用超纯酸。

三、干式消化法

干式消化法（也称干灰化法），也是一种传统消化方法，是利用高温除去样品中的有机质，剩余的灰分用酸溶解，作为样品待测溶液。

干式消化法能处理较大样品量、操作简单、安全。适用于食品、植物等有机物含量多的样品的无机化学物的测定，也适用于大多数金属元素含量分析，但不适用汞、铅、镉、锡、硒等在高温条件下易挥发元素的分析；该法对含无机盐成分高的样品消解效果欠佳。

基本操作步骤：（以土壤中氟化物的测定为例）①准确称量过 100 目筛的土壤 0.2g，置于 50ml 的镍坩埚中。②加入 2g 氢氧化钠。③放入高温马弗炉中加热，由低温逐渐缓缓加热至 550～570℃后，继续保温 20min 后取出冷却。④用约 50ml 煮沸的热水分几次浸取，直至熔块完全溶解。⑤溶解液全部转入 100ml 容量瓶中。⑥再缓缓加入 5ml 盐酸（1+1），不停摇动。⑦冷却后定容备用。

四、微波消解法

微波消解技术（microwave digestion，MD）是在微波能的作用下，破坏样品中目标组分的初始形态，而使其以无机离子最高（或较高）价态的形式萃取出来。

微波消解法通常是利用微波加热封闭容器中的消解液（各种酸、部分碱液以及盐类）和样品，从而在高温增压条件下使各种样品快速溶解（也有敞开容器微波消解的）。该法适用于元素总量的分析，如测定水中砷、铅、汞、锡、铋等元素，测定土壤、沉积物中砷、铅、汞、镉等元素。

1. 基本操作步骤 准确称取粉碎、干燥、过筛后的样品 0.5g 左右，放入微波消解器的消解罐中，加浓硝酸 5～8ml，过氧化氢 1～2ml，旋紧盖子，将样本晃动均匀（可静置过夜），将消解罐置入高压外罐，严格按照各微波消解仪操作手册操作。可根据样本中有机成分含量高低选择不同的微波强度和加热时间（切记刚开始时一定选择低档，时间 5～10min 为宜，以免因压力过高造成溶样杯损坏，发生危险）。消解至样本溶液透明后，取出冷却至室温。水浴中挥发硝酸至近干（在通风橱内操作）。根据检测方法及仪器的要求选择适当的试剂，转移消解液，定容后备用。

微波消解可在短时间内使容器内压力、温度迅速增加，大大提高了样品反应速率，缩短了样品前处理时间，并且可通过控制反应条件，提高制样的准确度与精密度。与传统湿式消化法相比，具有省时、酸耗量少、分解完全、污染轻的优势；与传统干式消化法比较，具有消化更快速、能耗低、挥发损失低的优点。该方法不仅适用于普通样品，也适用于难消解样品和易挥发元素的分析。

2. 注意事项 ①消解未知的高有机样品应该小于0.5g,未知样品推荐在开罐状态下预消解15min。②微波启动后15s内不能关闭，微波停止后5min内不得关机。③微波腔体必须干燥，没有水滴和颗粒物。④以下样品不适合在微波消解容器中使用，禁止在微波系统内消解：炸药（三硝基甲苯、硝化纤维等），推进剂（肼、高氯酸胺等），高氯酸盐；二元醇（乙二醇、丙二醇等），航空染料（JP-1 等），引火化学品；漆、醚（乙二醇苯醚等）、丙烯醛，酮（丙酮、甲基乙基酮等），烷烃（丁烷、己烷等），乙炔化合物；双组分混合物（硝基和苯酚、硝酸和三乙胺、硝酸和丙酮等）；硝酸甘油或其他有机硝化物，丙三醇、乙醇。不得使用高氯酸；硫酸、磷酸应有严格的温控措施；溶液量小于5ml或大于15ml。

五、微波辅助萃取

在微波能的作用下，选择性的将样品中的目标组分以其初始形态的形式萃取出来的技术称为微波辅助萃取技术（microwave-assisted extraction，MAE），简称微波萃取技术。其原理是利用一些极性溶剂（如乙酸、甲醇、丙酮或水）的分子可以迅速吸收微波能量，促进待测组分的释放和溶解。MAE 适合于固体或半固体样品的前处理，主要应用于土壤、沉积物等样品中有机金属化合物（包括有机锡、有机砷、有机汞化合物及硒化合物等）的形态分析和有机污染物（包括多环芳烃类、多氯联苯类、酚类化合物、杀虫剂和除草剂等）的分析。

1. 常规操作方法 ①把极性溶剂（如丙酮）或极性溶剂和非极性溶剂混合物（如丙酮+正己烷，或甲醇+乙酸等），与被萃取样品混合，装入微波制样容器中（一般为PFA杯，萃取溶剂和样品总体积不超过制样杯体积的1/3）。②在密闭状态下，放入微波制样系统中加热（根据被萃取组分的要求，控制萃取压力、温度和时间，加热时间约5～10min）。③加热结束时，把样品过滤，滤液直接（或作相应处理后）进行测定。

MAE 具有设备简单、萃取时间短、选择性好、回收率高、试剂用量少、污染低、可用水作萃取剂、可同时处理多个样品等优点。

2. 注意事项 ①萃取样品量在20g以内。②样品不能含有金属颗粒。③萃取溶剂应吸收微波，非极性溶剂不能吸收微波能量，MAE 不能采用100%的非极性溶剂作为萃取溶剂，可以在非极性溶剂中加入一定比例的极性溶剂。④其他同微波消解法。

六、超临界流体萃取

超临界流体萃取（supercritical fluid extraction，SFE）是利用超临界流体作为萃取剂，从固体或液体中萃取出待测组分的分离技术。

超临界流体是介于气体和液体之间的流体，其温度和压力略超过或靠近临界温度和临界压力。超临界流体兼有气体和液体的双重性质，一方面，其密度与液体相近，与溶质分子的作用力很强，像大多数液体一样，很容易溶解其他物质；另一方面，它黏度较小，接近于气体，传质速度很高，加之表面张力小，渗透性好，很容易渗透到样品中去，并保持较大的流速，可以使萃取过程高效、快速完成。

SFE 通常采用二氧化碳作为超临界流体，萃取非极性和低极性的物质。对于样品分子含有羟基或羧基等极性基团，需要在二氧化碳中加入适量的极性溶剂，以提高流体的极性，或采用极性的超临界流体（如氨等）。

超临界流体萃取装置一般包括：超临界流体发生源（由萃取储槽、高压泵及其他附属装置组成），超临界流体萃取部分（包括萃取管及附属装置），溶质减压吸附分离部分（由喷口、吸收管组成）。

萃取流程：先把样品加入样品管，然后处于超临界态的萃取剂进入样品管，待测物从样品的基体中被萃取至超临界流体中。再通过流量限制出口进入收集器中。萃取出来的溶质及流体，由超临界态喷口减压降温转化为常温常压，此时流体挥发逸出，而溶质吸附在吸收管内多孔填料表面。用合适溶剂淋洗吸收管就可把溶质洗脱收集备用。

SFE 具有提取速度快、效率高、耗时短、选择性强、避免大量溶剂的使用、污染小、易于净化、易于与其他分析技术（主要是气相色谱）联用等特点。此外，超临界流体的溶解力可随萃取压力和温度变化，易于调节，为选择性萃取提供可能，这一点对基体复杂的环境样品尤为重要。

SFE 最适合于固体和半固体样品的萃取，除少量液态样品可直接萃取外，大多数液体及气体样品应先进行固相吸附或膜预处理后，再按固态样品方式进行萃取；SFE 特别适合于萃取烃类及非极性脂溶化合物（如醚、酯、酮及其他分子量达 300～400Da 的化合物）；SFE 可萃取金属离子。

七、固 相 萃 取

固相萃取（solid phase extraction，SPE）是一个柱色谱分离过程，其原理与液相色谱分离过程相似，是一种吸附剂萃取。当试样通过装有合适的固定相时，被测组分由于与固定相作用力较强被吸附留在柱上，并因吸附作用力的不同而彼此分离，样品基质及其他成分与固定相作用力较弱而随水流出萃取柱。被萃取的组分，用少量的选择性溶剂洗脱。因此，它不仅用于“清洗”样品，除去干扰成分，而且可以使组分分级，达到浓缩或纯化的作用。SPE 主要适用于水、大气样品的前处理，也可应用于固体环境样品提取液的净化。目前商品化的 SPE 柱种类很多，已能够满足极性、非极性等各种有机污染物的萃取富集要求，许多金属离子和有机金属化合物也可用 SPE 法富集。

1. 基本操作步骤 ①柱的预处理（活化与平衡）：依次用强溶剂、弱溶剂（缓冲溶液）进行活化。②上样：用能够溶解样品的弱溶剂携带样品上柱，既要保证样品分析组分的有效溶解，又要确保溶剂强度不至于把被分析组分从柱上洗脱下来。③淋洗：用具有一定强度的混合溶剂淋洗去除干扰组分，确保杂质被洗脱，而被分析组分有效的保留在柱上。④分析物的洗脱和收集：用较强的溶剂把被分析组分从柱上替换洗脱下来，并收集在最小体积的级分中。

与传统的液液萃取法相比较，SPE 可以提高被分析物的回收率，更有效地将分析组分与干扰组分分离，减少样品前处理过程，操作简单，省时省力。

2. 注意事项 ①根据分析目标物的理化性质选择合适的 SPE 柱；②一般 SPE 柱要防止干涸；③注意控制柱载量，防止穿透过载；④严格控制上样液和洗脱液滴速；⑤防止混浊样品堵塞柱子。

八、固相微萃取

固相微萃取（solid phase microextraction，SPME）是在固相萃取基础上发展起来的新的萃取分离技术。SPME 使用的是一支携带方便的萃取器，根据相似相溶原理，结合待测物质在样品及微型萃取涂层中的平衡分配系数进行萃取。SPME 不要求将待测组分全部分离出来，而是通过样品与固相涂层间的平衡来达到分离。

1. 基本操作步骤 ①样品萃取：将 SPME 针管穿透样品瓶隔垫，插入瓶中；推手柄杆使纤维头伸出针管，纤维头可以浸入水溶液中（直接萃取）或置于样品上部空间（顶空萃取），萃取时间大约 2～30min；缩回纤维头，然后将针管退出样品瓶。②解析过程：以气相色谱为例，将针管插入气相色谱仪的进样口；推手柄杆，伸出纤维头，使分析样品热解吸，释放进入毛细管柱中分离测定；缩回纤维头，移去针管。

SPME 操作方便、分析快速；样品需要量少（1～10ml）；无需溶剂；萃取范围广；设备简单便携；可在各型号的气相色谱仪和高效液相色谱仪上直接进样；集采样、萃取、浓缩、进样于一体，避免引入多步误差。

SPME 可用于液态、固态和气态样品的前处理，已被应用到大气、土壤、水体中挥发性、半挥发性有机污染物（包括苯及其同系物、多环芳烃、酚类化合物、多氯联苯、卤代烷烃、农药等）的测定。

2. 注意事项 ①SPME 的关键在于选择石英纤维上的涂层（即吸附剂），要使目标化合物能吸附在涂层上，而干扰化合物和溶剂不吸附。②选择原则一般为目标化合物是非极性时选择非极性涂层，目标化合物是极性时选择极性涂层。

九、吹扫捕集法

吹扫捕集法（purge and trap，PT），又称动态顶空浓缩法。其基本过程是：将环境样品放置在密闭的容器中，适当加热，并以一定流量的惰性气体（多用氮气）向样品中连续吹入，利用惰性气体将易挥发的成分驱赶到另一个带吸收液的吸收管中，或在冷阱中冷凝下来，分析备用。

吹扫捕集法适用于从液体或固体样品中萃取沸点低于 200℃、溶解度小于 2%的挥发性或半挥发性有机物，也适用于有机金属化学物的形态分析。PT 已广泛应用于食品与环境监测。

PT 无需使用有机溶剂进行前处理，对环境不造成二次污染，且具有取样量少、富集效率高、受基体干扰小及容易实现在线检测等优点。PT 的不足：易形成泡沫，使容器超载；伴有水蒸气的吹出，不利于下一步的吸附，对非极性气相色谱分析的分离带来困难；水对火焰类检测器也有淬灭作用。

十、液液萃取

液液萃取法（liquid-liquid extraction，LLE），是利用化学物在两种互不相溶（或微溶）的溶剂中溶解度或分配系数的不同，使化学物从一种溶剂内转移到另一种溶剂中，经过反复多次萃取，将绝大部分的化学物提取出来。主要用于样品的分离、净化和浓缩，在有机物分析上是一种有效的提纯手段。LLE 优点为应用范围广、技术成熟、设备简单、操作容易、处理样品量较大、萃取较完全；缺点为易乳化、回收率不稳定、选择性差、有机溶剂用量大、人为因素影响大。

（王 莹）

第二部分　空气环境质量监测

实习3　空气中二氧化硫的测定

一、甲醛吸收-副玫瑰苯胺分光光度法

（一）目的和意义

掌握甲醛吸收-副玫瑰苯胺比色法（HJ 482—2009）测定空气中二氧化硫的方法。

（二）原理

二氧化硫被甲醛缓冲溶液吸收后，生成稳定的羟甲基磺酸加成化合物，在样品溶液中加入氢氧化钠，使加成化合物分解，释放出的二氧化硫与副玫瑰苯胺、甲醛作用，生成紫红色化合物，用分光光度计在波长 577nm 处测量吸光度。

（三）仪器

（1）分光光度计。

（2）多孔玻板吸收管：10ml 多孔玻板吸收管，用于短时间采样；50ml 多孔玻板吸收管，用于 24h 连续采样。

（3）恒温水浴，0～40℃，控制精度为±1℃ 。

（4）10ml 具塞比色管。

（5）空气采样器：用于短时间采样的普通空气采样器，流量范围 0.1～1 L/min，应具有保温装置；用于 24h 连续采样的采样器应具备有恒温、恒流、计时、自动控制开关的功能，流量范围 0.1～0.5L/min。

（四）试剂

除非另有说明，分析时均使用符合国家标准的分析纯试剂，实习用水为新制备的蒸馏水或同等纯度的水。

（1）碘酸钾（KIO_3），优级纯：经 110℃干燥 2h。

（2）氢氧化钠溶液，c（NaOH）=1.5mol/L：称取 6.0g NaOH，溶于 100ml 水中。

（3）环己二胺四乙酸二钠溶液，c（CDTA-2Na）=0.05mol/L：称取 1.82g 反式 1，2-环己二胺四乙酸[（trans-1，2-cyclohexylenedinitrilo）tetraacetic acid，简称 CDTA]，加入 1.5mol/L 的氢氧化钠溶液 6.5ml，用水稀释至 100ml。

（4）甲醛缓冲吸收储备液：吸取 36%～38%的甲醛溶液 5.5ml，0.05mol/L 的 CDTA-2Na 溶液 20.00ml；称取 2.04g 邻苯二甲酸氢钾，溶于少量水中；将三种溶液合并，再用水稀释至 100ml，储于冰箱可保存 1 年。

（5）甲醛缓冲吸收液：用水将甲醛缓冲吸收储备液稀释 100 倍。临用时现配。

（6）氨磺酸钠溶液，ρ（NaH_2NSO_3）=6.0g/L：称取 0.60g 氨磺酸[H_2NSO_3H]置于 100ml 烧杯中，加入 4.0ml 1.5mol/L 的氢氧化钠，用水搅拌至完全溶解后稀释至 100ml，摇匀。此溶液密封可保存 10 天。

（7）碘储备液，c（$1/2I_2$）=0.10mol/L：称取 12.7g 碘（I_2）于烧杯中，加入 40g 碘化钾和

25ml 水，搅拌至完全溶解，用水稀释至 1000ml，储存于棕色细口瓶中。

（8）碘溶液，c（$1/2I_2$）=0.010mol/L：量取碘储备液 50ml，用水稀释至 500ml，储于棕色细口瓶中。

（9）淀粉溶液，ρ（淀粉）=5.0 g/L：称取 0.5g 可溶性淀粉于 150ml 烧杯中，用少量水调成糊状，慢慢倒入 100ml 沸水，继续煮沸至溶液澄清，冷却后储于试剂瓶中。

（10）碘酸钾基准溶液，c（$1/6KIO_3$）=0.10mol/L：准确称取 3.5667g 碘酸钾溶于水，移入 1000ml 容量瓶中，用水稀至标线，摇匀。

（11）盐酸溶液，c（HCl）=1.2 mol/L：量取 100ml 浓盐酸，加到 900ml 水中。

（12）硫代硫酸钠标准储备液，c（$Na_2S_2O_3$）=0.10 mol/L：称取 25.0g 硫代硫酸钠（$Na_2S_2O_3\cdot 5H_2O$），溶于 1000ml 水中，加入 0.2g 无水碳酸钠，储于棕色细口瓶中，放置一周后备用。如溶液呈现混浊，必须过滤。

标定方法：吸取三份 20.00ml 碘酸钾基准溶液分别置于 250ml 碘量瓶中，加 70ml 新煮沸，但已冷却的水，加 1g 碘化钾，振摇至完全溶解后，加 10ml 盐酸溶液，立即盖好瓶塞，摇匀；用硫代硫酸钠标准溶液滴定溶液至浅黄色，加 2ml 淀粉溶液，继续滴定至蓝色刚好褪去为终点。硫代硫酸钠标准溶液的浓度按以下公式（3-1）计算：

$$c_1 = \frac{0.1000 \times 20.00}{V} \tag{3-1}$$

式（3-1）中：c_1—硫代硫酸钠标准溶液的浓度，mol/L；

V—滴定所耗硫代硫酸钠标准溶液的体积，ml。

（13）硫代硫酸钠标准溶液，c（$Na_2S_2O_3$）≈0.01000mol/L：取 50.0ml 硫代硫酸钠储备液置于 500ml 容量瓶中，用新煮沸但已冷却的水稀释至标线，摇匀。

（14）乙二胺四乙酸二钠盐（EDTA-2Na）溶液，ρ（EDTA-2Na）=0.50g/L：称取 0.25g 乙二胺四乙酸二钠盐[$C_{10}H_{14}N_2O_8Na_2\cdot 2H_2O$]溶于 500ml 新煮沸但已冷却的水中。临用时现配。

（15）亚硫酸钠溶液，ρ（Na_2SO_3）=1g/L：称取 0.2 g 亚硫酸钠（Na_2SO_3），溶于 200ml EDTA-2Na 溶液中，缓缓摇匀以防充氧，使其溶解。放置 2～3h 后标定。此溶液每毫升相当于 320～400μg 二氧化硫。

标定方法：

1）取 6 个 250 ml 碘量瓶（A_1、A_2、A_3、B_1、B_2、B_3），在 A_1、A_2、A_3 内各加入 25 ml 乙二胺四乙酸二钠盐溶液，在 B_1、B_2、B_3 内加入 25.00ml 亚硫酸钠溶液，分别加入 50.0ml 碘溶液和 1.00ml 冰乙酸，盖好瓶盖，摇匀。

2）立即吸取 2.00ml 亚硫酸钠溶液加到一个已装有 40～50ml 甲醛吸收液的 100 ml 容量瓶中，并用甲醛吸收液稀释至标线、摇匀。此溶液即为二氧化硫标准储备溶液，在 4～5℃下冷藏，可稳定 6 个月。

3）A_1、A_2、A_3、B_1、B_2、B_3 六个瓶子于暗处放置 5min 后，用硫代硫酸钠溶液滴定至浅黄色，加 5ml 淀粉指示剂，继续滴定至蓝色刚刚消失。平行滴定所用硫代硫酸钠溶液的体积之差应不大于 0.05 ml。

二氧化硫标准储备溶液的质量浓度由下式（3-2）计算：

$$\rho(SO_2) = \frac{(\bar{V}_0 - \bar{V}) \times c_2 \times 32.02 \times 10^3}{25.00} \times \frac{2.00}{100} \tag{3-2}$$

式（3-2）中：ρ（SO_2）—二氧化硫标准储备溶液的质量浓度，μg/ml；

V_0—空白滴定所用硫代硫酸钠溶液的体积，ml；

V—样品滴定所用硫代硫酸钠溶液的体积，ml；

c_2—硫代硫酸钠溶液的浓度，mol/L。

（16）二氧化硫标准溶液，$\rho(SO_2)$ = 1.00μg/ml：用甲醛吸收液（5）将二氧化硫标准储备溶液稀释成每毫升含 1.0μg 二氧化硫的标准溶液。此溶液用于绘制标准曲线，在 4～5℃下冷藏，可稳定 1 个月。

（17）盐酸副玫瑰苯胺（pararosaniline，简称 PRA，即副品红或对品红）储备液（PRA）=2.0g/L：其纯度应达到副玫瑰苯胺提纯及检验方法的质量要求。

（18）盐酸副玫瑰苯胺溶液，ρ（PRA）=0.50g/L：吸取 25.00ml 副玫瑰苯胺储备液于 100ml 容量瓶中，加 30ml 85%的浓磷酸，12ml 浓盐酸，用水稀释至标线，摇匀，放置过夜后使用，避光密封保存。

（19）盐酸-乙醇清洗液：由三份（1+4）盐酸和一份 95%乙醇混合配制而成，用于清洗比色管和比色皿。

（五）操作方法

1. 标准曲线的绘制 取 16 支 10ml 具塞比色管，分 A、B 两组，每组 7 支，分别对应编号。A 组按表 3-1 配制校准系列。

表 3-1 二氧化硫校准系列

管号	0	1	2	3	4	5	6
二氧化硫 1.00 μg/ml 标准溶液（ml）	0	0.50	1.00	2.00	5.00	8.00	10.00
甲醛缓冲吸收液(ml)	10.00	9.50	9.00	8.00	5.00	2.00	0
二氧化硫含量(μg)	0	0.50	1.00	2.00	5.00	8.00	10.00

（1）在 A 组各管中分别加入 0.5ml 氨磺酸钠溶液和 0.5 ml 氢氧化钠溶液，混匀。

（2）在 B 组各管中分别加入 1.00ml PRA 溶液。

（3）将 A 组各管的溶液迅速地全部倒入对应编号并盛有 PRA 溶液的 B 管中，立即加塞混匀后放入恒温水浴装置中显色。在波长 577nm 处，用 10mm 比色皿，以水为参比测量吸光度。以空白校正后各管的吸光度为纵坐标，以二氧化硫的含量（μg）为横坐标，用最小二乘法建立校准曲线的回归方程。

（4）显色温度与室温之差不应超过 3℃。根据季节和环境条件按表 3-2 选择合适的显色温度与显色时间。

表 3-2 显色温度与显色时间

显色温度(℃)	10	15	20	25	30
显色时间(min)	40	25	20	15	5
稳定时间(min)	35	25	20	15	10
试剂空白吸光度 A_0	0.030	0.035	0.040	0.050	0.060

2. 采样

（1）短时间采样：采用内装 10ml 吸收液的多孔玻板吸收管，以 0.5 L/min 的流量采气 45～60 min。吸收液温度保持在 23～29℃的范围。

（2）24h 连续采样：用内装 50ml 吸收液的多孔玻板吸收瓶，以 0.2 L/min 的流量连续采样 24 h。吸收液温度保持在 23～29℃的范围。

（3）现场空白：将装有吸收液的采样管带到采样现场，除了不采气之外，其他环境条件与样品相同。

注 1：样品采集、运输和储存过程中应避免阳光照射。

注 2：放置在室（亭）内的 24h 连续采样器，进气口应连接符合要求的空气质量集中采样管路系统，以减少二氧化硫进入吸收瓶前的损失。

3. 样品测定

（1）样品溶液中如有混浊物，则应离心分离除去。

（2）样品放置 20min，以使臭氧分解。

（3）短时间采集的样品：将吸收管中的样品溶液移入 10ml 比色管中，用少量甲醛吸收液洗涤吸收管，洗液并入比色管中并稀释至标线。加入 0.5ml 氨磺酸钠溶液，混匀，放置 10min 以除去氮氧化物的干扰。以下步骤同校准曲线的绘制。

（4）连续 24h 采集的样品：将吸收瓶中样品移入 50ml 容量瓶（或比色管）中，用少量甲醛吸收液洗涤吸收瓶后再倒入容量瓶（或比色管）中，并用吸收液稀释至标线。吸取适当体积的试样（视浓度高低而决定取 2～10ml）于 10ml 比色管中，再用吸收液稀释至标线，加入 0.5ml 氨磺酸钠溶液，混匀，放置 10min 以除去氮氧化物的干扰。

（5）结果表示：空气中二氧化硫的质量浓度，按下式（3-3）计算：

$$\rho(SO_2)=\frac{(A-A_0-a)}{b\times V_s}\times\frac{V_t}{V_a} \tag{3-3}$$

式（3-3）中：$\rho(SO_2)$—空气中二氧化硫的质量浓度，mg/m^3；

A—样品溶液的吸光度；

A_0—试剂空白溶液的吸光度；

B—校准曲线的斜率，吸光度/μg；

a—校准曲线的截距（一般要求小于 0.005）；

V_t—样品溶液的总体积，ml；

V_a—测定时所取试样的体积，ml；

V_s—换算成标准状态下（101.325 kPa，273 K）的采样体积（L）。

（六）注意事项

（1）多孔玻板吸收管的阻力为 6.0 kPa±0.6 kPa，2/3 玻板面积发泡均匀，边缘无气泡逸出。

（2）采样时吸收液的温度在 23～29℃ 时，吸收效率为 100%。10～15℃ 时，吸收效率偏低 5%。高于 33℃ 或低于 9℃ 时，吸收效率偏低 10%。

（3）每批样品至少测定两个现场空白。即将装有吸收液的采样管带到采样现场，除了不采气之外，其他环境条件与样品相同。

（4）当空气中二氧化硫浓度高于测定上限时，可以适当减少采样体积。

（5）如果样品溶液的吸光度超过标准曲线的上限，可用试剂空白液稀释，在数分钟内再测定吸光度，但稀释倍数不要大于 6。

（6）显色温度低，显色慢，稳定时间长。显色温度高，显色快，稳定时间短。操作人员必须了解显色温度、显色时间和稳定时间的关系，严格控制反应条件。

（7）测定样品时的温度与绘制校准曲线时的温度之差不应超过 2℃ 。

（8）在给定条件下校准曲线斜率应为 0.042±0.004，测定样品时的试剂空白吸光度 A_0 和绘制标准曲线时的 A_0 波动范围不超过±15%。

（9）六价铬能使紫红色络合物褪色，产生负干扰，故应避免用硫酸-铬酸洗液洗涤玻璃器皿。若已用硫酸-铬酸洗液洗涤过，则需用盐酸溶液（1+1）浸洗，再用水充分洗涤。

二、紫外荧光法测定 SO_2 浓度

（一）目的和意义

（1）掌握二氧化硫紫外荧光分析仪的操作方法。

（2）理解紫外荧光法测定法的基本原理。

（二）原理

用紫外线（波长 190～230nm）照射大气样品，空气中 SO_2 吸收紫外光后被激发至激发态，激发态的 SO_2 分子不稳定，发出波峰为 330nm 的荧光。发出的荧光强度与 SO_2 浓度成正比，用光电倍增管及电子测量系统测量荧光强度，即可以算出大气中 SO_2 的浓度。

（三）仪器

（1）采样管路：由惰性的化学材料制成，样品在采样管路中停留时间尽可能短。

（2）入口滤膜：安装在采样线路通向仪器的入口处，剔除影响分析仪正常操作的杂质微粒。

（3）空气除烃器：去除干扰气体，如芳香碳氢化合物。

（4）光学装置和荧光反应室：紫外灯用来发射紫外线；光电倍增管用来检测在反应室中由激发态 SO_2 分子发射的荧光。

（5）压力调节器：测量反应室内部气体压力并由压力调节器对信号进行调节和校正控制。

（6）流量控制器和指示器：保持流速的稳定性。

（7）信号处理和控制部分：对系统各部分发出信号，根据设定的程序自动反复进行信号处理。

（8）空气泵：安装在采样管路的末端，用来将空气抽到分析仪中。

（四）操作方法

打开电源开关，预热 30min，稳定后通入不含 SO_2 的零气，调节仪器零点电位器使读数指零；然后通入浓度为所选量程满量程 90%的 SO_2 标准气，调节仪器跨度电位器使读数指在所通入的标准气浓度值；然后再通入零气清洗气路，当仪器指零后即可进行采样分析。可连接气体采样管路进行现场连续测定，也可连接样品储器进行单个样品测定。连续测定样品气的流速为 1.5L/min，单个测定进样量决定于所选仪器的相应时间与流速的乘积。测定结果可由仪器直接显示浓度读数。

（五）注意事项

（1）通常情况下需要 7～15 天更换一次入口处的过滤膜。

（2）在仪器运行过程中应保证通过空气除烃器的试样气与环境空气的压力、温度基本一致。

（3）光学装置应当设置在恒温的环境中。

（4）由于使用紫外灯会产生臭氧，建议分析仪中气体排空时经过药用炭吸收器以除去臭氧。

（邓芙蓉　杨　玄）

实习4　空气中颗粒物的测定

一、环境空气中总悬浮颗粒物的测定——重量法

（一）目的和意义

（1）熟练掌握重量法（GB/T 15432—1995）测空气中总悬浮颗粒物的原理和操作方法。

（2）了解重量法在何种情况下使用。

（二）原理

通过具有一定切割特性的采样器，以恒速抽取定量体积的空气，空气中粒径小于100μm的悬浮颗粒物，被截留在已知恒重的滤膜上。根据采样前、后滤膜重量之差及采样体积，计算总悬浮颗粒物的浓度。滤膜经处理后，进行组分分析。

（三）仪器

（1）大流量采样器（工作点流量为1.05m^3/min的采样器）或中流量采样器（工作点流量为0.10m^3/min的采样器）。

（2）孔口流量计：①大流量孔口流量计：量程0.7～1.4m^3/min；流量分辨率0.01m^3/min；精度优于±2%。②中流量孔口流量计：量程70～160L/min；流量分辨率1L/min；精度优于±2%。

（3）U型管压差计：最小刻度0.1hPa。

（4）X线看片机：用于检查滤膜有无缺损。

（5）打号机：用于在滤膜及滤膜袋上打号。

（6）镊子：用于夹取滤膜。

（7）滤膜：超细玻璃纤维滤膜，对0.3μm标准粒子的截留效率不低于99%，在气流速度为0.45m/s时，单张滤膜阻力不大于3.5kPa，在同样气流速度下，抽取经高效过滤器净化的空气5h，1cm^2滤膜失重不大于0.012mg。

（8）滤膜袋：用于存放采样后对折的采尘滤膜。袋面印有编号、采样日期、采样地点、采样人等项栏目。

（9）滤膜保存盒：用于保存、运送滤膜，保证滤膜在采样前处于平展不受折状态。

（10）恒温恒湿箱：箱内空气温度要求在15～30℃范围内连续可调，控温精度±1℃；箱内空气相对湿度应控制在（50±5）%。恒温恒湿箱可连续工作。

（11）天平：①总悬浮颗粒大盘天平：用于大流量采样滤膜称量。称量范围≥10g；感量1mg；再现性（标准差）≤2mg。②分析天平：用于中流量采样滤膜称量。称量范围≥10g；感量0.1mg；再现性（标准差）≤2mg。

（四）操作方法

（1）采样前的准备

1）采样器的流量校准：新购置或维修后的采样器在启用前，需进行流量校准；正常使用的采样器每月需进行一次流量校准。[见本试验（六）流量校准步骤]。

2）滤膜准备：每张滤膜均需用X线看片机进行检查，不得有针孔或任何缺陷。在选中的滤膜光滑表面的两个对角上打印编号。滤膜袋上打印同样编号备用。将滤膜放在恒温恒湿箱中平衡24h，平衡温度取15～30℃中任一点，记录下平衡温度与湿度和滤膜重量W_0（g）。

（2）打开采样头顶盖，去除滤膜夹。用清洁干布擦去采样头内及滤膜夹的灰尘。

（3）将已编号并称量过的滤膜绒面向上，放在滤膜支持网上，放上滤膜夹，对正，拧紧，使不漏气。安好采样头顶盖，按照采样器使用说明，设置采样时间，即可启动采样。

（4）样品采完后，打开采样头，用镊子轻轻取下滤膜，采样面向里，将滤膜对折，放入号码相同的滤膜袋中。

（5）把尘膜放在恒温恒湿箱中，与干净滤膜平衡条件相同的温度、湿度，平衡 24h。

（6）在上述平衡条件下称量滤膜，记录下滤膜重量 W_1（g）。滤膜增重，大流量滤膜不小于 100mg，中流量滤膜不小于 10mg。

（7）计算

$$总悬浮颗粒物含量（\mu g/m^3）=\frac{K\times(W_1-W_0)}{Q_N\times t} \quad（4-1）$$

式（4-1）中：t—累积采样时间，min；

Q_N—采样器平均抽气流量，即流量校准步骤中的式（4-4）或式（4-5）Q_{MN} 或 Q_{HN} 的计算值；

K—常数，大流量采样器 $K=1\times10^6$；中流量采样器 $K=1\times10^9$。

（五）注意事项

（1）称量好的滤膜平展地放在滤膜保存盒中，采样前不得将滤膜弯曲或折叠。

（2）滤膜称重时，大流量采样器滤膜称量精确到 1mg，中流量采样器滤膜精确到 0.1mg。

（3）样品采完后取滤膜时，如发现滤膜损坏，或滤膜上尘的边缘轮廓不清晰、滤膜安装歪斜（说明漏气），则本次采样作废，需重新采样。

（4）测试方法的再现性：当两台总悬浮颗粒物采样器安放位置相距不大于 4m、不少于 2m 时，同时采样测定总悬浮颗粒物含量，相对偏差不大于 15%。

（六）流量校准步骤

1. 计算采样器工作点的流量　采样器应工作在规定的采样流量下，该流量称为采样器的工作点。在正式采样前，需调整采样器，使其工作在正常的工作点上，按下述步骤进行：

采样器采样口的抽气速度 W 为 0.3m/s。大流量采样器的工作点流量 Q_H（m^3/min）为

$$Q_H=1.05 \quad（4-2）$$

中流量采样器的工作点流量 Q_M（L/min）为

$$Q_M=60\,000W\times A \quad（4-3）$$

式中：A—采样器采样口截面积，m^2。

将 Q_H 或 Q_M 计算值换算成标况下的流量 Q_{HN}（m^3/min）或 Q_{MN}（L/min）

$$Q_{HN}=（Q_H\cdot P\cdot T_N）/（T\cdot P_N） \quad（4-4）$$

$$Q_{MN}=（Q_H\cdot P\cdot T_N）/（T\cdot P_N） \quad（4-5）$$

$$\mathrm{Log}_{10}P=\mathrm{Log}_{10}101.3\ -H/18400 \quad（4-6）$$

式中：T—测试现场月平均温度，K；

P_N—标况压力，101.3kPa；

T_N—标况温度，273K；

P—测试现场平均大气压，kPa；

H—测试现场海拔高度，m。

将式（4-6）中 Q_N 用 Q_{HN} 或 Q_{MN} 代入，求出修正项 Y，再按式（4-8）计算 ΔH（Pa）

$$Y=B\cdot Q_N+A \quad（4-7）$$

式中斜率 B 和截距 A 由孔口流量计的标定部门给出。

$$\Delta H=(Y^2 \cdot P_N \cdot T)/(P \cdot T_N) \tag{4-8}$$

2. 采样器工作点流量的校准　打开采样头的采样盖，按正常采样位置，放一张干净的采样滤膜，将孔口流量计的接口与采样头密封连接。孔口流量计的取压口接好压差计。

接通电源，开启采样器，待工作正常后，调节采样器流量，使孔口流量计压差值达到式（4-8）计算的 ΔH 值。

校准流量时，要确保气路密封连接，流量校准后，如发现滤膜上尘的边缘轮廓不清晰或滤膜安装歪斜等情况，可能造成漏气，应重新进行校准。

校准合格的采样器，即可用于采样，不得再改动调节器状态。

TSP、PM_{10} 和 $PM_{2.5}$ 等不同粒径颗粒物的自动监测原理、方法基本一致，只需要更换其相应的采样切割头，并增加相应的温湿度动态控制单元。自动监测方法主要有光散射法、β 射线法和微量振荡天平法，下面以可吸入颗粒物（PM_{10}）为例主要介绍光散射法和 β 射线法。

二、空气中可吸入颗粒物（PM_{10}）测定方法——光散射法（WS/T206—2001）

（一）目的和意义

（1）掌握光散射法的原理和 K 值的计算方法。

（2）理解光散射法和重量法的区别和联系。

（二）原理

当光照射在空气中悬浮的颗粒物上时，产生散射光。在颗粒物性质一定的条件下，颗粒物的散射光强度与其质量浓度成正比。通过测量散射光强度，应用质量浓度转换系数 K 值，求得颗粒物质量浓度。

（三）仪器

大气颗粒物实时监测仪　以 AM510 为例，美国 TSI 公司。

测量范围：0.01~100mg/m^3；低浓度场所 0.001~10mg/m^3。

检测灵敏度（相对校正粒子*）：1CPM=0.01mg/m^3；低浓度场所：1CPM=0.001mg/m^3。

测定精度：±10%（相对校正粒子*）。

仪器应内设具有光学稳定性的自校装置，出厂前按《光散射式数字粉尘测试仪检定规程》（JJG846—1993）标定。

*校正粒子：平均粒径 0.3μm，几何标准偏差 $\sigma \leqslant 1.25$ 的硬脂酸粒子。平均粒径 0.6μm，几何标准偏差 $\sigma \leqslant 1.25$ 的聚苯乙烯粒子。

（四）操作步骤

1. 现场测定　按仪器使用说明书进行现场测定（见附录 2 以 AM510 为例）。

2. 结果计算　已知质量浓度的转换系数 K 值时，其质量浓度可按式（4-9）计算：

$$c=(R-B)\times K \tag{4-9}$$

式中：c—质量浓度值，mg/m^3；　R—仪器测量值，计数/分（CPM）；
B—仪器基底值，计数/分（CPM）；K—质量浓度转换系数，mg/m^3。

（五）注意事项

（1）应在相对湿度小于 90%，平均风速小于 1m/s 的环境中进行。

（2）测定前应确定与被测场所相应的质量浓度转换系数 K 值。

（3）光散射法与滤纸（膜）采样-称重法相比较，总不确定度（ROU）应≤25%。

（六）AM510 使用说明

1. 步骤

（1）将电池安放到仪器上，螺丝旋紧。

（2）选择 PM_{10} 采样头。

（3）用专用螺丝刀将采样头内的银色撞击头取出，在撞击头的顶端均匀涂抹上一层凡士林后，将撞击头装入采样头内。

（4）用专用螺丝刀将采样头上的螺丝旋紧。

（5）按住键，开机。可查看仪器的型号、剩余内存、电池电量等信息。

（6）仪器预热，待流量上升到正常后进行相应的设置。

（7）按进入主菜单，按▲▼键进行相应选择。

（8）条件设置菜单：按▲▼，屏幕出现 Set up 字样后，按键，进入设置菜单，可进行以下设置：

1）Time/Date：时间、日期设置，按键进入设置。

2）Clear Memory：清除内存，连续按键可将内存清除。

3）Log Interval：储存间隔设置，按照采样要求可设置为 1s、10s、30s、1min、5min。

4）Time constnt：时间常数，一般不用设置。

5）Cal Factor：校正系数，一般为 0.46。

6）Adjust Flow：校正流量，将流量调节器与仪器连接，按▲▼键进行流量大小的调整，一般将流量调节为 1.7L/min。

（9）调零设置：按▲▼，屏幕出现 Zero Cal 字样后，将调零设备与仪器连接，按键进行调零，时间为一分钟。倒计时结束后，将调零设备取下。

（10）所有条件设置好以后，就可以进行数据监测了。按▲▼键，屏幕出现 Data Log 字样后，按键，然后选择 Run Manual 选项，按键，当屏幕出现 LOGGNG DATA 字样和显示流量后，即开始记录及储存数据。可以按▲▼键查看本次采样的条件设置。（也可以选择相应的设定程序进行采样，程序的设定须在电脑上进行，可设置延迟采样时间、开始时间等）

（11）当需要结束采样时，连续按键，可结束采样，并保存数据。

（12）主菜单中的 Statistics 选项，主要是查看某一次采样数据的一些统计结果，包括最大值、最小值、平均值、采样时间等。

2. 注意事项

（1）在仪器开机之前，一定要先在采样头上涂抹凡士林，如不是第一次使用仪器，应先将撞击头上涂抹的凡士林擦掉，再重新涂抹新的凡士林。

（2）将撞击头放入采样头内时，用专用螺丝刀的反面将撞击头顶入，切不可用尖锐部位接触撞击头。

（3）进行采样时，一定要等屏幕出现 LOGGNG DATA 字样后，才能确保仪器正常运行，否则所监测的数据并未储存。

（4）每次采样之前，都要进行调零和流量校正。

（5）仪器开始正常采样后，一定要将检查电源线是否连接好，避免电量耗尽导致仪器停止运行。

三、空气中可吸入颗粒物（PM_{10}）自动检测法——β射线法

（一）目的和意义

掌握 β 射线法的原理和操作方法。

（二）原理

环境中空气通过滤膜时，大气中的颗粒物会聚集在过滤膜上；在颗粒物性质一定的条件下，β 射线吸收的量和颗粒物质的总量成一定比例。因此，可以通过对 β 射线吸收的测量来求得可吸入颗粒物（PM_{10}）的质量。

（三）仪器

（1）采样入口：也称采样头（切割头），用来采集大气中的颗粒物质。

（2）采样进气管：垂直于过滤器以便被采集的颗粒物能够到达滤纸带。

（3）密封设备：防止样气在采样进气管底部和过滤带之间的泄露，防止颗粒物的损失和空气的吸入。

（4）过滤带：用于收集所采集的颗粒物。

（5）滤纸支撑物及传送装置。

（6）β 射线检测器：用于测量颗粒物质对 β 射线的吸收。

（7）流速控制装置：控制采样流量在初始值的±5%内。

（8）采样泵：用来提供动力，抽取空气以达到采样的目的。通常情况下，采样流速在 $1m^3/h$。

（9）流速测量器或者体积测量器：根据温度、压力的变化控制进入采样器的环境空气流量为 16.7L/min。

（10）运算控制部分：执行和分析各种信号的发送和处理，根据设定的程序自送运算，计算出过滤纸中采集的颗粒物的总质量。测量周期一般为 1 小时。

（四）操作方法

（1）打开仪器，按要求设置好参数。

（2）对空白过滤纸进行一次测量。

$$N_1 = N_0 \cdot e^{-Km} \tag{4-10}$$

式中：N_1—指单位时间内（秒）通过空白过滤纸被监测到的电子数量；

N_0—指单位时间内（秒）附带的电子的数量；

K—指单位质量的吸收系数（cm^2/mg）；

m—指被 β 射线照射的物质的表面浓度。

（3）将带有颗粒物的空白过滤纸，再进行测量。

$$N_2 = N_0 \cdot e^{-K(m_0+\Delta m)} \tag{4-11}$$

式中：N_2—指单位时间内（秒）对有颗粒物的空白过滤纸被监测到的发送电子数量；

N_0—指单位时间内（秒）附带的电子的数量；

K—指单位质量的吸收系数（cm^2/mg）；

Δm—指过滤纸上所采集的颗粒物质的表面浓度。

综合式（4-10）和式（4-11）两式可得：

$$N_1 = N_2 \cdot e^{+K\Delta m}$$

（五）注意事项

（1）采样进气管要适当加温（40～50℃）以避免在过滤纸上产生任何凝结物。

（2）对于直径大于 1μm 的颗粒物，过滤纸的最小捕集效率应为 99%。

（3）传送装置完成测试后，每隔一定时间向左、向右或向一定方向移动一定的长度。

（4）在采样前后，B 测量器始终测量过滤纸的同一位置。

（5）流量控制精度必须达到设定流量的±2%以内。

（邓芙蓉　杨　玄）

实习 5　空气中氮氧化物的测定

空气中氮氧化物是由氮的氧化物所组成的气体混合物的总称，是评价空气质量的控制标准之一。氮氧化物常以 NO_x 表示，它包括：NO、NO_2、N_2O、N_2O_3、N_2O_4、N_2O_5，其中污染空气的主要污染物是 NO 和 NO_2。目前我国《环境空气质量标准》（GB3095—2012）中测定空气中 NO_x 的方法是盐酸萘乙二胺分光光度法，下面重点介绍这种方法，另外介绍化学发光法和一种数字便携式二氧化氮分析仪。

一、盐酸萘乙二胺分光光度法（Saltzman 法）

（一）目的和意义

（1）掌握盐酸萘乙二胺分光光度法测定空气中氮氧化物的方法和基本原理。

（2）熟悉小流量大气采样器的工作原理和使用方法，熟悉分光光度分析方法和仪器的使用。

（3）了解空气中氮氧化物的来源和卫生学意义，了解空气中氮氧化物测定的意义。

（二）原理

由于空气中的氮氧化物（NO_x）主要是一氧化氮（NO）和二氧化氮（NO_2），在测定 NO_x 浓度时，先用三氧化铬（CrO_3）氧化管将 NO 氧化成 NO_2，NO_2 在吸收液中遇水生成硝酸（HNO_3）和亚硝酸（HNO_2），亚硝酸与对氨基苯磺酸起重氮化反应，反应产物再与盐酸萘乙二胺发生偶氮反应，生成玫瑰红色偶氮化合物，其颜色深浅与氮氧化物的浓度呈线性关系，因此可以用分光光度法进行比色定量，最大吸收波长λ=540nm，根据吸光度的数值换算出氮氧化物的浓度，测定结果以二氧化氮表示。本法最低检出下限为 0.25μg/ 5ml。

（1）氧化反应　$NO \xrightarrow{CrO_3} NO_2$

（2）歧化反应　$2NO_2 + H_2O \xrightarrow{\text{氧化}} HNO_2 + HNO_3$

（3）重氮反应

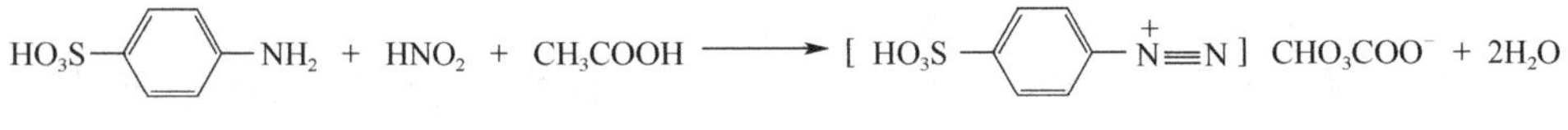

对氨基苯磺酸　　重氮化合物

（4）偶氮反应

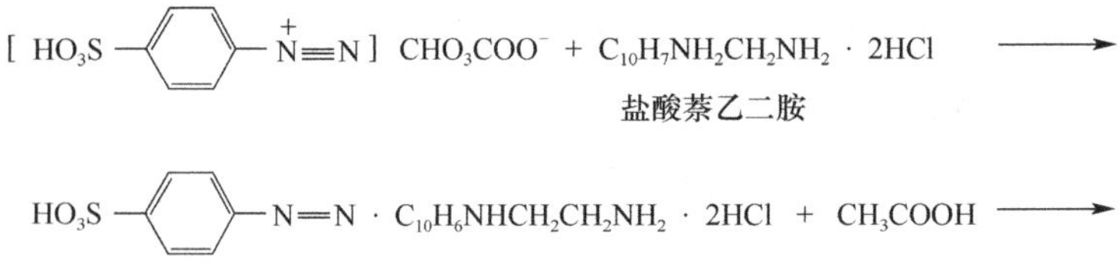

盐酸萘乙二胺

偶氮化合物(玫瑰红色)

（三）仪器

（1）U 形多孔玻板吸收管。

（2）空气采样器：流量范围 0～1L/ min。

（3）10ml 具塞比色管。

（4）氧化管：结构如图 5-1，内装氧化剂（CrO_3 和海沙）。

（5）分光光度计及 1cm 比色皿。

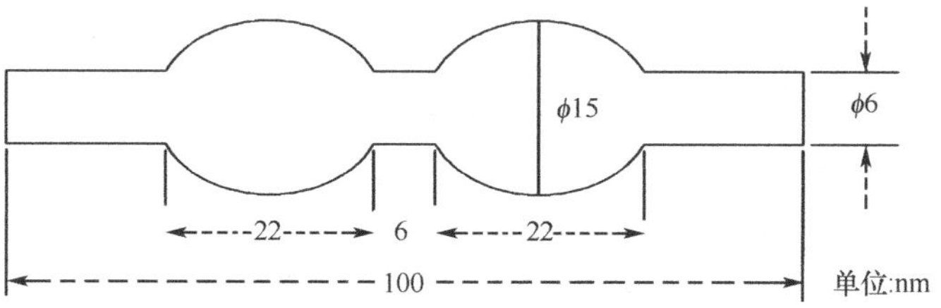

图 5-1　氧化管

（四）试剂

所有试剂均用不含亚硝酸根（NO_2^-）的水配制，要求所用的水以不使吸收液呈淡红色为合格。一般可用去离子水煮沸冷却后使用。

（1）吸收液：量取 50ml 冰乙酸与 900ml 水混合，加入 5.0g 对氨基苯磺酸，搅拌至全部溶解，再加入 0.05g 盐酸萘乙二胺，加水定容至 1000ml，充分混匀后即为吸收原液，储于棕色瓶中置冰箱 4℃可保存一个月。使用时用原液和水按 4∶1 比例混合即为吸收液。

（2）氧化剂：称取 5g CrO_3，用水调成糊状，与 95g 海沙充分搅拌混匀，在 105℃烘干冷却后，装入氧化管内，两个球部装入约 8g 氧化剂，两端用脱脂棉塞好。用塞有玻璃珠的乳胶管制作的小帽将两端密封。使用时氧化管和吸收瓶之间用一小段硅橡胶管连接。

（3）标准溶液：准确称取 0.15g 干燥的一级亚硝酸钠，先用少量水溶解后，移入 1000ml 容量瓶中，加水定容至刻度。配成的溶液中 NO_2^- 的浓度为 0.1mg/ml，为储备液，在冰箱中 4℃可储存一个月。使用时将储备液与水按 1∶19 的比例混合即为 5ug/ml　NO_2^- 的标准溶液。

（五）操作方法

1. 采样　多孔玻板吸收管内装入 5ml 吸收液，进气口接上一个氧气管，管口略向下倾斜（防止潮湿的空气将氧化剂弄湿而污染后面的吸收管）。流量为 0.5L/min，避光采气至吸收液变为淡玫瑰红色为止，记录采样时间。如果吸收液不变色，则应延长采样时间，采样量应不小于 5L。

同时记录采样时的风向、风速、气温、气压及现场情况（车流量、烟雾、风尘、特殊气味等），并注意在采样、样品运输及存放过程中均应避免阳光照射。

2. 分析步骤

（1）绘制标准曲线：按表 5-1 制备标准系列。

表 5-1　标准系列的配制

管号	0	1	2	3	4	5	6
标准溶液（ml）	0.00	0.05	0.10	0.20	0.30	0.50	0.70
水（ml）	1.00	0.95	0.90	0.80	0.70	0.50	0.30
吸收原液（ml）	4.00	4.00	4.00	4.00	4.00	4.00	4.00
NO_2^- 含量（μg）	0.00	0.25	0.50	1.00	1.50	2.50	3.50

将各管摇匀后于暗处静置 15min，用 1cm 比色皿，在波长 540nm 下，测吸光度（分光光度计应预热半小时以上），以 NO_2^- 含量（μg/ ml）为横坐标，吸光度为纵坐标，绘制标准曲线。

（2）样品测定：采样结束后，将吸收液全部移入比色管中，用少量水洗吸收管合并于比色管中，使总体积为 5ml。测定其吸光度。然后通过查标准曲线，计算出 NO_2^- 的质量（μg）。

3. 计算 根据NO_2^-质量和采气体积，按式（5-1）计算NO_2^-含量：

$$c = \frac{a}{V_0 \times 0.76} \quad (5\text{-}1)$$

式（5-1）中：c—氮氧化物（以NO_2计）浓度（mg/ m³）；

a—查标准曲线所得NO_2^-质量（μg）；

V_0—换算成标准状态下的采气体积（L）；

0.76—NO_2（气）转换成NO_2^-（液）的系数。

（六）注意事项

（1）本法灵敏、准确、操作简便、呈色稳定，故为国家环境空气质量标准中NO_x监测的标准方法。

（2）若样品的吸光度超过了标准曲线的上限，应用空白试验溶液稀释，再测定其吸光度。

（3）采样后应尽快测定样品的吸光度。若不能及时测定，应将样品于低温暗处存放。样品于30℃暗处存放，可稳定8h；20℃暗处存放，可稳定24h；于冰箱中（4℃）冷藏，至少可稳定3天。

（4）结果偏高的原因：①采样前，必须检查吸收液是否无色，如有微红，则可能是亚硝酸根污染；②吸收液受日光照射可呈色，因此在采样的全过程（采样、运送、存放）中注意避光；③当对氨基苯磺酸质量不好时，配制的吸收液也会呈色。

（5）结果偏低的原因：①当SO_2的浓度比NO_x高时，可使显色强度下降，为了防止SO_2的干扰，可在吸收液中加1滴1%过氧化氢，使其变成SO_3，可消除影响；②当臭氧（O_3）浓度过高时，NO_2可被氧化成N_2O_5，可使呈色减弱；③本法制备的氧化管在大气湿度35%～80%时较为适宜，若空气相对湿度<16%，则氧化效率降低，此时可将氧化管通过水面潮湿空气平衡1小时使用。

（6）将NO氧化成NO_2的方法有很多种，本法采用三氧化铬氧化管能将NO定量氧化成NO_2，而不是吸附NO_2。酸性高锰酸钾氧化管对NO_2有明显吸附，测定大气中低浓度NO_x时结果偏低。三氧化铬氧化剂应为暗红色，若变为绿棕色则需更换。

（7）当亚硝酸根（NO_2^-）含量>35 μg/ 5ml时，标准曲线略向下弯曲。

（8）吸收液显色后可稳定6h，24h内变化甚微。

二、化学发光法

（一）目的和意义

（1）掌握化学发光法测定大气中氮氧化物的原理和测定方法。

（2）了解氧化氮分析的实验方法。

（二）原理

被测空气被连续抽入氧化氮分析仪，氮氧化物通过NO_2-NO转化器在转化剂的作用下，以NO的形式进入反应室，再与臭氧反应产生激发态二氧化氮（NO_2^*），当NO_2^*回到基态时放出光子（$h\upsilon$），反应式如下：

$$2NO_2 \xrightarrow[M]{\triangle} 2NO + MO_2$$

$$NO + O_3 \longrightarrow NO_2^* + O_2$$

$$NO_2^* \longrightarrow NO_2 + h\upsilon$$

式中：M—NO_2-NO 转化器中转化剂；

h—普朗克常数；

υ—光子震动频率。

光子通过滤光片，被光电倍增管接收，并转变为电流，经放大后而被测量。光子（$h\upsilon$）大小与 NO 浓度成正比。用 NO_2 标准气体标定仪器的刻度，即得知相当于 NO_2 量的 NO_x 浓度。所测定的数据可通过与仪器相连接的记录仪记录。

仪器中与 NO_2-NO 转化器相对应的阻力管用于测定 NO，这时气样不经转化器而经此旁路，直接进入反应室，测得 NO 量，NO_2 的量即为 NO_x 减 NO 的差值。

（三）仪器

氧化氮分析仪　仪器的气路流程见图 5-2。一路空气经过滤器干燥纯化后，在臭氧发生器中产生一定浓度的臭氧，进入反应室作为反应气体；另一路与一个三通进样阀相连。调零时，空气经净化后作为零气进入反应室，调仪器零点。校准时，将标准气（NO 或 NO_2 经转化器）进入反应室，标定仪器的刻度。测量时，样气经过灰尘过滤器，进入反应室。另外，旋转转化器前的测量选择三通阀，可以分别测定 NO_x、NO 和 NO_2。

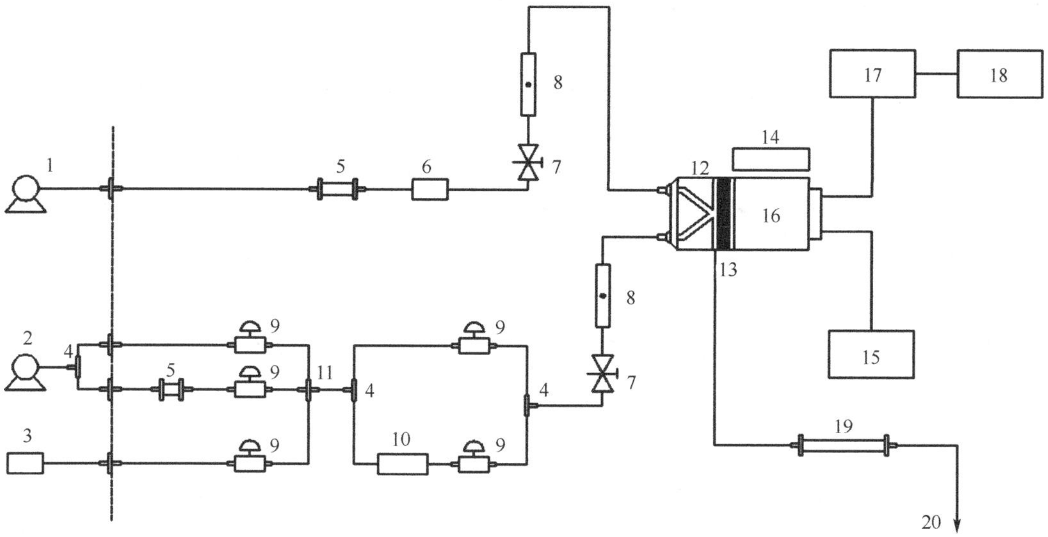

图 5-2　氧化氮分析仪工作原理

1：零空气薄膜泵；2：样气薄膜泵；3：氮氧化物标准泵；4：三通；5：硅胶、药用炭过滤器；6：臭氧发生器；7：针阀；8：流量计；9：关闭阀；10：NO_2-NO 转化炉；11：四通；12：反应室；13：滤光片；14：半导体制冷器；15：高压电源；16：光电倍增管；17：放大器；18：显示；19：药用炭过滤器；20：排气

仪器的主要性能指标：

测量范围（分四个量程档）：0～1mg/ m³；0～2mg/m³；0～4mg/m³和 0～8mg/m³。

检出下限：0.02 mg/ m³。

响应时间（达到最大值的 90%）：<30 秒。

线性误差：<±2%满刻度。

重现性误差：<±2%满刻度。

零点漂移：24h 漂移值<±2%满刻度。

标度漂移：24h 漂移值<±2%满刻度。

噪声：<1%满刻度。

抗干扰能力：总干扰相当量< 0.02 mg/ m³ NO_2 的信号。

工作环境：温度 0～35℃，相对湿度<85%。

信号输出：接记录器（各档）0～10mV，接电子计算机（不分档）0～2V。

（四）试剂

（1）药用炭（三级）：100～120 目，装在过滤器中。

（2）干燥剂：分子筛或硅胶。

（3）NO 标准气（储存于铝合金钢瓶中）：浓度 5～10mg/ m³，或 NO_2 渗透管 25℃±0.1℃（或 30℃±0.1℃），渗透率为 0.5μg/ min，用称重法标定。

（五）操作方法

1. 采样 以 1L/ min 的流量通过聚四氟乙烯管将气体抽入仪器。

2. 分析步骤

（1）启动前准备：电源开关置于“关”的位置，量程选择置于所需的量程档，测量选择置于“NO_2 和 NO”位置，采样三通阀置于“调零”位置。

（2）启动和调零：接通电源，调节臭氧化空气流量 500ml/ min，采样流量 1L/ min，使仪器稳定运转 2h，调“零点调节”电位器，使电表指零。

（3）校准：进样三通阀旋至“测定”位置，将 NO_2 标准气体通入仪器，进行刻度校准。调“标度调节”电位器，使电表指示 NO_2 标准气体浓度值。

（4）测量：将进样三通阀置于“测量”位置，样气通过聚四氟乙烯管进入仪器，即可读数。

3. 计算

（1）在记录仪上读取任一时间的氮氧化物（换算成 NO_2）浓度（mg/ m³）。

（2）将记录纸上的浓度和时间曲线进行积分计算，可得到氮氧化物（换算成 NO_2）小时浓度和日平均浓度（mg/ m³）。

（六）注意事项

（1）本法具有快速、灵敏及选择性好等优点，最低检出量为 0.02 mg/ m³，现已被很多国家和世界卫生组织全球监测系统作为监测大气 NO_x 的标准方法。

（2）反应气体 O_3 是用紫外灯发生的，O_3 发生量与空气湿度有很大关系，因此，应先进行空气干燥，然后再进入臭氧发生器。

（3）NO_2-NO 转化器是将空气中的 NO_2 还原成 NO，再与 O_3 反应而被测定，转化剂采用 12g 100～120 目石墨化玻璃碳，装在一个不锈钢炉体内。由于还原产物均为气体，玻璃碳在使用中始终保持新鲜的还原表面，所以不会发生转化失效问题，可作为一种长效转化剂。如果玻璃碳表面被沾染，可将玻璃碳用清洁空气加热 500℃以上，吹气处理几小时，排除污染即可恢复再使用。

（4）采用正压进气有利于提高反应灵敏度，采气流量增加，信号值也随之增大，但在 1.0～1.1L/ min 信号值开始变平稳，所以选择采样流量为 1.0L/ min，O_3 流量为 0.5L/ min。

三、二氧化氮分析仪（数字便携式）

（一）目的和意义

（1）掌握数字便携式二氧化氮分析仪测定空气中二氧化氮的方法。

（2）了解数字便携式二氧化氮分析仪的工作原理。

（二）原理

二氧化氮分析仪是由采样装置、传感器、电池和电路等基本元件组成。其传感器属于电压型传感器，它是在扩散的条件下运行的。样气进入传感器后即被吸收到电化学敏感电极，经过扩散介质后，在适当的敏感电极电位下气体分子发生电化学反应，这一反应产生一个与气体浓度成正比的电流，电流转换为电压值并输送到仪表读数或记录仪。

$$I_{\lim} = \frac{nFADC}{\delta} \tag{5-2}$$

式（5-2）中：$I_{\lim}$—电流（安培）；

n—每摩尔反应物的电子数；

F—法拉第常数（96 500 库仑）；

A—界面面积（cm^2）；

D—气体扩散常数；

C—气体浓度（mol/cm^3）；

δ—扩散长度。

（三）仪器

INTERSCAN 4150 型二氧化氮分析仪　仪器面板如图 5-3 所示。仪器内有电池供电的内装置采样泵，检测元件是高灵敏度、高可靠性、高精确度的电化学传感器。操作时，样气进入传感器，气体浓度以 ppm 为单位直接显示，是一个直读式仪器。

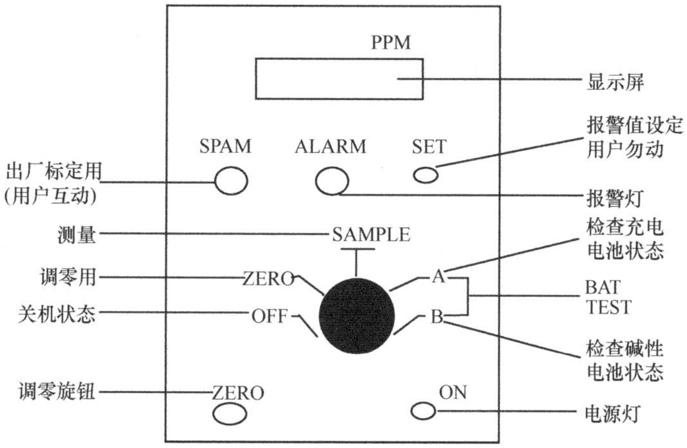

图 5-3　数字便携式二氧化氮分析仪仪器面板示意图

仪器规格：

显示：数字显示；

测量范围：0～19.99ppm；

最小读数：0.01ppm；

精度：0.01ppm；

体积：178mm×102mm×225mm；

重量：2kg。

（四）操作方法

1. 检查电池　仪器使用之前，必须检查电池的状况。把面板上的功能开关（FUNCTION）设置到 BAT.TEST“A”（该组电池为镍-镉电池）测试可充电电池的状况，如果电量充分，LED 显示板上显示 100 或更高的值；如果低于 100 则需充电。把功能开关（FUNCTION）设置到 BAT.TEST“B”（该电池为 2#干电池）测试分析仪放大器电池的状况，最好在 LED 显示板显示值低于 100 之前更换电池。

2. 仪器调零 仪器在取样前必须加装采样管并在现场调零。将功能开关（FUNCTION）设置到 SAMPLE 模式，连接取样管到仪器进气口，将 C12F 过滤器（随仪器配备，能够完全吸附空气中的 NO_2）用过滤管接到取样器上。将气体过滤成零气，待仪器指示稳定后调节调零旋钮（ZERO）至读数为 0。

3. 测量 调零结束后，取下 C12F 过滤器，将采样管进气端置于采样高度，仪器上的读数即为现场的 NO_2 的浓度。

（五）注意事项

（1）数字便携式二氧化氮分析仪体积小、重量轻、操作简单、易携带，且灵敏度高，可靠性强，因此广泛用于大气、公共场所及室内二氧化氮的监测。

（2）由于人的呼吸会影响到仪器读数的稳定性和结果的可靠性，因此测量时要尽量避开人的呼出气体。

（3）在 BAT.TEST "B" 指示低于 100 之前，应更换碱性电池，注意更换电池后仪器需放置 12～24h，这段时间内功能开关应设置在 OFF（关）的状态。可充电池充电时功能开关也被设置在 OFF 状态，建议充电时间为 16h（此时仪器可持续使用 12h）。

（4）分析仪在出厂前一般都已经标定过，通常购买后都不需要重新标定。如需标定，先将仪器预热 10min，待仪器稳定后，将功能开关放到零位置用零旋钮（ZERO）使显示为 0，然后将功能开关旋至 SAMPLE 位置，用流量为 1.0L/ min 的标准气连到仪器进气口，调节 SPAN 钮使显示读数与标准气一致，上述过程重复两次，即标定完毕。

（王良君）

实习 6　空气中甲醛浓度的测定

空气中甲醛检测的主要卫生标准有《公共场所卫生检验方法 第 2 部分：化学污染物》(GB/T 18204.2—2014)、《空气质量 甲醛的测定 甲醛的测定 乙酰丙酮分光光度法》(GB/T 15516—1995)、《居住区大气中甲醛卫生检验标准方法 分光光度法》(GB/T 16129—1995)，常用的检测方法主要包括酚试剂分光光度法、乙酰丙酮分光光度法、AHWT 分光光度法等。

一、酚试剂分光光度法

（一）目的和意义

（1）掌握室内空气采样的要求和方法；酚试剂分光光度法的原理。

（2）熟悉本次实习的操作步骤及注意事项。

（3）了解室内空气甲醛测定的意义。

（二）原理

甲醛与酚试剂反应生成嗪，嗪在酸性溶液中被高价铁离氧化形成蓝绿色化合物。根据颜色深浅，比色定量。

（三）仪器

①10ml 大型气泡吸收管；②采样器，流量范围 0～2L/min；③10ml 具塞比色管；④分光光度计；⑤气压计；⑥温度计（0～100 ℃）。

（四）试剂

（1）吸收液：称取 0.10g 酚试剂（3-甲基-苯并噻唑腙盐酸盐/MBTH），加水溶解，并稀释至 100ml，即为吸收原液，用棕色瓶储存。放冰箱中保存，可稳定 3 天。采样时，量取 5ml 上述液，加水 95ml，即为吸收液，临用现配。

（2）硫酸铁铵溶液（1%）：称取 1.0g 硫酸铁铵，用 0.1mol/L 盐酸溶解，并稀释至 100ml。

（3）硫代硫酸钠溶液（0.1mol/L）：称取硫代硫酸钠（$Na_2S_2O_3·5H_2O$）25g，加入新鲜蒸馏水至 1000ml，完全溶解放置 24 小时后标定。标定方法：用移液管吸取 0.02mol/L 重铬酸钾标准溶液 20ml 于 250ml 具塞锥形瓶中，加水 60ml，碘化钾 2g，1∶1 盐酸 5ml，盖好瓶塞，放置 10min，用硫代硫酸钠溶液滴定至黄绿色，加入淀粉指示剂 5ml，继续滴定至蓝色消失为终点。

（4）甲醛标准溶液：量取 10ml 36%～38%的甲醛，放入 500ml 容量瓶中，加水稀释至刻度。用下述碘量法标定甲醛的含量。使用时，先用水稀释成每毫升含 10.0μg 甲醛溶液。然后，立刻吸取 10ml 此稀释液于 100ml 容量瓶中，加 5ml 吸收原液，再用水稀释至刻度。此液为每毫升含 1.0μg 甲醛的标准溶液。放置 30min 后，用此溶液配置标准色列，此标准溶液可稳定 24h。

标定方法：精确取甲醛稀释液 5ml 于 250ml 碘量瓶中，精确加入 40ml 0.1mol/L 碘的标准溶液，立即逐滴地加入 30%氢氧化钠溶液，至颜色褪成淡黄色时为止，放置 10min。用 5ml 1∶5 盐酸溶液酸化（空白需多加 2ml 盐酸，才能达到酸化目的）。置暗处 10min，然后加入 100～150ml 水，用 0.lmol/L 硫代硫酸钠标准溶液滴定至淡黄色时，加入 1ml 新配的 0.5%淀粉指示剂，溶液呈蓝色，继续滴定至蓝色刚刚褪去，即为终点。记录所用硫代硫酸钠标准溶液的体积 V_1（ml）。取 5ml 水做空白滴定，其操作步骤完全同上，记录空白滴定所用硫代硫酸钠标准溶液的体积 V_2（ml）。用公式（6-1）计算：

$$甲醛溶液浓度（mg/ml）=\frac{(V_2-V_1)\times c(Na_2S_2O_3\cdot 5H_2O)\times 15}{5} \quad (6\text{-}1)$$

式（6-1）中：$c(Na_2S_2O_3\cdot 5H_2O)$—标准溶液浓度单位，mol/L；

15—甲醛（1/2HCHO）的摩尔质量，g/mol。

（五）操作方法

1. 采样设计

（1）采样前准备：关闭门窗密闭 8 小时以上。

（2）采样布点：根据室内面积，采样点约 1 个/10m^2，离墙 1m 以上，1.5m 高度。

（3）现场记录项目：气象因素，装饰材料等。

2. 现场采样　使用大型气泡吸收管，内装 5ml 吸收液，连接采样器，调整流量，并以 0.5L/min 的速度，采集 10L 空气，当然，也可根据具体情况确定采样时间和采气量。

3. 分析步骤

（1）绘制标准曲线：按下表制备标准系列管：

管号	0	1	2	3	4	5	6	7
标准溶液（ml）	0	0.1	0.2	0.4	0.6	0.8	1.0	1.5
吸收液（ml）	5.0	4.9	4.8	4.6	4.4	4.2	4.0	3.5
甲醛含量（μg）	0	0.1	0.2	0.4	0.6	0.8	1.0	1.5

各管加入 0.4ml 1%硫酸铁铵溶液，摇匀。放置 15min 后，用 1cm 比色杯，在波长 630nm 下，测定吸光度。以吸光度对甲醛含量（μg），绘制标准曲线。

（2）样品测定：采样后，将吸收液全部移入比色管中，用少量吸收液清洗吸收管，洗涤液并入比色管，使总体积为 5ml。按绘制标准曲线的操作步骤，测定吸光度。查标准曲线，得甲醛含量。

4. 计算

$$c(甲醛)=\frac{A}{V_0} \quad (6\text{-}2)$$

式（6-2）中：c（甲醛）—甲醛浓度，mg/m^3；

A—样品中甲醛含量，mg；

V_0—换算成标准状态下的采样体积，L。

（六）注意事项

（1）微量甲醛的水溶液极不稳定。标准色列配制后应立即测定做标准曲线，样品也应在采样后 4 小时内检测。

（2）甲醛标定时，应重复做空白滴定，2 次误差应小于 0.05ml。

（3）当室温低于 15℃时反应慢且反应不完全，应在 25℃水浴中保温操作。

（4）甲醛与酚试剂缩合生成嗪，适宜 pH 3～7，以 pH 4～5 时最佳。

（5）有 SO_2 共存时，使结果偏低，因此对 SO_2 干扰不可忽视，可将气样先通过 $MnSO_4$ 滤纸过滤器，予以排除。

（6）本法最低检测质量为 0.056μg 甲醛，当采气体积为 10L 时，测量范围 0.01～0.15mg/m^3。

二、乙酰丙酮分光光度法

（一）目的和意义

（1）掌握室内空气采样的要求和方法，乙酰丙酮分光光度法的原理。

（2）熟悉本次实习的操作步骤及注意事项。

（3）了解室内空气甲醛测定的意义。

（二）原理

在过量铵盐存在的情况下，甲醛与乙酰丙酮反应生成黄色的 3,5-二乙酰基-1,4-二氢卢剔啶，利用分光光度计，根据颜色深浅，比色定量。

（三）仪器

①10ml 大型气泡吸收管；②大气采样器，流量范围 0～1L/min；③10ml 具塞比色管；④分光光度计；⑤气压计；⑥温度计（0～100℃）；⑦pH 酸度计；⑧水浴锅。

（四）试剂

（1）不含有机物的蒸馏水：加少量高锰酸钾的碱性溶液于水中再行蒸馏即得（在整个蒸馏过程中水应始终保持红色，否则应随时补加高锰酸钾）。

（2）吸收液：不含有机物的重蒸馏水。

（3）乙酰丙酮溶液（0.25%（*V*/*V*））：称 25g 乙酸铵（NH_4CH_3COO），加少量水溶解，加 3ml 冰乙酸（CH_3COOH）及 0.25ml 新蒸馏的乙酰丙酮，混匀再加水至 100ml，调整 pH=6.0，此溶液于 4℃储存，可稳定 1 个月。

（4）碘溶液（0.10mol/L）：称量 40g 碘化钾，溶于 25ml 水中，加入 12.7g 碘。待碘完全溶解后，用水定容至 1000ml。移入棕色瓶中，暗处储存。

（5）氢氧化钠溶液：称量 30g 氢氧化钠，溶于水中，并稀释至 100ml。

（6）硫酸（1+5）：取 40ml 浓硫酸（ρ=1.84g/ml）缓慢加入 200ml 水中，冷却后待用。

（7）淀粉指示剂（0.5%）：将 0.5g 可溶性淀粉，用少量水调成糊状后，再加入 100ml 沸水，并煮沸 2～3 min 至溶液透明。冷却后，加入 0.1g 水杨酸或 0.4g 氯化锌保存。

（8）重铬酸钾标准溶液 $c(1/6K_2Cr_2O_7)=0.10$mol/L：重铬酸钾在 110～130℃烘 2h 后冷却至室温，准确称取 2.4516g，用水溶解，移入 500ml 容量瓶中，用水稀释至标线，摇匀。

（9）硫代硫酸钠标准滴定溶液 $c(Na_2S_2O_3\cdot 5H_2O)\approx 0.10$mol/L：称取 12.5g 硫代硫酸钠溶于新煮沸并放冷的水中，稀释至 500ml。加入 0.2g 碳酸钠，储于棕色瓶内，放置过夜。使用前用重铬酸钾标准溶液标定，标定方法：于 250ml 碘量瓶内，加入约 1g 碘化钾及 50ml 水，加入 20.0ml 重铬酸钾标准溶液和 5ml（1+5）硫酸溶液，混匀，于暗处放置 5min。用硫代硫酸钠溶液滴定，待滴定至溶液呈淡黄色时，加入 1ml 淀粉指示剂，继续滴定至蓝色刚好褪去，记下用量（V_1）。

硫代硫酸钠标准滴定溶液浓度（mol/L），依照下列公式计算：

$$c_1=\frac{c_2\times V_2}{V_1} \tag{6-3}$$

式（6-3）中：c_1—硫代硫酸钠标准滴定溶液浓度，mol/L；

c_2—重铬酸钾标准溶液浓度，mol/L；

V_1—滴定时消耗硫代硫酸钠标准溶液体积，ml；

V_2—滴定时消耗重铬酸钾标准溶液体积，ml。

（10）甲醛标准储备溶液：取 10ml 含量为 36%～38%甲醛溶液，加入 500ml 容量瓶中，加水稀释至刻度。标定方法：精确量取 20.00ml 上述甲醛溶液，置于 250ml 碘量瓶中。加入 40.00ml 0.10mol/L 碘溶液后，立即逐滴加入氢氧化钠溶液至颜色褪到淡黄色为止。放置 10min。加入 5ml（1+5）硫酸溶液酸化（空白滴定时多加 2ml），暗处再放置 10min。加入约 100ml 煮沸后冷却的水，用 0.10mol/L 硫代硫酸钠溶液滴定，至溶液呈现淡黄色时，加入 1ml0.5%淀粉指示剂，继续滴定至刚使蓝色消失为终点，记录所用硫代硫酸钠溶液体积。同时用水作试剂空白滴定。

甲醛溶液的浓度用下列公式计算：

$$c(\text{甲醛})=\frac{(V_1-V_2)\times M\times 15}{20} \tag{6-4}$$

式（6-4）中：c（甲醛）—溶液中甲醛浓度，mg/ml；

V_1—滴定空白时所用硫代硫酸钠标准溶液体积，ml；

V_2—滴定甲醛溶液时所用硫代硫酸钠标准溶液体积，ml；

M—硫代硫酸钠标准溶液的摩尔浓度，mol/L；

15—甲醛的摩尔质量，g/mol。

甲醛标准储备液：取上述标准溶液稀释10倍作为储备液，此溶液室温下可使用1个月。

（11）甲醛标准使用液：用时取甲醛标准储备液，用吸收液稀释成1.00ml含5.00μg甲醛，临用现配。

（五）操作方法

1. 空气样品的采集 取1支大型棕色气泡吸收管，内装5.0ml重蒸馏水及1.0ml乙酰丙酮溶液，以0.5～1.0 L/min的流量，采气45min以上，采气量5～30L。采集好的样品于室温（20～25℃）避光放置2h后测定，但必须在2d内分析完毕。

2. 标准曲线的绘制 取7支10ml具塞比色管，编号，按下表用甲醛标准使用液配制标准系列：

管　号	0	1	2	3	4	5	6
甲醛（5.00 μg/ml）(ml)	0.0	0.1	0.4	0.8	1.2	1.6	2.00
甲醛含量(μg)	0.0	0.5	2	4	6	8	10

于上述标准系列中，用水稀释定容至5.0ml，加0.25%乙酰丙酮溶液1.0ml，混匀，置于沸水浴中加热3min，取出冷却至室温，用1cm比色皿，以水为参比，于波长413nm处测定吸光度。以吸光度与甲醛含量（μg）绘制标准曲线。

3. 样品测定 采样结束后，将吸收液全部倒入比色管中，测定方法同标准系列管。根据样品吸光度值，查标准曲线可得甲醛含量。

4. 计算

$$c(\text{甲醛})=\frac{M}{V_0} \tag{6-5}$$

式（6-5）中：c（甲醛）—甲醛浓度，mg/m^3；

M—甲醛含量，μg；

V_0—换算成标准状态下的采样体积，L。

（六）注意事项

（1）甲醛受日光照射会氧化，采样时应选用棕色吸收管，样品运输和存放过程中，也应采取避光措施。

（2）沸水浴加热至少3min才能显色完全，并可稳定12h以上。在室温下，反应缓慢，2h后才趋于稳定。

（3）评价采样效率时，可串联三个大型气泡吸收管，测定各管甲醛的吸收量，评价前管的吸收效率。

（4）因为试剂的纯度对空白吸光度影响较大，本实习所用乙酰丙酮配制前需新蒸馏。

（5）此法最低检出限为0.25μg/5ml，当采样体积为30L时，最低检出浓度为$0.008mg/m^3$。

（李昱辰）

实习 7　空气中细菌的测定

根据《公共场所卫生检验方法 第 3 部分：空气微生物》（GB/T 18204.3—2013）的规定，细菌总数的检测标准方法包括自然沉降法和撞击法两种。

一、自然沉降法

（一）目的和意义

（1）掌握自然沉降法的原理和采样方法。

（2）熟悉本次实习的操作步骤及注意事项。

（3）了解室内空气微生物测定的意义。

（二）原理

将营养琼脂平板暴露在空气中，微生物根据重力作用自然沉降到平板上，经实验室培养后得到菌落数，再按公式推算出每立方米空气中的菌落数。

（三）仪器

（1）高压蒸汽灭菌器。

（2）电热恒温干燥箱。

（3）恒温培养箱。

（4）玻璃平皿或一次性灭菌平皿，9cm。

（四）试剂

营养琼脂培养基

（1）培养基成分：

蛋白胨	10g
牛肉膏	5g
氯化钠	5g
琼脂	20g
蒸馏水	1000ml

（2）制法：将蛋白胨、牛肉膏、氯化钠溶于蒸馏水，调节 pH 7.2～7.6。加入琼脂，经 121℃（103kPa）高压蒸气灭菌 20min。然后倾注适量（15～20ml）于已灭菌处理的平皿内，制成营养琼脂平板备用。若当天不用，应置 4℃冰箱内保存。

（五）操作方法

1. 布点要求　室内面积不足 50m^2 的设置 3 个采样点，50m^2 以上的设置 5 个采样点。采样点按均匀布点原则布置，室内 3 个采样点的设置在室内对角线四等分的 3 个等分点上，5 个采样点的按梅花布点。采样点距离地面高度 1.2～1.5m，距离墙壁不小于 1m。采样点应避开通风口、通风道等。

2. 采样　选择好采样点后，将营养琼脂平板水平放于采样点位置，并将皿盖揭开，使平皿内营养琼脂培养基表面暴露于空气中 5min。盖上皿盖，将平板倒置，于恒温培养箱中，37℃培养 48h 后计数菌落数。

3. 计数 计算营养琼脂培养基表面上所生长的菌落数，并求出全部采样点的平均菌落数。

4. 空气中细菌数的计算 根据前苏联微生物学家奥梅梁斯基建立的方法：面积为 $100cm^2$ 的平板培养基，暴露于空气中 5min，于 37℃温箱培养 24h 后所生长的菌落数相当于 10L 空气中的细菌数。由此推导出下列公式（7-1）计算每立方米空气中的菌落数。

$$\text{空气中菌落数（CFU / m}^3\text{)} = 1000 \times \left(\frac{100}{A} \times \frac{5}{t} \times \frac{1}{10}\right) \times N = \frac{50\,000N}{A \times t} \tag{7-1}$$

式中：A—平板面积，cm^2；

t—暴露时间，min；

N—平均菌落数，CFU/皿。

5. 结果 将各采样点计数的菌落数平均，计算出室内平均的菌落数。

（六）注意事项

（1）若测定空气中的溶血性链球菌及绿色链球菌，则用血琼脂平板，测定真菌数时可用孟加拉红培养基或马铃薯葡萄糖琼脂，其他操作及计算方法与细菌总数测定方法相同。

（2）平皿的底面积直径不宜小于 9cm。

（3）选择采样点时，应尽量避开空调、门窗等气流变化较大处。整个采样过程中，应动作轻缓，避免扬起灰尘，并要注意无菌操作。

（4）采样中打开皿盖时，可将皿盖向下，切忌皿盖向上而暴露于空气中，影响采样结果。暴露 5min 后，应按打开皿盖的顺序，盖上皿盖，带回实验室置于培养箱，37℃、24h 培养后计数菌落。

二、撞击法（impacting method）

（一）目的和意义

（1）掌握撞击法测定空气微生物的采样方法。

（2）熟悉实验的操作方法和注意事项。

（3）了解撞击式空气微生物采样器的工作原理。

（二）原理

撞击法是采用撞击式空气微生物采样器，使空气通过狭缝或小孔产生高速气流，从而将悬浮在空气中的微生物采集到营养琼脂平板上，经实验室培养后得到菌落数的测定方法。再计算每立方米空气中所含的细菌菌落数的采样测定方法。

（三）仪器

（1）高压蒸汽灭菌器。

（2）恒温培养箱。

（3）玻璃平皿或一次性灭菌平皿，9cm。

（4）六级筛孔撞击式空气微生物采样器：目前空气微生物采样器多采用六级筛孔撞击式空气微生物采样器（图 7-1），主要的型号有 FA-1 型、HAS-6A 型、JWL-S6 型等。撞击式空气微生物采样器主要由撞击器、主机（包括流量计等）组成。撞击器是 6 层有微小孔眼的铝合金圆盘。每一层是一个单级采样器，利用 6 次反复撞击原理，绝大部分粒子特别是在气管及肺沉降的粒子基本都撞击下来。每层圆盘内放置琼脂平皿，每个圆盘间有密封胶圈，在通过三个弹簧挂钩把圆盘牢固地串联在一起。每个圆盘上有 400 个成环行排列、逐层减小、尺寸精确的小孔。

当含有微生物粒子的气流进入最上层的采样口后，由于气流的逐层增高，不同大小的微生物粒子按空气动力学特征分别撞击在相应的琼脂表面上。捕获在各级上的粒子大小范围是由该级孔眼的气流速度和上一级的粒子截阻率而决定的。第 1、2 级类似人的上呼吸道捕获的粒子，第 3～6 级类似人的下呼吸道捕获的粒子，这就相当程度上复制了这些粒子在呼吸道的穿透作用和沉着部位。

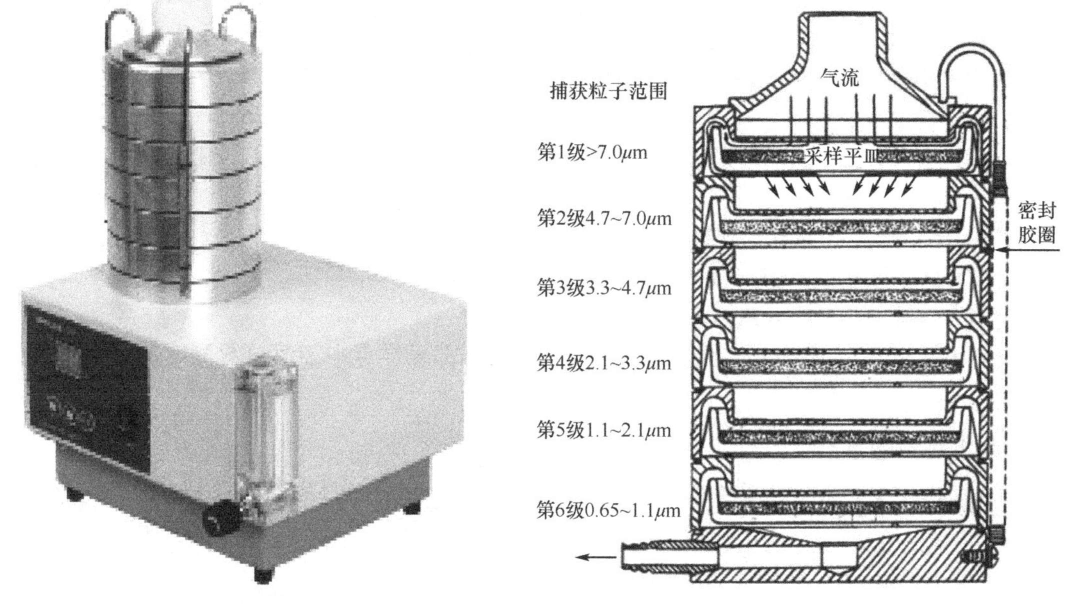

A　　　　B

图 7-1　六级筛孔撞击式空气微生物采样器

A. 采样器构成图；B. 撞击器剖面图

（四）试剂

营养琼脂培养基：见自然沉降法。

（五）操作方法

1. 布点要求　采样点选择根据采样地点面积及环境状况，选择有代表性的位置设置采样点。室内面积不足 50 ㎡的设置 1 个采样点，50～200 ㎡的设置 2 个采样点，200 ㎡以上的设置 3～5 个采样点。采样点按平均布点原则布置，室内 1 个采样点的设置在中央，2 个采样点的设置在室内对称点上，3 个采样点的设置在室内对角线四等分的 3 个等分点上，5 个采样点的按梅花布点，其他的按均匀布点原则布置。采样点距离地面高度 1.2～1.5m，距离墙壁不小于 1m。采样点应避开通风口、通风道等。

2. 采样器准备

（1）仪器的清洁消毒：根据采样点的洁净要求，对仪器表面进行不同程度的清洁或消毒处理。如在洁净病室等场所，应用蒸馏水湿纱布将仪器表面擦拭干净，用 75%乙醇棉球对整个仪器表面进行消毒；如为一般环境，则将仪器擦拭干净后即可。

（2）采样装置的清洁灭菌：取下采样装置上的盖子和端盖，用酒精棉球火焰灭菌约 1min，然后将其移回采样装置上，冷却。

3. 采样

（1）按仪器说明书操作，将采样时间的旋钮调到选定的采样时间档上。选择直流或交流电源，打开电源开关，设定好采样时间。

（2）将采样的平皿盖略松开，打开已冷却的端盖，将无菌采样平皿置于采样装置基座的平皿托架上，旋紧端盖。

（3）按下计时开关，仪器便开始采样和计时，调节流量（28.3L/min），采样 5～15min。

（4）设定的采样时间归零后，仪器自动关机，采样结束。旋开端盖，立即将平皿盖盖上，将平皿倒转置于储存盒内。同一点应重复采样 3 次，按上述各步骤进行。

4. 细菌培养 将采过样的平皿倒转置于培养箱内，37℃培养 48h 后，菌落计数。

5. 菌落计数 计数培养后每皿所生长的菌落数，并求出同一点重复采样的平均菌落数。

6. 空气中细菌总数的计算 根据平皿菌落计数结果，用下列公式换算成每立方米空气中的菌落数，以 CFU/m^3 表示：

$$空气中菌落数（CFU/m^3）==\frac{1000N}{Q\times t} \tag{7-2}$$

式中：N—采样点直接计数的平均菌落数；

Q—采样流量（L/min）；

t—采样时间（min）。

一个区域空气中细菌总数的测定结果按该区域全部采样点中细菌总数测定值中的最大值给出。

（六）注意事项

（1）撞击式空气微生物采样器由于采样效率高，方法简便，是目前国际上应用最广泛的一种采样方法。

（2）操作时注意无菌操作，以免影响结果。

（3）选择采样点时，应尽量避开空调、门窗等气流变化较大之处，测定点要距离墙壁 1m 以外。

（4）该法还可应用于真菌、β-溶血性链球菌检测。检测嗜肺军团菌则要用液体冲击法采样。

（李昱辰）

第三部分　水环境质量监测

实习 8　水中“三氮”的测定

目的和意义

含氮化合物是指水中所有含氮的有机物和无机物，包括有机氮、蛋白氮、氨氮、亚硝酸盐氮和硝酸盐氮。氨氮表示水中的氨含量。在需氧微生物和有氧条件下，水中的含氮有机物发生反应，将其中的氮以氨的形式分解出来，是含氮有机物进行有氧分解的最初产物，此过程称为氨化反应。

在有氧条件下，水中的氨在亚硝酸菌作用下，可形成亚硝酸盐，进一步在硝酸菌的作用下，最终形成硝酸盐，此过程被称为氨的硝化过程。

通过对水体中“三氮”（氨氮、亚硝酸盐氮、硝酸盐氮）的测定，根据变化可用于评价水体的污染和自净情况，并可结合其他指标，对水体的有机污染情况进行综合分析和评价。

第一节　水中氨氮的测定

一、纳氏试剂分光光度法

（一）原理

以游离态的氨或铵离子等形式存在的氨氮与纳氏试剂反应生成淡红棕色络合物，该络合物的吸光度与氨氮含量成正比，于波长 420nm 处测量吸光度。

（二）仪器

可见分光光度计（具 20mm 比色皿）。

（三）试剂

（1）无氨水：在无氨环境中用下述方法之一制备。

1）离子交换法：蒸馏水通过强酸性阳离子交换树脂（氢型）柱，将流出液收集在带有磨口玻璃塞的玻璃瓶内。每升流出液加 10g 同样的树脂，以利于保存。

2）蒸馏法：在 1000ml 的蒸馏水中，加 0.1ml 硫酸（ρ=1.84 g/ml），在全玻璃蒸馏器中重蒸馏，弃去前 50ml 馏出液，然后将约 800ml 馏出液收集在带有磨口玻璃塞的玻璃瓶内。每升馏出液加 10g 强酸性阳离子交换树脂（氢型）。

3）纯水器法：用市售纯水器临用前制备。

（2）轻质氧化镁（MgO）：不含碳酸盐，在 500℃下加热氧化镁，以除去碳酸盐。

（3）盐酸[ρ（HCl）=1.18g/ml]。

（4）纳氏试剂[二氯化汞-碘化钾-氢氧化钾（$HgCl_2$-KI-KOH）溶液]：称取 16.0 g 氢氧化钠（NaOH），溶于 50ml 水中，冷却至室温。称取 7.0 g 碘化钾（KI）和 10.0 g 碘化汞（HgI_2），溶于水中，然后将此溶液在搅拌下，缓慢加入到上述 50ml 氢氧化钠溶液中，用水稀释至 100ml。储于聚乙烯瓶内，用橡皮塞或聚乙烯盖子盖紧，于暗处存放，有效期 1 年。

（5）酒石酸钾钠溶液（ρ=500g/L）：称取 50.0g 酒石酸钾钠（$KNaC_4H_6O_6 \cdot 4H_2O$）溶于 100ml 水中，加热煮沸以驱除氨，充分冷却后稀释至 100ml。

（6）硫代硫酸钠溶液（ρ=3.5g/L）：称取 3.5g 硫代硫酸钠（$Na_2S_2O_3$）溶于水中，稀释至 1000ml。

（7）硫酸锌溶液（ρ=100g/L）：称取 10.0g 硫酸锌（$ZnSO_4 \cdot 7H_2O$）溶于水中，稀释至 100ml。

（8）氢氧化钠溶液（ρ=250g/L）：称取 25g 氢氧化钠溶于水中，稀释至 100ml。

（9）氢氧化钠溶液[c（NaOH）=1mol/L]：称取 4g 氢氧化钠溶于水中，稀释至 100ml。

（10）盐酸溶液[c（HCl）=1mol/L]：量取 8.5ml 盐酸于适量水中用水稀释至 100ml。

（11）硼酸（H_3BO_3）溶液（ρ=20g/L）：称取 20g 硼酸溶于水，稀释至 1L。

（12）溴百里酚蓝（bromthymol blue）指示剂（ρ=0.5g/L）：称取 0.05g 溴百里酚蓝溶于 50ml 水中，加入 10ml 无水乙醇，用水稀释至 100ml。

（13）淀粉-碘化钾试纸：称取 1.5 g 可溶性淀粉于烧杯中，用少量水调成糊状，加入 200ml 沸水，搅拌混匀放冷。加 0.50g 碘化钾（KI）和 0.50g 碳酸钠（Na_2CO_3），用水稀释至 250ml。将滤纸条浸渍后，取出晾干，于棕色瓶中密封保存。

（14）氨氮标准溶液

1）氨氮标准储备溶液（ρ =1000μg/ml）：称取 3.8190g 氯化铵（NH_4Cl），优级纯，在 100～105℃干燥 2 h，溶于水中，移入 1000 ml 容量瓶中，稀释至标线，可在 2～5℃保存 1 个月。

2）氨氮标准工作溶液（ρ =10μg/ml）：吸取 5.00ml 氨氮标准储备溶液于 500ml 容量瓶中，稀释至刻度。临用前配制。

（四）操作方法

1. 样品采集与保存 水样采集在聚乙烯瓶或玻璃瓶内，要尽快分析。如需保存，应加硫酸使水样酸化至 pH<2，2～5℃下可保存 7d。

2. 样品的预处理

（1）去除余氯：若样品中存在余氯，可加入适量的硫代硫酸钠溶液去除。每加 0.5ml 可去除 0.25mg 余氯。用淀粉-碘化钾试纸检验余氯是否除尽。

（2）絮凝沉淀：100ml 样品中加入 1ml 硫酸锌溶液和 0.1～0.2ml 氢氧化钠溶液，调节 pH 约为 10.5，混匀，放置使之沉淀，倾取上清液分析。必要时，用经水冲洗过的中速滤纸过滤，弃去初滤液 20ml。也可对絮凝后样品离心处理。

（3）预蒸馏：将 50ml 硼酸溶液移入接收瓶内，确保冷凝管出口在硼酸溶液液面之下。分取 250ml 样品，移入烧瓶中，加几滴溴百里酚蓝指示剂，必要时，用氢氧化钠溶液或盐酸溶液调整 pH 至 6.0（指示剂呈黄色）～7.4（指示剂呈蓝色），加入 0.25g 轻质氧化镁及数粒玻璃珠，立即连接氮球和冷凝管。加热蒸馏，使馏出液速率约为 10ml/min，待馏出液达 200ml 时，停止蒸馏，加水定容至 250ml。

3. 校准曲线的绘制 在 8 个 50ml 比色管中，分别加入 0.00、0.50、1.00、2.00、4.00、6.00、8.00 和 10.00ml 氨氮标准工作溶液，其所对应的氨氮含量分别为 0.0、5.0、10.0、20.0、40.0、60.0、80.0 和 100μg，加水至标线。加入 1.0ml 酒石酸钾钠溶液，摇匀，再加入纳氏试剂 1.5ml，摇匀。放置 10min 后，在波长 420nm 下，用 20mm 比色皿，以水作参比，测量吸光度。以空白校正后的吸光度为纵坐标，以其对应的氨氮含量（mg）为横坐标，绘制校准曲线。

4. 样品测定

（1）清洁水样：直接取 50ml，按与校准曲线相同的步骤测量吸光度。

（2）有悬浮物或色度干扰的水样：取经预处理的水样 50ml（若水样中氨氮质量浓度超过 2mg/L，可适当少取水样体积），按与校准曲线相同的步骤测量吸光度。经蒸馏或在酸性条件下煮沸方法预处理的水样，须加一定量氢氧化钠溶液，调节水样至中性，用水稀释至 50ml 标线，再按与校准曲线相同的步骤测量吸光度。

5. 空白试验 用水代替水样，按与样品相同的步骤进行前处理和测定。

6. 结果计算 水中氨氮的质量浓度按下式（8-1）计算：

$$\text{氨氮}(\mathrm{N}, \mathrm{mg/L}) = \frac{m}{V} \tag{8-1}$$

式（8-1）中：*m*—由校准曲线查得的氨氮含量（μg）；

V—水样的体积（ml）。

（五）注意事项

（1）样品的预处理絮凝沉淀过滤时，滤纸中含有一定量的可溶性铵盐，定量滤纸中含量高于定性滤纸，建议采用定性滤纸过滤，过滤前用无氨水少量多次淋洗（一般为 100ml）。这样可减少或避免滤纸引入的测量误差。

（2）干扰的消除：若样品中存在余氯，可加入适量的硫代硫酸钠溶液去除，用淀粉-碘化钾试纸检验余氯是否除尽。在显色时加入适量的酒石酸钾钠溶液，可消除钙镁等金属离子的干扰。若水样浑浊或有颜色时可用预蒸馏法或絮凝沉淀法处理。

（3）本方法适用于生活饮用水、环境地表水和部分工业废水中氨氮的测定。

二、水杨酸分光光度法

（一）原理

在碱性介质（pH =11.7）和亚硝基铁氰化钠（又名：硝普钠）存在下，水中的氨、铵离子与水杨酸盐和次氯酸离子反应生成蓝色化合物，在 697 nm 处用分光光度计测量吸光度。

（二）仪器

（1）可见分光光度计，10～30mm 比色皿。

（2）滴瓶，其滴管滴出液体积 20 滴相当于 1ml。

（3）氨氮蒸馏装置：由 500ml 凯式烧瓶、氮球、直形冷凝管和导管组成，冷凝管末端可连接一段适当长度的滴管，使出口尖端浸入吸收液液面下。亦可使用蒸馏烧瓶。

（三）试剂

（1）无氨水：同"纳氏试剂分光光度法"。

（2）乙醇（ρ=0.79g/ml）。

（3）硫酸[ρ（H_2SO_4）=1.84g/ml]。

（4）轻质氧化镁（MgO）：不含碳酸盐，在 500℃下加热氧化镁，以除去碳酸盐。

（5）硫酸吸收液[c（H_2SO_4）=0.01mol/L]：量取 7.0 ml 硫酸加入水中，稀释至 250 ml。临用前取 10ml，稀释至 500ml。

（6）氢氧化钠溶液[c（NaOH）=2mol/L]：称取 8g 氢氧化钠溶于水中，稀释至 100 ml。

（7）显色剂（水杨酸-酒石酸钾钠溶液）：称取 50g 水杨酸[C_6H_4（OH）COOH]，加入约 100ml 水，再加入 160ml 氢氧化钠溶液，搅拌使之完全溶解；再称取 50 g 酒石酸钾钠（$KNaC_4H_6O_6·4H_2O$），溶于水中，与上述溶液合并移入 1000ml 容量瓶中，加水稀释至标线。贮存于加橡胶塞的棕色玻璃瓶中，此溶液可稳定 1 个月。

（8）次氯酸钠：可购买商品试剂。

（9）次氯酸钠使用液，ρ（有效氯）=3.5g/L，c（游离碱）=0.75mol/L：取经标定的次氯酸钠，用水和氢氧化钠溶液稀释成含有效氯浓度 3.5g/L，游离碱浓度 0.75 mol/L（以 NaOH 计）的次氯酸钠使用液，存放于棕色滴瓶内，本试剂可稳定 1 个月。

（10）亚硝基铁氰化钠溶液（ρ=10g/L）：称取 0.1g 亚硝基铁氰化钠（$Na_2(Fe(CN)_5NO)\cdot 2H_2O$）置于 10ml 具塞比色管中，加水至标线。本试剂可稳定 1 个月。

（11）清洗溶液：将 100g 氢氧化钾溶于 100ml 水中，溶液冷却后加 900ml 乙醇，储存于聚乙烯瓶内。

（12）溴百里酚蓝（bromthymol blue）指示剂（ρ=0.5g/L）：称取 0.05g 溴百里酚蓝溶于 50ml 水中，加入 10ml 乙醇，用水稀释至 100ml。

（13）氨氮标准储备液（ρ=1000μg/ml）：称取 3.8190g 氯化铵（NH_4Cl，优级纯，在 100～105℃干燥 2h），溶于水中，移入 1000ml 容量瓶中，稀释至标线。此溶液可稳定 1 个月。

（14）氨氮标准中间液（ρ=100μg/ml）：吸取 10.00ml 氨氮标准储备液于 100ml 容量瓶中，稀释至标线。此溶液可稳定 1 周。

（15）氨氮标准使用液（ρ=1μg/ml）：吸取 10.00ml 氨氮标准中间液于 1000ml 容量瓶中，稀释至标线。临用现配。

（四）操作方法

1. 样品采集与保存（同“纳氏试剂分光光度法”）

2. 水样的处理（预蒸馏） 将 50ml 硫酸吸收液移入接收瓶内，确保冷凝管出口在硫酸溶液液面之下。分取 250ml 水样（如氨氮含量高，可适当少取，加水至 250ml）移入烧瓶中，加几滴溴百里酚蓝指示剂，必要时，用氢氧化钠溶液或硫酸溶液调整 pH 至 6.0（指示剂呈黄色）～7.4（指示剂呈蓝色），加入 0.25g 轻质氧化镁及数粒玻璃珠，立即连接氮球和冷凝管。加热蒸馏，使馏出液速率约为 10ml /min，待馏出液达 200 ml 时，停止蒸馏，加水定容至 250ml。

3. 校准曲线的绘制 在 6 个 10ml 比色管中，分别加入 0.00、1.00、2.00、4.00、6.00 和 8.00 ml 氨氮标准使用溶液，其所对应的氨氮含量分别为 0.00、1.00、2.00、4.00、6.00 和 8.00μg。加入 1.00 ml 显色剂和 2 滴亚硝基铁氰化钠，混匀。再滴入 2 滴次氯酸钠使用液并混匀，加水稀释至标线，充分混匀。显色 60min 后，在 697nm 波长处，用 10mm 比色皿，以水为参比测量吸光度。以空白校正后的吸光度为纵坐标，以其对应的氨氮含量（μg）为横坐标，绘制校准曲线。

4. 样品测定 取水样或经过预蒸馏的试料 8.00ml（当水样中氨氮质量浓度高于 1.0 mg/L 时，可适当稀释后取样）于 10ml 比色管中。加入 1.00 ml 显色剂和 2 滴亚硝基铁氰化钠，混匀。再滴入 2 滴次氯酸钠使用液并混匀，加水稀释至标线，充分混匀。显色 60 min 后，在 697nm 波长处，用 10mm 比色皿，以水为参比测量吸光度。

5. 空白试验 以水代替水样，按与样品分析相同的步骤进行预处理和测定。

6. 结果计算 水中氨氮的质量浓度按下式（8-2）计算：

$$\text{氨氮（N，mg / L）} = \frac{m}{V} \tag{8-2}$$

式（8-2）中：m—由校准曲线查得的氨氮含量（μg）；

V—水样的体积（ml）。

（五）注意事项

（1）所有玻璃器皿均应用清洗溶液仔细清洗，然后用水冲洗干净。

（2）氯胺、过高的酸度、碱度以及含有使次氯酸根离子还原的物质时也会产生干扰。如果水样的颜色过深、含盐量过多，酒石酸钾盐对水样中的金属离子掩蔽能力不够，或水样中存在高浓度的钙、镁和氯化物时，需要预蒸馏。蒸馏过程中，某些有机物很可能与氨同时馏出，对测定有干扰，其中有些物质（如甲醛）可以在酸性条件（pH<1）下煮沸除去。

（3）本方法适用于生活饮用水、环境地表水和部分工业废水中氨氮的测定。

第二节　水中亚硝酸盐氮的测定

一、盐酸萘乙二胺比色法

（一）原理

在 pH 2.0～2.5 时，水中亚硝酸盐与对氨基苯磺酸生成重氮盐，再与盐酸萘乙二胺偶联生成红色染料，最大吸收波长为 540nm，其色度深浅与亚硝酸盐含量成正比，可用比色法测定，检出限为 0.005μg/ml，测定上限为 0.1μg/ml。

（二）仪器

分光光度计。

（三）试剂

（1）不含亚硝酸盐的蒸馏水：蒸馏水中加入少量高锰酸钾晶体，使呈红色，再加氢氧化钡（或氢氧化钙），使呈碱性，重蒸馏。弃去 50ml 初馏液，收集中间 70%的无锰部分。也可于每升蒸馏水中加入 1ml 浓硫酸和 0.2ml 硫酸锰溶液（每 100ml 蒸馏水中含有 36.4g $MnSO_4 \cdot H_2O$），及 1～3ml 0.04%高锰酸钾溶液使呈红色，然后重蒸馏。

（2）亚硝酸盐标准储备液：称取 1.232g 亚硝酸钠溶于水中，加入 1ml 氯仿，稀释至 1000ml。此溶液每毫升含亚硝酸盐氮约为 0.25mg。由于亚硝酸盐氮在潮湿空气中易被氧化，所以储备液需标定。

标定方法：吸取 50.00ml 0.050mol/L 高锰酸钾溶液，加 5ml 浓硫酸及 50.00ml 亚硝酸钠储备液于 300ml 具塞锥形瓶中（加亚硝酸钠储备液时需将吸管插入高锰酸钾溶液液面以下）混合均匀，置于水浴中加热至 70～80℃，按每次 10.00ml 的量加入足够的 0.050 mol/L 草酸钠标准溶液，使高锰酸钾溶液退色并过量，记录草酸钠标准溶液用量（V_2）；再高锰酸钾溶液滴定过量的草酸钠到溶液呈微红色，记录高锰酸钾溶液用量（V_1）。再用 50ml 不含亚硝酸盐的水代替亚硝酸钠储备液，如上操作，用草酸钠标准溶液标定高锰酸钾溶液的浓度。操作中草酸钠标准溶液的用量为 V_4，高锰酸钾标准溶液总量为 V_3。

按式（8-3）计算高锰酸钾溶液浓度（mol/L）：

$$c(1/5\mathrm{KMnO_4}) = \frac{0.0500 \times V_4}{V_3} \qquad (8\text{-}3)$$

按式（8-4）计算亚硝酸盐氮标准储备液的浓度：

$$\rho(\text{亚硝酸盐氮，mg/L}) = \frac{(V_1c_1 - 0.0500 \times V_2) \times 7.00 \times 1000}{50.00} = 140V_1c_1 - 7.00 \times V_2 \qquad (8\text{-}4)$$

式（8-4）中：c（$1/5KMnO_4$）—经标定的高锰酸钾标准溶液的浓度（mol/L）；

V_1—滴定标准储备液时，加入高锰酸钾标准溶液总量（ml）；

V_2—滴定亚硝酸盐氮标准储备液时，加入草酸钠标准溶液总量（ml）；

V_3—滴定水时，加入高锰酸钾标准溶液总量（ml）；

V_4—滴定空白时，加入草酸钠标准溶液总量（ml）；

7.00—亚硝酸盐氮（1/2 N）的摩尔质量（g/mol）；

50.00—亚硝酸盐标准储备液取用量（ml）；

0.0500—草酸钠标准溶液浓度（1/2 $Na_2C_2O_4$，mol/L）。

（3）亚硝酸盐使用液：临用时将标准储备液配制成每毫升含 1.0μg 的亚硝酸盐氮的标准使用液。

（4）草酸钠标准溶液（1/2 $Na_2C_2O_4$，0.0500mol/L）：称取 3.350g 经 105℃干燥 2h 的优级纯无水草酸钠溶于水中，转入 1000ml 容量瓶中加水稀释至刻度。

（5）高锰酸钾溶液（1/5$KMnO_4$，0.050mol/L）：溶解 1.6 g 高锰酸钾于约 1.2L 水中，煮沸 0.5h 至 1h，使体积减小至 1000ml 左右，放置过夜，用 G3 号熔结玻璃漏斗过滤后，滤液储于棕色试剂瓶中，用上述草酸钠标准溶液标定其准确浓度。

（6）氢氧化铝悬浮液：溶解 125g 硫酸铝钾（$KAl(SO_4)_2 \cdot 12H_2O$）或硫酸铝铵（$NH_4Al(SO_4)_2 \cdot 12H_2O$）于 1000ml 蒸馏水中，加热到 60℃，在不断搅拌下慢慢加入 55ml 浓氨水，放置约 1h，转移入 1000ml 量筒内，用蒸馏水反复洗涤沉淀，至洗液中不含氨、氯化物、硝酸盐和亚硝酸盐为止。澄清后，把上层清液尽量全部倾出，只留浓的悬浮物，最后加 100ml 水。使用前应振荡均匀。

（7）盐酸萘乙二胺显色剂：50ml 冰乙酸与 900ml 水混合，加入 5.0g 对氨基苯磺酸，加热使其全部溶解，再加入 0.05g 盐酸萘乙二胺，搅拌溶解后用水稀释至 1L。溶液无色，储存于棕色瓶中，在冰箱中保存可稳定 1 个月（当有颜色时应重新配制）。

（四）操作方法

1. 水样的预处理 水样如有颜色和悬浮物，可在每 100ml 水样中加入 2ml 氢氧化铝悬浮液，搅拌后，静置过滤，弃去 25ml 初滤液。

2. 标准曲线的绘制 取 7 支 50ml 比色管，分别加入含亚硝酸盐氮 1μg/ml 的标准溶液 0.00、0.50、1.00、2.00、3.00、4.00、5.00ml，用水稀释至刻度。在上述各比色管中分别加入 2ml 显色剂，20 min 后在 540nm 处，用 2cm 比色皿，以试剂空白作参比测定其吸光度，绘制标准曲线。

3. 水样的测定 取 50.00ml 澄清水样于 50ml 比色管中（如亚硝酸盐氮含量高，可酌情少取水样，用无亚硝酸盐蒸馏水稀释至刻度）。加入 2ml 显色剂，20 min 后，同样以试剂空白作参比测定其吸光度，从标准曲线上查得水样中亚硝酸盐氮的含量（μg/ml）。

4. 空白试验 以水代替水样，按与样品分析相同的步骤进行预处理和测定。

5. 结果计算 水中亚硝酸盐氮的质量浓度按式（8-5）计算：

$$\text{亚硝酸盐氮（N，mg/L）} = \frac{m}{V} \qquad (8\text{-}5)$$

式（8-5）中：m—标准曲线查得的亚硝酸盐氮含量（μg）；

V—水样的体积（ml）。

（五）注意事项

（1）本法适用于地表水、生活饮用水、地下水及工业废水中的亚硝酸盐氮的测定，最低检测浓度为 0.003 mg/L。

（2）氯胺、氯、硫代硫酸盐和高铁离子会有干扰。

二、气相分子吸收光谱法

（一）原理

在 0.15～0.30mol/L 柠檬酸介质中，加入乙醇作催化剂，将亚硝酸盐瞬间转化成的 NO_2，用空气载入气相分子吸收光谱仪的吸光管中，在 213.9nm 等波长处测得的吸光度与亚硝酸盐氮浓度遵守比尔定律。

（二）仪器

（1）气相分子吸收光谱仪。

（2）锌（Zn）空心阴极灯。

（3）微量可调移液器：50～250μl。

（4）可调定量加液器：加液量 0～5ml。

（5）300ml 无色玻璃瓶。

（6）无色玻璃滴瓶：50～100ml，内装无水乙醇。

（7）气液分离装置：清洗瓶、样品反应瓶和干燥管。

（三）试剂

（1）柠檬酸溶液[$c(C_6H_8O_7 \cdot H_2O) = 0.3mol/L$]：称取 64g 柠檬酸，溶解于水，定容至 1000ml，摇匀。

（2）无水乙醇。

（3）无水高氯酸镁（$Mg(ClO_4)_2$）：8～10 目颗粒。

（4）细颗粒状药用炭。

（5）亚硝酸盐氮标准储备液（0.500mg/ml）：称取预先在 105～110℃干燥 4h 的光谱纯亚硝酸钠（$NaNO_2$）2.463g，溶解于水，移入 1000ml 容量瓶中，加水稀释至标线，摇匀。

（6）亚硝酸盐氮标准使用液（20.00μg/ml）：吸取亚硝酸盐氮标准储备液，用水逐级稀释而成。

（四）操作方法

1. 水样的采集与保存　一般用玻璃瓶或聚乙烯瓶采样，水样应充满采样瓶。采集的水样应立即测定，否则应在 4℃冰箱内保存，并尽快测定。

2. 测量系统的净化　每次测定之前，将反应瓶盖插入装有约 5ml 水的清洗瓶中，通入载气，净化测量系统，调整仪器零点。测定后，水洗反应瓶盖和砂芯。

3. 校准曲线的绘制　用微量移液器逐个移取 0、50、100、150、200、250μl 亚硝酸盐氮标准使用液于样品反应瓶中，加水至 2.5ml，用定量加液器加入 2.5ml 柠檬酸及 0.5ml 乙醇，将反应瓶盖与样品反应瓶密闭，通入载气，依次测定各标准溶液吸光度，以吸光度与所对应的亚硝酸盐氮的量（μg）绘制校准曲线。

4. 水样的测定　取 2.50ml 水样（亚硝酸盐氮量≤5μg）于样品反应瓶中，以下操作同校准曲线的绘制。测定水样前，测定空白溶液，进行空白校正。

5. 结果计算　亚硝酸盐氮的含量（mg/L）按式（8-6）计算：

$$\text{亚硝酸盐氮（N，mg/L）} = \frac{m - m_0}{V} \tag{8-6}$$

式（8-6）中：m—根据校准曲线计算出样品中亚硝酸盐氮量（μg）；

m_0—根据校准曲线计算出的空白量（μg）；

V—水样体积（ml）。

（五）注意事项

（1）本方法适用于地表水、地下水、海水、饮用水、生活污水及工业污水中亚硝酸盐氮的测定。最低检出限为 0.003mg/L。

（2）仪器的参考工作条件为，空心阴极灯电流：3～5mA；工作波长：213.9nm；光能量保持在 100% ～117%范围内；载气（空气）流量：0.5L/min；测量方式：峰高或峰面积。

（3）干扰的消除：在柠檬酸介质中，某些能与 NO_2^- 发生氧化、还原反应的物质，达一定量时干扰测定。S^{2-}含量高时，在气路干燥管前串接乙酸铅脱脂棉的除硫管给予消除；存在产生吸收的挥发性有机物时，在适量水样中加入药用炭搅拌吸附，30min 后取样测定。

第三节 水中硝酸盐氮的测定

二磺酸酚比色法

（一）原理

浓硫酸与酚作用生成二磺酸酚，在无水条件下二磺酸酚与硝酸盐作用生成二磺酸硝基酚，二磺酸硝基酚在碱性溶液中发生分子重排生成黄色化合物，最大吸收波长在 410nm 处，利用其色度和硝酸盐含量成正比，可进行比色测定。

（二）试剂

（1）二磺酸酚试剂：称取 15g 精制苯酚，置于 250ml 三角烧瓶中，加入 100ml 浓硫酸，瓶上放一个漏斗，置沸水浴内加热 6h，试剂应为浅棕色稠液，保存于棕色瓶内。

（2）硝酸盐氮标准储备液：称取 0.7218g 分析纯硝酸钾（经 105℃烘 4 h），溶于水中，转入 1000ml 容量瓶中，用水稀释至刻度。此溶液含硝酸盐氮 100μg/ml。如加入 2ml 氯仿保存，溶液可稳定半年以上。

（3）硝酸盐氮标准溶液：准确移取 100ml 硝酸盐标准储备液，置于蒸发皿中，在水浴上蒸干，然后加入 4.0ml 二磺酸酚，用玻棒摩擦蒸发皿内壁，静置 10min，加入少量蒸馏水，移入 500ml 容量瓶中，用蒸馏水稀释至标线，即为每毫升该标准使用液含 20μg 硝酸盐氮。

（4）硫酸银溶液：称取 4.4g 硫酸银，溶于水中，稀释至 1L，于棕色瓶中避光保存。此溶液 1.0ml 相当于 1.0mg 氯（Cl^-）。

（5）高锰酸钾溶液（1/5 $KMnO_4$，0.100 mol/L）：称取 3.16g 高锰酸钾，溶于蒸馏水中，并稀释至 1L。

（6）氢氧化铝悬浮液：参见第二节，水中亚硝酸盐氮的测定——盐酸萘乙二胺比色法试剂 6。

（7）乙二胺四乙酸二钠溶液：称取 50g 乙二胺四乙酸二钠，用 20ml 蒸馏水调成糊状，然后加入 60ml 浓氨水，充分混合，使之溶解。

（8）碳酸钠溶液（1/2Na_2CO_3，0.100mol/L）：称取 5.3g 无水碳酸钠，溶于 1L 水中。实习用水预先要加高锰酸钾重蒸馏，或用去离子水。

（三）操作方法

1. 水样的预处理 脱色：污染严重或色泽较深的水样（即色度超过 10 度），可在 100ml 水样中加入 2ml $Al(OH)_3$悬浮液。摇匀后，静置数分钟，澄清后过滤，弃去最初滤出的部分溶液（5～10ml）。除去氯离子：先用硝酸银滴定水样中的氯离子含量，据此加入相当量的硫酸银溶液。当氯离子含量小于 50mg/L 时，加入固体硫酸银。1mg 氯离子可与 4.4 mg 硫酸银作用。取 50ml 水样，加入一定量的硫酸银溶液或硫酸银固体，充分搅拌后。再通过离心或过滤除去氯化银沉淀，滤液转移至 100ml 的容量瓶中定容至刻度；也可在 80℃水浴中加热水样，摇动三角烧瓶，使氯化银沉淀凝聚，冷却后用多层慢速滤纸过滤至 100ml 容量瓶，定容至刻度。

2. 校准曲线的绘制 在 10 个 50ml 比色管中，按下表（表 8-1）用分度吸管加入硝酸盐氮标准溶液，加水至大约 40ml 处，再加入 3ml 氨水使其呈碱性，然后加水稀释至标线，摇匀。在波长 410nm 下，按下表选择相应的比色皿，以水作参比，测量吸光度。以空白校正后的吸光度为纵坐标，以其对应的硝酸盐氮含量（mg）为横坐标，绘制的校准曲线。

表 8-1 校准系列中所用的标准溶液的体积

标准溶液体积（ml）	硝酸盐氮含量（mg）	比色皿光程长（mm）
0	0	10 或 30
0.10	0.001	30
0.30	0.003	30
0.50	0.005	30
0.70	0.007	30
1.00	0.010	10 或 30
3.00	0.030	10
5.00	0.050	10
7.00	0.070	10
10.0	0.10	10

3. 水样的测定 吸取上述经处理的水样 50.00ml（如硝酸盐氮含量较高可酌量减少）至蒸发皿内，如有必要可用 0.100mol/L 碳酸钠溶液调节水样 pH 至中性（pH 7～8），置于水浴中蒸干。取下蒸发皿，加入 1.0ml 二磺酸酚，用玻棒搅拌，使试剂与蒸发皿内残渣充分接触，静止 10min，加入少量蒸馏水，搅匀，滤入 50ml 比色管中，加入 3 毫升浓氨水（使溶液明显呈碱性）。如有沉淀可滴加 EDTA 溶液，使水样变清，用蒸馏水稀释至刻度，摇匀，以水作参比，测定吸光度。根据标准曲线，计算出水样中硝酸盐氮的含量（μg/ml）。

4. 结果计算

$$\text{硝酸盐氮（N，mg/L）}=\frac{m}{V}\times 1000 \tag{8-7}$$

式中：m—由校准曲线查得的硝酸盐氮量（mg）；

V—水样体积（ml）。

经去除氯离子的水样，按式（8-8）计算：

$$\text{硝酸盐氮（N，mg/L）}=\frac{m}{V}\times 1000\times\frac{V_1+V_2}{V_1} \tag{8-8}$$

式中：V_1—水样体积（ml）；

V_2—硫酸银溶液体积（ml）。

（四）注意事项

（1）少量的氯化物即能引起硝酸盐的损失，使结果偏低。可加硫酸银，使其形成氯化银沉淀，过滤去除，以消除氯化物的干扰，（允许氯离子存在的最高浓度为 10μg/ml，超过此浓度就要干扰测定）。亚硝酸盐氮含量超过 0.2μg/ml 时，将使结果偏高，可用高锰酸钾将亚硝酸盐氧化成硝酸盐，再从测定结果中减去亚硝酸盐的含量。

（2）本法的检出下限为 0.02μg/ml 硝酸盐氮，检测上限为 2.0μg/ml。

（3）如水样中亚硝酸盐氮含量超过 0.2mg/L，可事先将其氧化为硝酸盐氮。具体方法如下：在已除氯离子的 100ml 容量瓶中加入 1ml 0.5mol/L 硫酸溶液，混合均匀后滴加 0.100mol/L 高锰酸钾溶液，至淡红色出现并保持 15min 不褪为止，以使亚硝酸盐完全转变为硝酸盐，最后从测定结果中减去亚硝酸盐含量。

（4）本法适用于生活饮用水地下水和清洁地表水中的硝酸盐氮的测定。

（蔡红平）

实习9　水中化学耗氧量的测定

化学耗氧量（chemical oxygen demand，COD）是指在一定条件下，水中还原性物质被氧化时所消耗氧化剂相当于氧的量，结果以氧气的 mg/L 表示，是反映水体受还原性物质（主要是有机物）污染程度的主要指标。化学耗氧量越大，说明水体受有机物的污染越严重。

我国测定化学耗氧量的标准方法为酸性高锰酸钾氧化法和重铬酸钾氧化法，分别记作 COD_{Mn} 和 COD_{Cr}。酸性高锰酸钾氧化法具有简便快速、耗资少、二次污染少的特点，适用于测定污染不十分严重的地面水、河水、饮用水和水源水等。重铬酸钾氧化法适合于测定污染较严重的水样，具有氧化率高，重现性好的特点。

一、酸性高锰酸钾法

（一）目的和意义

掌握化学耗氧量的含义；熟悉酸性高锰酸钾氧化法测定水中化学耗氧量的原理、方法及计算方法；了解酸性高锰酸钾氧化法测定水中化学耗氧量的注意事项。

通过水样的化学耗氧量的测定，评估水体受污染的程度。

（二）原理

在酸性溶液中，加入高锰酸钾氧化水样中的还原性物质，过量的高锰酸钾用草酸钠还原，剩余的草酸钠再用高锰酸钾溶液滴定，根据高锰酸钾消耗量来计算化学耗氧量（以 O_2 计）。

高锰酸钾和还原性物质反应如下：

$$4KMnO_4 + 6H_2SO_4 + 5C = 2K_2SO_4 + 4MnSO_4 + 5CO_2\uparrow + 6H_2O$$

剩余的高锰酸钾用草酸钠还原，反应如下：

$$2MnO_4^- + 5C_2O_4^{2-} + 16H^+ = 2Mn^{2+} + 8H_2O + 10CO_2\uparrow$$

（三）仪器

（1）1000ml 容量瓶。

（2）50ml 滴定管。

（3）250ml 锥形瓶。

（4）电热板。

（5）分析天平（0.1mg）。

（四）试剂

本实习中使用试剂均为分析纯，水为蒸馏水或去离子水。

（1）硫酸银。

（2）硫酸溶液（1∶3）：取 250ml 硫酸（密度为 1.84g/ml）缓慢加入 500ml 水中，冷却后，逐滴加入高锰酸钾溶液直至呈粉红色为止，用水稀释至 1000ml。

（3）草酸钠标准溶液（0.0200mol/L）：称取已在 130℃干燥 1h 的草酸钠 1.34g 溶于少量水中，加入 30ml 硫酸溶液，转入 1000ml 容量瓶中，用水稀释至刻度，摇匀。

（4）高锰酸钾标准溶液（0.02mol/L）：称取 0.63g 高锰酸钾（$KMnO_4$），溶于少量水中，加水稀释至 1000ml。煮沸 20min，于暗处密闭保存 2 周。用玻璃砂芯漏斗过滤，保存于棕色瓶中。

高锰酸钾标准溶液的标定：吸取 20ml 草酸钠标准溶液于 250ml 锥形瓶中，加入新煮沸冷却的水 75ml，10ml 硫酸溶液，置于电热板上加热至 70～80℃，立即用高锰酸钾标准溶液滴定至淡红色即为终点。记录用量。

高锰酸钾标准溶液的浓度计算见式（9-1）：

$$c(KMnO_4)=\frac{0.0200\times 20}{V} \tag{9-1}$$

式中：c（$KMnO_4$）—高锰酸钾标准溶液的浓度，mol/L；

V—高锰酸钾标准溶液消耗的体积，ml。

（五）操作方法

（1）锥形瓶的预处理：于 250ml 锥形瓶内加入 1ml 硫酸溶液及少量高锰酸钾标准溶液，煮沸数分钟，取下锥形瓶用草酸钠标准溶液滴定至微红色，将溶液弃去。

（2）吸取 100.0ml 充分混匀的水样置于上述处理过的锥形瓶中。加入 10ml 硫酸溶液，用滴定管加入 5ml 高锰酸钾标准溶液。

（3）将锥形瓶置于电热板上，加热至沸腾并保持 10min，溶液应呈红色，如加热过程中红色明显减退，须将水样稀释重做。

（4）取下锥形瓶，趁热加入 10.00ml 草酸钠标准溶液，并迅速用高锰酸钾标准溶液滴定至溶液呈淡红色，记录用量。

当水样中氯离子含量高于 300mg/L 时，按照 1g 硫酸银可消除 200mg 氯离子的干扰量，根据水样中的氯离子含量，加入相当量的硫酸银后，再按照上述步骤操作。

（5）结果计算：水样化学耗氧量计算公式如下：

$$COD_{Mn}=\frac{(c_1V_1-c_2V_2)\times 8}{V_3}\times 1000 \tag{9-2}$$

式中：COD_{Mn}—水样中化学耗氧量的含量的数值，mg/L；

c_1—高锰酸钾标准溶液的浓度，mol/L；

V_1—高锰酸钾标准溶液消耗的体积，ml；

c_2—草酸钠标准溶液的浓度，mol/L；

V_2—加入草酸钠标准溶液的体积，ml；

V_3—吸取水样的体积，ml；

8 —该反应中 O_2 的毫摩尔质量，mg/mol。

（六）注意事项

（1）本法适用于氯化物质量浓度低于 300mg/L（以 Cl^-计）的地面水、河水、饮用水和水源水中耗氧量的测定。本法最低检测耗氧量（取 100ml 水样时）为 0.05mg/L，最高为 5.0mg/L。

（2）水样中氯离子浓度超过 300mg/L 时，在酸性条件下被高锰酸钾氧化生成氯气，由于消耗高锰酸钾，使结果偏高。此时可采用碱性高锰酸钾法测定，即用氢氧化钠溶液替代硫酸溶液，使高锰酸钾在碱性条件下氧化水中的有机物，这样不但可以避免大量氯离子的干扰，而且有研究表明，有些氯化物（如氯化钙、氯化锶等）还可提高高锰酸钾的氧化效率。

（3）用于测定耗氧量的水样，最好用玻璃瓶采集。采集的水样应尽快测定，不能测定的要采用有效的保存措施，否则耗氧量会迅速降低。加硫酸至 $pH<2$，或加硫酸铜至 2～5mg/L，样品可在低温下保存 2 周。

（4）酸度以 0.45mol/L H^+为宜。酸度过大，高锰酸钾易自动分解；酸度过小，反应速度慢，结果偏低，酸度只能由硫酸来维持，不能用盐酸或硝酸，盐酸在酸性介质中可与高锰酸钾反应生成氯气；硝酸具有氧化性，本身可干扰测定，其中混杂的亚硝酸也有干扰。

（5）水样应适当稀释，以保证在沸水浴中加热 30min 后消耗的高锰酸钾溶液为加入量的二分之一左右，此时化学耗氧量与有机物含量之间才有一定的比例关系，可作不同水体有机物污染程度的比较，否则，结果无意义。因为水样中有机物的含量直接影响氧化剂的氧化速度和氧化能力，所以同一水样由于稀释倍数不同，测得的值也不完全一致。因此，必须在报告结果时注明稀释倍数。

二、重铬酸钾法

（一）目的和意义

熟悉重铬酸钾法测定水中化学耗氧量的原理、方法及计算方法；了解重铬酸钾法测定水中化学耗氧量的注意事项。

（二）原理

在强酸性溶液中，加入一定量的重铬酸钾，以银盐做催化剂，经沸腾回流后，水样中的还原性物质被氧化，消耗一定量的氧化剂。以试亚铁灵为指示剂，用硫酸亚铁铵滴定水样中未被还原的重铬酸钾，根据加入的重铬酸钾及消耗的硫酸亚铁铵的量，计算水中的耗氧量。

如果水样中存在大量的 Cl^-，则干扰测定，可加入 $HgSO_4$ 使与 Cl^- 生成 $HgCl_2$ 络合物，从而抑制 Cl^- 的干扰。氧化率与加热的时间有关，加热 1.0～1.5h，氧化率几乎是一致的。如污染严重，可加入 Ag_2SO_4 促进氧化，时间也可长一点。如污染不十分严重，加热时间缩短至半小时。

（三）仪器

（1）25ml 或 50ml 酸式滴定管。

（2）全玻璃回流装置。

（3）加热装置。

（四）试剂

（1）硫酸银-硫酸溶液：称取 10g 硫酸银（Ag_2SO_4）溶于 1L 硫酸（密度为 1.84g/ml），储存于棕色瓶中，放置 1 天～2 天使之溶解混匀。使用前小心摇动。

（2）重铬酸钾标准溶液（0.250mol/L）：称取 12.285g 重铬酸钾（预先在 105～110℃烘箱中干燥 2h 并在干燥器中冷却至室温）溶于水中，转移至 1000ml 容量瓶中，稀释至刻度，摇匀。

（3）重铬酸钾标准溶液（0.0250mol/L）：由 0.250mol/L 重铬酸钾标准溶液稀释 10 倍而成。

（4）试亚铁灵指示剂：称取 0.7g 硫酸亚铁（$FeSO_4·7H_2O$）于 50ml 蒸馏水中，加入 1.5g 1,10-邻非啰啉（1,10-phenanathroline monohy drate）搅拌至溶解，加水稀释至 100ml。

（5）硫酸亚铁铵标准溶液[$c((NH_4)_2Fe(SO_4)_2·6H_2O)$≈0.10mol/L]：称取 39g 硫酸亚铁铵（$(NH_4)_2Fe(SO_4)_2·6H_2O$）溶于水中，加入 20ml 浓硫酸（密度为 1.84g/ml）中，待溶液冷却后稀释至 1000ml。临用前必须用 0.2500mol/L 重铬酸钾标准溶液准确标定此溶液的浓度。

硫酸亚铁铵标准溶液标定方法：吸取 10.00ml 0.2500mol/L 的重铬酸钾标准溶液于锥形瓶中，加入 90ml 蒸馏水，加入 30ml 浓硫酸（密度为 1.84g/ml），混匀。冷却后，加 2～3 滴试亚铁灵指示剂，用待标定的硫酸亚铁铵标准溶液滴定，溶液的颜色由黄色经深绿色变为红褐色即为终点。记录下硫酸亚铁铵的消耗体积（ml）。

按式（9-3）计算硫酸亚铁铵标准溶液的浓度：

$$c((NH_4)_2Fe(SO_4)_2\cdot 6H_2O)=\frac{10.00\times 0.2500}{V} \quad (9\text{-}3)$$

式（9-3）中：$c((NH_4)_2Fe(SO_4)_2·6H_2O)$—硫酸亚铁铵标准溶液的浓度，mol/L；

V—滴定时消耗硫酸亚铁铵溶液的体积，ml。

（6）硫酸亚铁铵标准滴定溶液（0.010mol/L）：将 0.10mol/L 的硫酸亚铁铵标准溶液稀释 10 倍，用 0.0250mol/L 的重铬酸钾标准溶液标定，标定步骤同上。

（7）邻苯二甲酸氢钾标准溶液（2.0824mmol/L）：称取0.4251g 105℃干燥2h的邻苯二甲酸氢钾（$HOOCC_6H_4COOK$）溶于水，定容至1000ml，混匀。以重铬酸钾为氧化剂，将邻苯二甲酸氢钾完全氧化的COD值为1.176g O_2/g（指1g邻苯二甲酸氢钾耗氧量1.176g），故该标准溶液的理论COD值为500mg/L。

（五）操作方法

（1）将水样充分摇匀，取20.0ml加入回流装置的锥形瓶中，加入10.0ml重铬酸钾标准溶液，混匀，放几颗防暴沸玻璃珠。

（2）将锥形瓶接到回流装置冷凝管的下端，接通冷凝水。从冷凝管上端缓慢加入30ml硫酸银-硫酸溶液，以防止低沸点有机物的逸出，不断摇动锥形瓶使之混合均匀。自溶液开始沸腾起回流2小时。

（3）待冷却后，用20～30ml蒸馏水自冷凝管上端冲洗冷凝管，取下锥形瓶，用水稀释至140ml左右。

（4）溶液冷却至室温后，加入3滴试亚铁灵指示剂，用硫酸亚铁铵标准溶液滴定，溶液的颜色由黄色经深绿色变为红褐色即为终点。记下硫酸亚铁铵标准溶液的消耗体积V_2（ml）。

（5）空白试验测定样品的同时，以20ml蒸馏水代替样品进行空白试验，其余试剂操作步骤同样品测定，记录下空白滴定时硫酸亚铁铵标准溶液的消耗体积V_1（ml）。

（6）校核试验按样品测定方法分析20ml邻苯二甲酸氢钾标准溶液的COD值，用以检验操作技术及试剂纯度。该溶液的理论COD值为500mg/L，如果校核试验的结果大于该值的96%，可认为实验步骤基本上是适宜的。否则，必须寻找失败的原因，重复试验，使之达到要求。

（7）结果计算：水样化学耗氧量计算公式

$$\mathrm{COD_{Cr}}=\frac{c_1(V_1-V_2)\times 8\times 1000}{V_0} \tag{9-4}$$

式（9-4）中：$\mathrm{COD_{Cr}}$—水样中化学耗氧量的含量的数值，mg/L；

c—硫酸亚铁铵标准滴定溶液的浓度，mol/L；

V_1—空白试验所消耗的硫酸亚铁铵标准滴定溶液体积，ml；

V_2—样品测定所消耗的硫酸亚铁铵标准滴定溶液体积，ml；

V_0—样品的体积，ml；

8—该反应中O_2的毫摩尔质量，mg/mol。

（六）注意事项

（1）实习的主要干扰物为氯化物，通过加入硫酸汞可部分去除，经回流后，氯离子可与硫酸汞结合成可溶性的氯汞络合物。当氯离子含量超过1000mg/L时，COD的最低允许值为250mg/L，如果COD值低于250mg/L，结果的准确度就不可靠。

无机还原性物质如亚硝酸盐、硫化物及二价铁盐将使结果增加，将其耗氧量作为水样COD值的一部分是可以接受的。

（2）对于COD值小于50mg/L的水样，应采用低浓度的重铬酸钾标准溶液氧化，加热回流以后，采用低浓度的硫酸亚铁铵标准溶液回滴。

（3）对未经稀释的水样，该方法的测定上限为700mg/L，超过此上限时必须经稀释后测定。

（4）对于污染严重的水样，可选取所需体积的1/10的样品和1/10的试剂，放入10mm×150mm试管中，摇匀，用酒精灯加热煮沸数分钟，观察溶液是否变成蓝绿色。如成蓝绿色，应再适当少取样品，重复以上实验，直至溶液不变蓝绿色为止。从而确定待测水样适当稀释的倍数。

（张　璟）

实习 10　水中生化需氧量的测定

生化需氧量（biochemical oxygen demand，BOD）是指在有氧条件下，水中有机物在被需氧微生物分解的生物化学过程中所消耗的溶解氧量。生化需氧过程的发生需具备以下条件：需氧微生物的存在，有足够的溶解氧和适合微生物利用的营养物-有机物。在实际工作中，通常利用生化需氧量来间接反映水体中有机物的含量。检测水中有机物的生化需氧量有稀释接种法和微生物传感器快速测定法；稀释接种法与《中华人民共和国国家环境保护标准 HJ 505—2009 代替 GB/T 7488—1987 水质　五日生化需氧量（BOD_5）的测定　稀释与接种法》等效。微生物传感器快速测定法与《中华人民共和国环境保护行业标准（HJ/T 86—2002）水质　生化需氧量（BOD）的测定　微生物传感器快速测定法》等效。

一、稀释接种法

（一）目的和意义

微生物分解有机物的过程是一个缓慢的过程，若要完全完成这一过程，需要 20 天以上时间；另外在一定范围内，水温越高，分解过程越快。实际工作中，一般采用 20℃±1℃培养 5 日后，1L 水中溶解氧减少的量（mg/L）来表示，称为五日 20℃生化需氧量，记为 BOD_5^{20}。它是通过检测溶解氧的变化来间接表示有机物污染水体程度的指标。

掌握碘量法测定溶解氧的原理和方法。熟悉 BOD_5^{20} 的环境卫生学意义。

（二）原理

取原水样或已适当稀释后的水样（其中含有足够的溶解氧能满足 20℃下 5 日生化的需要）分为两份。一份及时测定当时的溶解氧的含量，另一份放入培养箱内，在 20℃±1℃培养 5 日后再测定溶解氧含量。前后两者溶解氧量之差值即为 BOD_5^{20}。

溶解氧的测定方法常用碘量法，其原理是：水样中加入硫酸锰溶液和碱性碘化钾溶液，生成四价锰的氢氧化物棕色沉淀。然后加入浓硫酸，使高价锰与碘化钾反应释出与溶解氧量相当的游离碘，以淀粉作指示剂，用硫代硫酸钠标准溶液滴定析出的碘，即可计算出溶解氧量。

（三）仪器

（1）恒温箱，20±1℃。

（2）溶解氧瓶，100～300ml，带水封装置。

（3）250ml 碘量瓶。

（4）1000ml 量筒。

（5）虹吸管，分取水样或添加稀释水。

（6）250ml 三角瓶。

（7）50ml 酸式和碱式滴定管。

（8）100ml 球形吸管和 10ml 直形吸管。

（9）20L 大玻璃瓶。

（10）曝气装置：多通道空气泵或其他曝气装置；曝气可能带来有机物、氧化剂和金属，导致空气污染，如有污染，空气应过滤清洗。

（四）试剂

所用试剂均为分析纯，水为蒸馏水，二次去离子水或等效纯水。

（1）硫酸 H_2SO_4：比重 1.84。

（2）硫酸锰溶液：称取 480g 硫酸锰 $MnSO_4 \cdot 4H_2O$（或 400g $MnSO_4 \cdot 2H_2O$ 或 $MnCl_2 \cdot 2H_2O$），溶于水中，过滤后稀释至 1000ml。

（3）碱性碘化钾溶液：称取 500g NaOH 溶于 300～400ml 水中；另称取 150g KI（或 135g NaI）溶于 200ml 蒸馏水中，待 NaOH 溶液冷却后，将两溶液合并混匀，用水稀释至 1000ml。混匀，静置 24h；倒出上层澄清液，储于带橡皮塞棕色瓶中，避光保存。此溶液酸化后，遇淀粉不应呈蓝色。

（4）淀粉溶液（5g/L）：称取 0.5g 可溶性淀粉，用少量水调成糊状，用刚煮沸的水冲稀至 100ml，加入 0.02g 碘化汞（防腐剂），并煮沸 2～3min，至溶液透明，冷却。临用现配。

（5）硫代硫酸钠标准溶液（0.0250mol/L）

1）配制浓溶液：称取 25g 硫代硫酸钠（$Na_2S_2O_3 \cdot 5H_2O$），溶于 1000ml 煮沸放冷的蒸馏水中，加入 0.4g 氢氧化钠防止分解，此溶液浓度大概为 0.1mol/L。储于棕色瓶中。在暗处放置 7～14 天后标定。

2）标定：准确称取 105℃干燥 1 小时、硅胶干燥器中冷却 30min 的分析纯碘酸钾两份，每份约 0.1500g，分别放入 250ml 碘量瓶中；于每瓶中各加入 100ml 蒸馏水，加热使碘酸钾溶解；再各加碘化钾 3g 和冰乙酸 10ml，置于暗处 5min，用待标定的硫代硫酸钠溶液滴定至变为淡黄色时，加入 5g/L 淀粉溶液 1ml，继续滴定至蓝色刚好褪去为止，记录用量。计算硫代硫酸钠的浓度：

$$Na_2S_2O_3\text{溶液的浓度（mol/L）} = \frac{m \times 1000}{\text{硫代硫酸钠溶液用量（ml）} \times 35.669}$$

式中：m—碘酸钾的质量（g）；

35.669—碘酸钾的摩尔质量。

最后以两份的平均值表示结果。

3）稀释：将上述标定过的 $Na_2S_2O_3$ 溶液用煮沸冷却后的蒸馏水稀释成 0.0250mol/L。

（6）接种水：取未受工业废水污染的生活污水，或含有城镇污水的河水或湖水，或污水处理厂的出水，于 20℃放置 24～36h，用上层清液。

（7）稀释水：在 20L 的玻璃瓶中加入一定量的蒸馏水（或河水），控制水温在 20℃±1 ℃，每升水加入下列盐类溶液各 1ml，作为微生物的营养料。

1）磷酸盐缓冲溶液：将 8.5 g 磷酸二氢钾（KH_2PO_4），21.75 g 磷酸氢二钾（K_2HPO_4），33.4 g 磷酸氢二钠（$Na_2HPO_4 \cdot 7H_2O$）和 1.7 g 氯化氨（NH_4C1）溶于水中，稀释至 1000 ml，此溶液的 pH 为 7.2 。

2）硫酸镁溶液：将 22.5 g 硫酸镁（$MgSO_4 \cdot 7H_2O$）溶于水中，稀释至 1000 ml。

3）氯化钙溶液：将 27.5 g 无水氯化钙（$CaC1_2$）溶于水中，稀释至 1000 ml。

4）氯化铁溶液：将 0.25 g 氯化铁（$FeC1_3 \cdot 6H_2O$）溶于水中，稀释至 1000 ml。

以上四种溶液在 0～4℃可稳定保存 6 个月，若发现任何沉淀或微生物生长应弃去。

加入上述营养液后，蒸馏水曝气 2 天。曝气时可在进气路中安装一个药用炭装置，用于过滤导入的空气。为使溶解氧稳定，曝气后应加盖静置。稀释水的五日生化需氧量应在 0.2mg/L 以下。在曝气的过程中应防止污染，尤其是防止带入有机物、金属、氧化物或还原物。稀释水中氧的质量浓度不能过饱和，使用前需开口放置 1h，且应在 24h 内使用。剩余的稀释水弃去。

（8）草酸标准溶液（0.0100mol/L）：称取 0.6304g 草酸（$H_2C_2O_4 \cdot 2H_2O$），用蒸馏水溶解并

稀释至100ml，其浓度为0.1000mol/L。再用蒸馏水稀释10倍，即为0.0100mol/L。

（9）高锰酸钾溶液（0.1mol/L）：称取3.16g高锰酸钾，溶于1.2L蒸馏水中，煮沸10～15min，静置7～10天（其浓度约为0.1mol/L）。临用时用0.0100mol/L草酸标定，然后稀释成0.0100mol/L。

（10）硫酸溶液（1∶3）：向3份（容积）蒸馏水中缓慢加入比重为1.84的浓硫酸1份。

（五）操作方法

1. 样品的处理

（1）保存：采集的样品应充满并密封于棕色玻璃瓶中，样品量不小于1000 ml，在0～4℃的暗处运输和保存，并于24 h内尽快分析。24 h内不能分析，可冷冻保存（冷冻保存时避免样品瓶破裂），冷冻样品分析前需解冻、均质化和接种。

（2）稀释：较清洁的地表水，水样无需稀释，直接测定其五天前后的溶解氧含量即可。污染较重的水样应根据污染轻重给予不同程度的稀释。

1）估计稀释倍数：理想的稀释后的水样，在20℃培养5日后，溶解氧减少40%～60%或剩余溶解氧至少有1mg/L较为理想。稀释倍数可根据样品的总有机碳（TOC）、高锰酸盐指数（I_{Mn}）或化学需氧量（COD_{Cr}）的测定值来确定。这里用化学需氧量（COD_{Cr}）来估计适宜的稀释倍数。如耗氧量在10mg/L时，污水水样可稀释5、10、15倍。受污染的地面水水样稀释3、5、9倍。个别特殊的水样，也可多稀释一个倍数。

将水样小心混匀（注意勿产生气泡），根据计算，取出所需体积的水样，沿筒壁加入1L量筒中，然后用虹吸管加入稀释水加至1L。用特制玻璃搅拌器在水面下缓缓地上下搅动4～5次，混合均匀后，再用虹吸管将已稀释的水样移入已编号的两个溶解氧瓶内，立即盖紧瓶塞，并于瓶口凹处注满稀释水，此为第一个稀释倍数。按同法可做第二、第三稀释倍数。每个稀释倍数取两个平行样。

例如水样稀释5、10、15倍。取8只溶解氧瓶，分4组：

A. 原水组：用虹吸管吸原水2瓶。

B. 5倍稀释组：用量筒取原水200ml，加稀释水800ml，混匀。分装至2个溶解氧瓶。

C. 10倍稀释组：用量筒取原水100ml，加稀释水900ml，混匀。分装至2个溶解氧瓶。

D. 15倍稀释组：用量筒取原水50ml，加稀释水700ml，混匀。分装至2个溶解氧瓶。

2）水样稀释：按照确定的稀释倍数，将一定体积的试样用虹吸管加入已加部分稀释水的稀释容器1L量筒中，加稀释水或接种稀释水至刻度，轻轻混合避免残留气泡。用虹吸管将已稀释的水样移入已编号的两个溶解氧瓶内（一只用于测当天溶解氧，一只用于测五日溶解氧）；然后轻击瓶壁，以驱除可能附在瓶壁上的气泡；最后塞紧瓶塞。此为第一稀释倍数样品，待测定。可通过连续稀释，即可得到不同稀释倍数的样品。

2. 空白试样 另取已编号的两个溶解氧瓶，用虹吸管装入稀释水，塞紧瓶塞，作为空白。

3. 水样的测定 从每个稀释倍数和空白中各取1瓶，分别测定即时溶解氧，即当天溶解氧。其余各瓶用蒸馏水封口，防止空气进入瓶中，放入20℃±1℃恒温箱中培养，每天应添加封口用的蒸馏水，同时检查恒温箱温度，至培养5日后，取出溶解氧瓶测定溶解氧含量。

碘量法测定水样中的溶解氧：

（1）溶解氧的固定：吸取2ml硫酸锰或氯化锰溶液于装有水样的溶解氧瓶中，加试剂时，应将吸管插入液面下。按上法，加入2ml碱性碘化钾溶液。盖紧瓶塞，将瓶颠倒混合数次，此时有棕黄色沉淀形成，放置1min，再颠倒混合一次，使沉淀充分混匀。

（2）析出碘：轻轻打开瓶塞，加入浓硫酸2ml，盖紧瓶塞，颠倒混匀，放置5min，沉淀物全部溶解为止。

（3）样品的测定：用 100ml 球形吸管吸取 100ml 上述溶液于 250ml 碘量瓶中，立即用 0.0250mol/L $Na_2S_2O_3$ 标准溶液滴定至溶液呈淡黄色，加入 5g/L 的淀粉溶液 1ml，继续滴定至蓝色刚刚褪去即为终点，记录硫代硫酸钠溶液用量（V）。

$$溶解氧（O_2，mg/L）=\frac{V\times 0.0250\times 8\times 1000}{100}$$

4. 计算：

$$五日生化需氧量（O_2，mg/L）=\frac{(A_1-A_2)-(B_1-B_2)\times f_1}{f_2}$$

式中：A_1—水样经稀释后即时的溶解氧；

A_2—培养 5 日末的溶解氧；

B_1—稀释水的即时的溶解氧；

B_2—稀释水培养 5 日末的溶解氧；

f_1—水样中稀释水所占的比例；

f_2—水样中样品所占的比例。

（六）结果评价

参照《地表水环境质量标准》（GB3838—2002）进行评价。

（七）注意事项

（1）测定溶解氧时，试剂的加入应将移液管插入液面之下，慢慢加入，以免将空气中氧带入水样中引起误差。在采样和操作时必须防止水中有气泡产生。

（2）水中含游离酸和碱时，会抑制微生物生长，应先中和。

（3）水中含过量有毒物质，会抑制微生物生长，此时需用稀释水稀释；同时，所用稀释水事先应加接种水，以引入微生物。

（4）水中少量游离氯时，一般放置 1～2h，游离氯即可消失。

（5）如果几个稀释倍数的溶解氧下降都在 40%～70%，则选用稀释倍数最高的一组；若都不在 40%～70%的范围内，则选用最接近的一组。

二、微生物传感器快速测定法

（一）目的与意义

快速测定方法可用于污染现场的快速测定，帮助找到污染原因，作出及时的决策。这是突发性公共卫生事件中经常用到的方法。

（二）原理

测定水中 BOD 的微生物传感器是由氧化电极和微生物菌膜构成，其原理是当含有饱和溶解氧的水样进入流通池中与微生物传感器接触，水样中溶解性可生化降解的有机物受到微生物菌膜中菌种的作用，使扩散到氧化电极表面上氧的质量减少。当水样中可生化降解的有机物向菌膜扩散速度（质量）达到恒定时，此时扩散到氧电极表面上氧的质量也达到恒定，因此产生了一个恒定电流。由于恒定电流与水样中可生化降解的有机物浓度的差值与氧的减少量存在定量关系，据此可换算出水样中生物化学需氧量。

本方法用于测定地表水、生活污水、工业废水中的水质生化需氧量的测定。适用于测定 BOD 浓度为 2～500mg/L 的水样，当 BOD 较高时可经适当稀释后测定。

（三）仪器

使用的玻璃仪器及塑料容器要认真清洗，不允许有可生化降解的化合物，操作中应防止污染。

（1）BOD 快速测定仪，按说明书使用并选择测量条件。

（2）微生物菌膜，可在室温干燥条件下保存。

（3）微生物菌膜的活化与安装：将微生物菌膜放入 0.005mol/L 缓冲溶液中活化 48 小时，然后将其安装在微生物传感器上；如果间断测量时间超过 7 天，则应重新更换新的菌膜。

（4）稀释容器：容量瓶、吸管、比色管。其容积大小取决于稀释样品的体积。

（5）10L 聚乙烯塑料桶。

（四）试剂

（1）磷酸盐缓冲溶液（0.5mol/L）：将 68g 磷酸二氢钾和 71g 磷酸二氢钠溶于蒸馏水中，稀释至 1000ml，备用。

（2）磷酸盐缓冲溶液使用液（清洗液）（0.005mol/L）：用 0.5mol/L 磷酸盐缓冲溶液稀释制得。

（3）盐酸溶液（0.5mol/L）：将 40 ml 浓盐酸溶于水中，稀释至 1000 ml。

（4）氢氧化钠（20g/L）：将 20 g 氢氧化钠溶于水中，稀释至 1000 ml。

（5）亚硫酸钠溶液（1. 575g/L）：将 1.575 g Na_2SO_3 溶于水中，稀释至 1000 ml。此溶液不稳定，需当天配制。

（6）葡萄糖-谷氨酸（BOD）标准溶液：称取在 103℃下干燥 1h 并冷却至室温的无水葡萄糖和谷氨酸各 1. 705g，溶于 0. 005mol/L 磷酸盐缓冲溶液使用液中，并用此溶液稀释至 1000ml，混合均匀，即得 2500mg/L 的 BOD 标准溶液。

（五）操作步骤

1. 样品的储存 样品需充满并密封于瓶中，置于 2～5℃下保存，一般应在采样后 6h 之内进行检验；若需远距离转运或不能在 6h 内分析时，任何情况下储存皆不得超过 24h。

2. 水样的处理

（1）水样的 pH：若样品或稀释后样品 pH 不在 6～8 范围内，可用盐酸或氢氧化钠溶液调节 pH 约为 7，但调节溶液的用量不要超过水样体积的 0.5%。操作中应注意不要带入气泡。

（2）水样浑浊度：水样浑浊时，可将水样静置澄清 30min，然后取上层非沉降部分进行测定。

（3）水温：从水温较高的水域或废水排放口取得的水样，则应迅速使其冷却至 20℃左右，并充分振摇，使与空气中氧分压接近平衡。从水温较低的水域或富营养化的湖泊中采集的水样，可遇到含有过饱和溶解氧，此时应将水样迅速升温至 20℃左右。在水样瓶未充满的情况下，充分振摇，并经常开塞放气，以赶出过饱和的溶解氧。

（4）余氯或结合氯的去除：若样品中含有少量余氯，一般在采样后放置 1～2 h，游离氯即可消失。对在短时间内不能消失的余氯，可加入适量亚硫酸钠溶液去除样品中存在的余氯和结合氯，注意避免亚硫酸钠加过量。

（5）样品均质化：含有大量颗粒物、需要较大稀释倍数的样品或经冷冻保存的样品，测定前均需将样品搅拌均匀。

（6）样品中有藻类：若样品中有大量藻类存在，BOD_5 的测定结果会偏高。当分析结果精度要求较高时，测定前应用滤孔为 1.6 μm 的滤膜过滤，检测报告中注明滤膜滤孔的大小。

3. 测试水样的准备

（1）将样品放置在室温。

（2）地表水样品可不用稀释（无特殊情况）直接做样品。

（3）生活污水和工业废水可根据经验或预期 BOD 值来确定稀释倍数，使其 BOD 值控制在 50mg/L 以下后作为待测样品。

4. 测定

（1）测定前先开启仪器，用磷酸盐缓冲使用液清洗电极电位洗至相对稳定。

（2）用葡萄糖-谷氨酸（BOD）标准溶液配制成含 BOD 0mg/L、5mg/L、10mg/L、25mg/L、50mg/L 的标准系列，按由低到高的顺序依次进行测量，制备工作曲线（储存在仪器中）。

（3）待测水样的测定：取预处理后样品 50ml 加入 0.5ml 0.5mol/L 磷酸盐缓冲液，摇匀后进行测定。

（4）结果：微处理器根据内存曲线、样品信号，可直接计算出测量结果。

（六）结果评价

参照《地表水环境质量标准》（GB3838—2002）进行评价。

（七）精密度和准确度

四个实验室分析 BOD 含量为 25. 3mg/L 和 10. 3mg/L 的统一标准溶液，其分析结果如下：

1. 重复性 实验室内相对标准偏差分别为 2.9%和 2.6%。

2. 准确度 四个实验室测定浓度为 50.6mg/L 的统一已知 BOD 样品，相对误差为 0.4%。

（八）干扰及消除

（1）当水中的氰化物和亚硫酸根离子超过 20mg/L 和 1000mg/L 以上时，使测定结果产生较大误差。

（2）水样中含 Co^{2+}低于 10mg/L，Mn^{2+}低于 5mg，Zn^{2+}低于 100mg/L，Fe^{2+}低于 5mg/L，Cu^{2+}低于 2 mg/L，Hg^{2+}低于 5mg/L，Pb^{2+}低于 5mg/L，Cd^{2+}低于 5mg/ L 对本方法测定结果不产生明显的干扰。

（3）高浓度杀菌剂、农药类、游离氯废水对微生物膜内菌种有毒作用，用本方法测定会产生较大误差，可减少取样量或适当稀释试样以减少这类影响。

（九）注意事项

（1）进样时应避免输液管进入气泡。

（2）勿使其他溶液漏入电极内参比溶液中，以免造成污染。

（3）测量过程中的进样浓度应从低到高，以减少回复到空白电位所需的时间。

（4）关机后再开机至少间隔 15 秒，否则仪器不能正常工作。

（鲁 彦）

实习 11　水中砷的测定

砷是有毒元素，对人体极有害。若长期低剂量摄入，则产生蓄积作用，导致慢性中毒，甚至产生致癌、致畸、致突变作用。砷被国际癌症研究机构列为致癌危险性物质，因此，砷元素为水常规必检项目。我国现行的《生活饮用水卫生标准》（GB5749—2006）、《地表水环境质量标准》（GB3838—2002）等多个水环境标准中均规定了其浓度限值（0.01mg/ L）。目前测定水中砷的标准方法有二乙氨基二硫代甲酸银分光光度法、原子荧光法、电感耦合等离子体发射光谱法及砷斑法等。下面主要学习和介绍前三种方法。

一、二乙氨基二硫代甲酸银分光光度法（银盐法）

（一）目的和意义

（1）掌握二乙氨基二硫代甲酸银分光光度法测定水中砷含量的方法。

（2）熟悉可见光分光光度计的使用方法。

（3）了解二乙氨基二硫代甲酸银分光光度法测定水中砷的含量的基本原理。

（二）原理

在碘化钾和氯化亚锡存在下，五价砷还原为三价，三价砷与新生态氢生成砷化氢气体。经醋酸铅棉去除硫化氢干扰后，砷化氢与溶解在三乙醇胺-氯仿中的二乙氨基二硫代甲酸银（AgDDC）作用，生成棕红色胶态银，根据颜色深浅进行比色定量。反应式为：

（1）$H_3AsO_4+2KI+2HCl = H_3AsO_3+I_2+2KCl+H_2O$

$I_2+SnCl_2+2HCl = 2HI+SnCl_4$

（2）$H_3AsO_3+3Zn+6HCl = AsH_3+3ZnCl_2+3H_2O$

（3）$AsH_3+6Ag(DDC) = AsAg_3 \cdot 3Ag(DDC)+3H(DDC)$

$AsAg_3+3Ag(DDC)+3NR_3+3H(DDC) = As(DDC)_3+6Ag+3(NR_3H)(DDC)$

反应式中：NR_3为三乙醇胺的反应基团。

（三）仪器

（1）砷化氢发生装置（如图 11-1）。

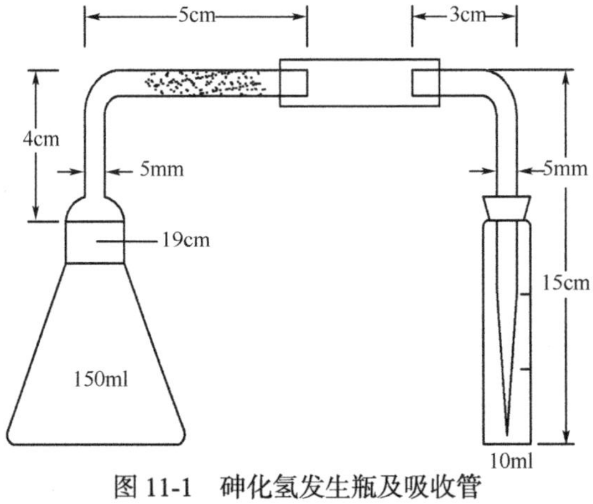

图 11-1　砷化氢发生瓶及吸收管

（2）分光光度计。

（3）电热板。

（四）试剂

（1）硫酸溶液（1+1）：按体积比 1：1 配制硫酸水溶液。

（2）碘化钾溶液（15%）：称取 15g 碘化钾（KI），溶于蒸馏水中并稀释至 100ml，储存于棕色瓶内（临用时现配）。

（3）氯化亚锡溶液（40%）：称取 40g 无砷氯化亚锡（$SnCl_2·2H_2O$），溶于 40ml 浓盐酸中，并加蒸馏水稀释至 100ml，投入数粒金属锡粒，储于棕色瓶中。

（4）无砷锌粒：10～20 目。

（5）乙酸铅棉花：将脱脂棉浸于 10%乙酸铅溶液中，2h 后取出，自然晾干并使其膨松。

（6）吸收液（二乙氨基二硫代甲酸银-三乙醇胺-氯仿溶液）：称取 0.25g 二乙氨基二硫代甲酸银，研碎后用少量氯仿溶解，加入 1.0ml 三乙醇胺，再用氯仿稀释至 100ml，用力振荡使其溶解。暗处静置 24h 后，用定性滤纸过滤至棕色瓶中，冰箱 4℃保存。

（7）砷标准溶液：将三氧化二砷（As_2O_3）在硅胶上预先干燥至恒重，准确称取 0.6600g 三氧化二砷，溶于 5ml 浓度为 20%的氢氧化钠溶液中，用酚酞做指示剂，以 1mol/L 硫酸溶液中和至中性后，再加入 1mol/L 硫酸溶液 15ml，最后用蒸馏水定容到 500ml。此溶液为 1.0mg/ml 砷标准储备液。临用时稀释 1000 倍，为 1.0μg /ml 砷的标准应用液。

（五）操作方法

1. 操作步骤

（1）水样处理：洁净的水样可直接测定；污染严重的水样须按下列方法消解：取适量水样，使含砷量为 1～20μg，置于长颈烧瓶中。加入 3ml 浓盐酸及 5ml 浓硫酸，蒸沸消解至产生白色烟雾。如果此时溶液不清澈透明，再加 5ml 浓硝酸，继续加热至产生白色烟雾。冷却后，小心加入 25ml 蒸馏水，煮沸至产生大量白色烟雾为止。冷却后，加少量蒸馏水稀释，将烧瓶内溶液转移至 50ml 容量瓶中，用蒸馏水洗涤烧瓶，合并洗液于容量瓶中，加蒸馏水至刻度，摇匀供测定。

（2）取 50ml 澄清水样或经过消解的水样，置于砷化氢发生瓶中（见图 11-1）。

（3）另取砷化氢发生瓶 6 个，分别加入 1.00μg/ml 砷标准应用液 0ml、1.00ml、2.50ml、5.00ml、7.50ml 及 10.00ml，再各加蒸馏水至 50.00ml。

（4）向水样和标准系列中各加入（1+1）硫酸溶液 4.0ml，15%碘化钾溶液 2.5ml，混合，再加入 40%氯化亚锡溶液 2.0ml，混匀，放置 15min。

（5）于各吸收管中分别加入 5.0ml 二乙氨基二硫代甲酸银-氯仿溶液，插入塞有乙酸铅棉花的导气管。迅速向各个发生瓶中倾入预先称好的 5g 无砷锌粒，立即塞紧瓶塞，勿使漏气。在室温下（室温低于 15℃时可用 25℃温水浴微热）反应 1h，反应完毕。若吸收液体积减少，则用氯仿将吸收液体积补充至 5.0ml。在 1h 内于 515nm 波长，1cm 比色皿，以氯仿做参比测定样品和标准系列溶液的吸光度。

（6）绘制标准曲线（以砷含量 μg 为横坐标，吸光度为纵坐标），查出样品相当于标准的砷含量（μg）。

2. 计算　砷的质量浓度 c（mg/ L）由下式计算：

$$c=\frac{m}{V}$$

式中：c—水样中砷（As）的质量浓度（mg/ L）；

m—校准曲线查得的样品中砷含量（μg）；

V—水样体积（ml）。

（六）注意事项

（1）本法自 1952 年 Vasak 提出后，1956 年起开始应用于空气及水中砷的测定，以后又对该方法的吡啶吸收液进行了改革，由于它具有灵敏、简易、重现性及回收率好等优点，已被各国采用为法定分析法。本法适用于测定生活饮用水及其水源水中总砷的含量。

（2）钴、镍、汞、银、铂、铬和钼可干扰砷化氢的发生，但饮水中正常存在的量不产生干扰。水中锑的含量超过 0.1mg/L 时对测定有干扰。用本法测定的水样，不宜用硝酸保存。

（3）反应的酸度，氯化亚锡用量及释放砷化氢的速度和时间是影响生成棕红色胶态银的主要因素。

（4）需特别注意本分析方法所用的砷，在溶液转移和处置中要特别小心，整个操作要在良好的通风环境中进行，并严防入口。

（5）本法最低检测量为 0.5μg 砷。若取 50ml 水样测定，最低检测浓度为 0.01mg/L。

二、原子荧光法

（一）目的和意义

（1）掌握原子荧光法对水中重金属砷的测定方法。

（2）熟悉原子荧光光度计的使用方法。

（3）了解原子荧光法测定水中砷的实习原理。

（二）原理

在酸性条件下，用还原剂将被测元素还原形成气态氢化物与样品分离，由惰性载气（通常为氩气）将气态氢化物载入石英原子化器受热分解为原子态砷，在特制砷空心阴极灯发射光的照射下，基态砷原子被激发至高能态，发射出特征波长的荧光，其荧光强度在一定浓度范围内与砷含量成正比，通过检测原子荧光强度分析样品含量。本品最低检出限为 0.0374ng/ml。

（三）仪器

（1）原子荧光光度计 。

（2）编码砷空心阴极灯，编程断续流动进样装置。

（四）试剂

本方法所用试剂纯度为优级纯，测定用水为去离子水。

（1）KBH_4（2%）+KOH（0.2%）溶液：称 20g KBH_4+2g KOH 溶于纯水中，定容至 1000ml。

（2）载流 10%HCl 溶液：取 100ml 优级纯盐酸定容至 1000ml。

（3）硫脲+抗坏血酸溶液：硫脲研磨后，称取 5g 加热溶解，待冷却后，加入 5g 抗坏血酸，定容至 100ml，临用现配。

（4）砷标准储备溶液：国家标准物质研究中心的砷单元素标准溶液，标准值为 100μg/L。

（5）砷标准应用液：取 5ml 砷标准储备液，用纯水定容至 500ml，浓度为 10μg/L，再取 1μg/L 溶液 10ml 定容至 100ml，此溶液为砷标准应用液，浓度为 0.1μg/L。

（五）操作方法

1. 绘制标准曲线　按照表 11-1 制备标准系列和绘制标准曲线。

表 11-1　标准色列配置

管号	0	1	2	3	4	5	6
标准溶液（ml）	0	0.5	1.0	2.5	5.0	7.0	9.0
去离子水（ml）	25	24.5	24.0	22.5	20.0	18.0	16.0
As 含量（μg）	0	0.05	0.1	0.25	0.5	0.7	0.9

2. 取样　取待测水样 25 ml。

3. 分别向样品、空白及标准液管中加入 5.0ml 硫脲+抗坏血酸溶液，加入 5.0ml 浓盐酸混匀，上机测定。

4. 仪器条件　灯电流 60mA；光电倍增管负高压 300V；原子化器高度 8mm；原子化器温度 200℃；载气流量 400ml/min；屏蔽气流量 800ml/min；（注：依不同型号仪器可选择最佳条件）。

测量方式：标准曲线法；

读数方式：峰面积；

延迟时间：1s；读数时间 10s；

上样量：标准或样品 0.5ml；

断续流动程序：

STEP	TIME	PUMP1（rmp）	PUMP2（rmp）	READ
1	10	80	80	NO
2	16	100	100	YES

5. 测定　按设定好仪器的最佳条件，将炉温定在 200℃，稳定 30min 后开始测量，连续测定空白稳定后，确定空白值；然后测定系列，绘制标准曲线；然后测样品空白、样品，测定结束后，可将测定结果打印出来。

（六）注意事项

1. 仪器条件的选择对测定结果的影响

（1）光电倍增管负高压：随负高压的增大，信号强度增大，但噪音也相应增大，负高压过高、过低时信号强度都不稳定；试验表明，300～320V 最好，信号强度值重现性好，选 300V 为宜。

（2）灯电流：随灯电流的增加，荧光强度增大；灯电流低时，荧光强度值低且不稳定，灯电流过高则影响灯的寿命，灯电流选 60mA 为宜。

（3）炉高：随着原子化器高度的降低，荧光强度增大；但原子化器过低时，噪音过大，对测定结果影响较大，一般选 7～9mm 合适。

（4）载气、屏蔽气流量：载气、屏蔽气流量过大，相当于稀释测定液的浓度，使荧光强度减少，载气、屏蔽气流量过小时，则氢氩焰不稳定，选载气 300～500ml/min；屏蔽气 700～900ml/min 为宜。

2. 硼氢化钾浓度对测定结果的影响　硼氢化钾浓度过低时，还原能力不够，荧光强度低。随着硼氢化钾浓度值的增大，荧光强度逐渐增大；当硼氢化钾浓度在 1.5%～2.5%时，荧光强度基本恒定；当其浓度大于 2.5%时，荧光强度略有下降，这是由于硼氢化钾与氮离子生成过量氢气，稀释了溶液浓度，故选 2%最佳。

3. 不同种类的酸及酸度的影响　比较盐酸、硝酸、硫酸、磷酸，反应酸的种类与浓度对测定结果影响不大，其中盐酸的响应较好，且含砷量较少，所以选盐酸；载液的酸度对测量影响不明显，随着酸度的降低，荧光强度略有增大，为了与前处理酸度相一致，应选 10%的盐酸作介质。

4. 共存离子的干扰 在砷的测定中，其干扰情况是 6 倍的锑（Sb）；20 倍的铅（Pb）；30 倍的锡（Sn）；200 倍的铜（Cu）；200 倍的锌（Zn）对 As（Ⅲ）测定无干扰（±10%），为使砷预还原为三价，溶液中加入少量的硫脲和抗坏血酸（2%），另外加入硫脲和 EDTA 也可消除砷锑之间以及大多数共存元素的干扰。

三、电感耦合等离子体发射光谱法

（一）目的和意义

（1）掌握电感耦合等离子体发射光谱法检测的基本原理。

（2）熟悉电感耦合等离子体发射光谱法测定水中砷的实习方法。

（3）了解电感耦合等离子体发射光谱仪的基本结构与使用方法。

（二）原理

电感耦合等离子体发射光谱法（inductively coupled plasma-optical emission spectrometry，ICP-OES/ICP-AES）是利用电感耦合等离子体（ICP）作为激发光源，将样品酸化后喷入等离子体中，在较高温度下分裂成原子，电离成为砷的各种形式。气态原子的外层电子从较高能级跃迁回基态或其他较低的能级时，发射出特征谱线。根据各种元素具有的特征光谱及谱线的强度进行定性与定量分析。

（三）仪器

（1）Vista MPX 型 ICP-OES 光谱仪（Varian，美国）；数据记录（ICP-OES 工作站）。

（2）钢瓶氩气（99.999%）。

（3）微量移液器。

（4）100ml 容量瓶。

（四）试剂

本方法所用试剂纯度为优级纯，测定用水为去离子水。

（1）供试品溶液制备所用试剂一般是酸类，硝酸（ρ=1.42g/ml）、硫酸（ρ=1.84g/ml）、盐酸（ρ=1.18g/ml）、高氯酸（ρ=1.67g/ml）等，其中硝酸引起的干扰最小，是供试品溶液制备的首选酸。

（2）供试品溶液制备时应同时制备试剂空白，标准溶液的介质和酸度应与供试品溶液保持一致。

（3）砷标准储备液（1.0mg/ml）：称取 0.6600g 经 105℃干燥至恒重的三氧化二砷（优级纯），溶于 2.5ml 浓度为 20%的氢氧化钠溶液中，去离子水定容至 500ml。

（4）砷标准应用液（0.01mg/ml）：取砷标准储备液 1.00ml 用 1%硝酸定容至 100ml。临用前配制。

（5）待测样品：生活饮用水（自来水）。

（五）操作方法

1. 样品预处理 取适量待测生活饮用水进行酸化（2ml 硝酸+98ml 待测水）。

2. 工作曲线的绘制 在 6 只 100ml 容量瓶中分别加入 0ml、0.10ml、0.25ml、0.50ml、1.00ml、1.50ml 砷标准应用液，用 1%硝酸稀释至刻度。将电感耦合等离子体发射光谱仪调节至最佳操作条件，按仪器说明书操作（仪器工作参数见表 11-2），分别测定标准系列，以吸光度对相应的砷含量（μg）绘制标准曲线。

表 11-2　电感耦合等离子体发射光谱仪主要工作参数

元素	功率	等离子气流量	辅助气流量	雾化器压力	一次读数时间
	1.10P	15.0L/min	1.50L/min	200kPa	5s
As	仪器稳定延时	进样延时	泵速	清洗时间	读数次数
	15s	15s	35 r/min	10s	3

3. 样品测定　取适量样液和空白溶液，用测定标准系列的操作条件测定样品和空白对照溶液。

4. 结果分析　测得的样品 ICP 发射光谱强度减去空白对照 ICP 发射光谱强度后，根据标准曲线求出样液中砷含量（μg）。

（六）注意事项

（1）ICP-OES 是由原子发射光谱（atomic emission spectrometry，AES）衍生出来的一项分析技术。与原子发射光谱不同，ICP-OES 采用的电感耦合等离子炬可对约 70 种元素进行分析，且不需要更换相应的空心阴极灯，在所有的元素分析法中几乎是前所未有的。

（2）检测微克（μg）级元素时，ICP-OES 有较大优势（检测范围 10^{-7}～10^{-3}）可直接测定 0.001%～60%的浓度含量，同时进行痕量及宏量元素的测定，其分析技术成熟，测定精度短期为 0.3%～0.5%RSD，数小时内重复测定也达 1%RSD，并有较强的抗干扰能力；但氩气消耗量大，运行成本高，经济性较差。

（3）本方法的 ICP 技术常与其他分析技术联用，如与质谱联用形成电感耦合等离子体质谱技术（ICP-MS）。也可与预富集技术联用（如 HG-ICP-OES），既保持了 ICP-OES 可同时检测多元素的特点，又克服了基体效应和复杂组分的干扰，从而提高检测灵敏度。

（4）ICP 光谱仪属高性能的大型精密仪器，其对实验室的条件有一定要求以及使用时需要注意下列问题：

1）实验室须保持洁净、干燥，室温应保持在 18～28℃，温度变化率在 2℃/h 以内，室温相对湿度应保持在 20%～70%。

2）等离子光谱仪所用氩气为高纯氩气，通常要求其纯度在 99.999%以上。氩气不纯会造成点不着火或 ICP 熄火。

3）开机预热。在仪器开始使用或断电后重新开机运行时，通电预热至少 2h。

4）在点火之前，必须检查各路气体流量是否符合要求，水冷和排风系统是否正常，否则将影响后面操作，无法自动点火。

5）为了控制分析质量，在实习过程中测定标样或控样，以检查测定质量是否符合要求。

6）测定完毕，先熄灭等离子炬，然后用蒸馏水冲洗雾化系统后，再关闭雾化气。

（王良君）

实习 12　含氯消毒剂中有效氯含量、水中余氯量及需氯量的测定

第一节　含氯消毒剂中有效氯含量的测定

目的和意义

含氯消毒剂系一些成分复杂的化合物，化学成分大致是：$3Ca(OCl)Cl \cdot Ca(OH)_2 \cdot nH_2O$，其有效成分 $Ca(OCl)Cl$ 具有杀菌和氧化作用。商品漂白粉含有效氯在 25%～35%，商品漂粉精含有效氯在 60%～70%。

有效氯最初的意义是用来表示漂白粉的有效成分，指漂白粉与盐酸作用后所生成的氯量，用百分数表示。事实上，有效氯是表示含氯化合物在水中所起氧化反应的强度。

漂白粉中有效氯的测定，一般可用碘量法，在要求不甚精确时可采用蓝墨水快速测定法。

一、碘　量　法

（一）原理

漂白粉中有效氯在酸性溶液中与碘化钾反应而释放出相当量的碘，再以硫代硫酸钠标准溶液来滴定，根据硫代硫酸钠标准溶液的用量计算出漂白粉中有效氯的含量。

$$2KI+2CH_3COOH \longrightarrow 2CH_3COOK+2HI$$

$$2HI+Ca(OCl)Cl \longrightarrow CaCl_2+H_2O+I_2$$

$$I_2+2Na_2S_2O_4 \longrightarrow 2NaI+Na_2S_4O_6$$

（二）仪器

（1）研钵。

（2）250ml 碘量瓶。

（3）150ml 烧杯。

（三）试剂

（1）硫代硫酸钠溶液（0.0500mol/L）：配制及标定方法见实习 10 水中生化需氧量的测定。

（2）淀粉溶液（5g/L）：见实习 10 水中生化需氧量的测定。

（3）碘化钾。

（4）冰乙酸。

（四）操作方法

（1）将具有代表性的样品用研钵磨碎后，放入称量瓶内加盖，称取 0.71g，放入 150ml 烧杯内。

（2）加 5ml 左右蒸馏水于烧杯内，用玻璃棒搅拌成糊状。再加蒸馏水使成悬浮液，倾入 100ml 容量瓶内，用蒸馏水冲洗烧杯 3 次，将洗液全部倾入容量瓶，加蒸馏水至刻度。不断振荡容量瓶使混合均匀。

（3）向 250ml 碘量瓶内加 0.75g（10%的 KI，7.5ml）左右碘化钾及 80ml 蒸馏水，使之溶解，再加入 2ml 冰乙酸。

（4）用吸管从容量瓶内取出样品悬浮液 25ml，放于 250ml 三角瓶内。此时立刻产生棕色，振荡均匀后，静置 5min。

（5）自滴定管加入 0.0500mol/L 硫代硫酸钠标准溶液，不断振荡碘量瓶，直至变成淡黄色。然后加入 1ml 淀粉溶液，继续滴定至蓝色刚褪去为止，记录用量。

（6）计算

$$\text{有效氯}（Cl_2，\%）=\frac{V\times 0.0500\times \frac{70.91}{2000}\times \frac{100}{25}\times 100}{0.71}=V \qquad (12\text{-}1)$$

式（12-1）中：V—0.0500mol/L 硫代硫酸钠标准溶液用量（ml）。

因此，滴定时用去的 0.0500mol/L 硫代硫酸钠的毫升数，即直接代表该种漂白粉所含有效氯的百分数。

二、快速测定法

（一）原理

蓝墨水能为有效氯所漂白，可根据消耗蓝墨水的体积计算漂白粉中有效氯的含量。

（二）试剂

各种牌号的蓝墨水均可。

（三）操作分法

取 0.5g 漂白粉样品于玻璃瓶中，加 10ml 蒸馏水，连续摇动 1min（约摇 200 次），放置 5min，倾去上清液，摇匀，吸出 38 滴于白瓷皿中，洗净吸漂白粉溶液的吸管，再吸蓝墨水滴加于白瓷皿中，搅拌，直至出现稳定的蓝绿色为止，消耗的蓝墨水的滴数即为该漂白粉中有效氯的百分数。

第二节　水中余氯的测定

目的和意义

余氯是指水经加氯消毒后，接触一定时间后，余留在水中的氯。其作用是保证持续抑菌，也可防止水受到任何再污染。余氯有三种形式：

（1）总余氯包括 $HOCl$、OCl^-、NH_2Cl 和 $NHCl_2$。

（2）化合性余氯包括 NH_2Cl、$NHCl_2$ 及其他氯胺类化合物。

（3）游离性余氯包括 $HOCl$ 及 OCl^-。

我国《生活饮用水卫生规范》和《生活饮用水卫生标准》（GB 5749—2006）规定集中式给水出厂水的游离性余氯含量不低于 0.3mg/L，管网末梢水不得低于 0.05 mg/L。

通过实习掌握水样的采集和保存方法，掌握测定生活饮用水中余氯的原理和方法；熟悉生活饮用水中余氯的卫生标准。

一、3,3′,5,5′-四甲基联苯胺比色法

（一）原理

在 pH 小于 2 的酸性溶液中，余氯与 3,3′,5,5′-四甲基联苯胺（以下简称四甲基联苯胺）反应，生成黄色的醌式化合物，用目视比色法定量。本方法可用重铬酸钾溶液配制永久性余氯标准色列。

（二）仪器

（1）恒温水浴箱。

（2）50ml 具塞比色管。

（三）试剂

（1）碘化钾-盐酸缓冲液（pH 2.2）：称取 3.7g 经 100～110℃干燥至恒重的氯化钾，用纯水溶解，再加 0.56ml 盐酸（ρ_{20}=1.19g/ml），并用纯水稀释至 1000ml。

（2）盐酸溶液（1∶4）。

（3）3,3′,5,5′-四甲基联苯胺溶液（0.3g/L）：称取 0.03g 3,3′,5,5′-四甲基联苯胺（$C_{16}H_{20}N_2$），用 100ml 盐酸溶液[c（HCl）= 0.1mol/L]分批加入并搅拌使试剂溶解（必要时可加温助溶），混匀，此溶液应无色透明，储存于棕色瓶中，在常温下可使用 6 个月。

（4）重铬酸钾-铬酸钾溶液：称取 0.1550g 经 120℃干燥至恒重的重铬酸钾（$K_2Cr_2O_7$）及 0.4650g 经 120℃干燥至恒重的铬酸钾（K_2CrO_4），溶解于氯化钾-盐酸缓冲溶液，并稀释至 1000ml。此溶液生成的颜色相当于 1mg/L 余氯与四甲基联苯胺反应生成的颜色。

（5）Na_2EDTA（20g/L）。

（四）操作方法

1. 永久性余氯标准比色管（0.005～1.0mg/L）的配制 按下表所列用量分别吸取重铬酸钾-铬酸钾溶液注入 50ml 具塞比色管中，用氯化钾-盐酸缓冲液稀释至 50ml 刻度，在冷暗处保存可使用 6 个月（表 12-1）。

表 12-1 0.005～1.0mg/L 永久性余氯标准比色管的配制

余氯（mg/L）	重铬酸钾-铬酸钾溶液（ml）	余氯（mg/L）	重铬酸钾-铬酸钾溶液（ml）
0.005	0.25	0.40	20.0
0.01	0.50	0.50	25.0
0.03	1.50	0.60	30.0
0.05	2.50	0.70	35.0
0.10	5.00	0.80	40.0
0.20	10.0	0.90	45.0
0.30	15.0	1.00	50.0

注：若水样余氯大于 1 mg/L 时，可将重铬酸钾-铬酸钾溶液的浓度提高 10 倍，配成相当于 10mg/L 余氯的标准色，配制成 1.0～10mg/L 的永久性余氯标准色列

2. 比色　于 50ml 具塞比色管中，先加入 2.5ml 四甲基联苯胺溶液，加入澄清水样至 50ml 刻度，混合后立即比色，所得结果为游离余氯；放置 10min，比色所得结果为总余氯，总余氯减去游离余氯即为化合余氯。

（五）结果评价

参照《生活饮用水卫生标准》（GB5749—2006）进行评价。

（六）注意事项

（1）本方法最低检测质量浓度为 0.005mg/L。

（2）pH 大于 7 的水样可先用盐酸溶液调节 pH 为 4 再行测定。

（3）水样中铁离子大于 0.12mg/L 时，可在每 50ml 水样中加 1～2 滴 Na_2EDTA 溶液，以消除干扰。

（4）测试时，如显浅蓝色，表明显色液酸度偏低，可多加 1ml 四甲基联苯胺，就出现正常颜色。又如加试剂后出现橘色，表示余氯含量过高，可改为余氯 1～10mg/L 的标准系列，并加入 1ml 四甲基联苯胺。

二、碘　量　法

（一）原理

水中的氯在酸性溶液中与碘化钾作用，释出一定量的碘，用硫代硫酸钠标准溶液滴定，根据硫代硫酸钠的用量计算水中余氯的量。

（二）仪器

（1）250ml 碘量瓶。

（2）100ml 移液管。

（三）试剂

（1）碘化钾（要求不含游离碘及碘酸钾）。

（2）硫代硫酸钠标准溶液（0.10mol/L）：配制及标定方法见实习 10 水中生化需氧量测定。

（3）硫代硫酸钠标准滴定溶液（0.01mol/L）：将已标定的 0.10mol/L 硫代硫酸钠标准溶液用煮沸放冷的蒸馏水稀释 10 倍。

（4）淀粉溶液（5g/L）：称取 0.5g 可溶性淀粉，加 5ml 水调成糊状后，再加入 100ml 沸水和 0.02g 碘化汞（防腐剂），并煮沸 2～3min，至溶液透明，冷却。临用现配。

（5）乙酸盐缓冲溶液：称取 146g 无水乙酸钠溶于蒸馏水中，加入 457ml 乙酸，用蒸馏水稀释到 1000ml。

（四）操作方法

（1）用移液管吸取 100ml 水样于 250ml 碘量瓶中，加入 0.5g 碘化钾和 5ml 乙酸盐缓冲液。

（2）自滴定管中加入 0.01mol/L 硫代硫酸钠标准滴定溶液，同时，不断振荡碘量瓶并滴至变成淡黄色，加入 1ml 淀粉溶液，继续滴定至蓝色消失，记录其用量 V_1。

（3）计算

$$\text{总余氯质量浓度（mg/L）}=\frac{V_1\times 0.01\times\dfrac{70.91}{2000}\times 1000\times 1000}{V} \tag{12-2}$$

式（12-2）中：V_1—0. 01mol/L 硫代硫酸钠标准滴定溶液用量（ml）；

V—水样体积（ml）。

（五）结果评价

参照《生活饮用水卫生标准》（GB5749—2006）进行评价。

（六）注意事项

（1）水样中加入 5ml 乙酸盐缓冲液后，pH 应为 3.5～4.3，如 pH 大于此值，应将 pH 调至 4，然后再进行测定。

（2）若水样中余氯含量低于 1mg/L 时，可用 0.005mol/L 硫代硫酸钠溶液滴定。

三、生活饮用水的现场余氯检测

邻联甲苯胺比色法（OT 法）

（一）原理

在 pH 小于 1.3 的酸性溶液中，余氯与邻联甲苯胺反应，生成黄色的醌式化合物，用目视法进行比色定量，还可用重铬酸钾-铬酸钾溶液配制的永久性余氯标准溶液进行目视比色。

（二）仪器

（1）余氯比色计。

（2）10ml 刻度试管。

（3）1ml 吸管。

（4）滴管。

（三）试剂

0.1%邻联甲苯胺（甲土立丁）溶液　称取邻联甲苯胺 1g 于研钵中，加入 5ml 3∶7 盐酸调成糊状，稀释成 1000ml，储存于棕色瓶中，在室温下可保存 6 个月，如溶液变黄则不能使用。

（四）操作方法

取 0.1%邻联甲苯胺 0.5ml 于 10ml 刻度试管中，加水样至 10ml 刻度处，混匀。如立即与标准色板进行比色，所得结果为游离性余氯；如静置 10min 使其产生最高色度再比色，所得结果为总余氯。总余氯减去游离余氯即为化合余氯。

如无余氯比色计可根据呈色和氯臭味，按表 12-2 估计水样中余氯的大致含量。

表 12-2　余氯含量的目测估计表

估计余氯含量（mg/L）	呈现颜色	氯臭程度
0.3	淡黄色	刚能嗅出氯臭
0.5	黄色	容易嗅出氯臭
0.7～1.0	深黄色	明显嗅出氯臭
2.0 以上	棕黄色	有较强刺激味

（五）注意事项

（1）本法适用于测定生活饮用水及其水源水的总余氯及游离性余氯。

（2）本法最低检测浓度为 0.01mg/L 余氯。

（3）比色温度应在 15～20℃显色，若低于 15℃时，可先加温再测定。

（4）干扰影响：水中含有悬浮性物质干扰时测定，可用离心法去除。其他干扰物质的最高允许含量如下：高铁，0.2mg/L；四价锰，0.01mg/ L；亚硝酸盐，0.2mg/ L。

第三节　水中需氯量的测定

一、碘　量　法

（一）目的和意义

需氯量是指在一定条件（如温度、pH、接触时间）下因杀灭细菌、氧化有机物以及某些氯化反应所消耗的氯量，水中加氯量除满足需氯量的要求外，尚需留有一定的余氯。在实际工作中，需氯量由加氯量减去余氯量而得。

（二）原理

在水中加入不同量的氯，经一定接触时间后，用碘量法测定，根据加氯量与余氯量之差，求出水中的最低需氯量。

（三）仪器

（1）100ml 移液管。

（2）250ml 碘量瓶。

（四）试剂

（1）有效氯标准溶液（10g/L 左右）：称取适量已知有效氯的漂白粉，加少量蒸馏水调成糊状，加蒸馏水稀释至 200ml，迅速过滤一次，然后测定其有效氯含量。

（2）有效氯标准溶液（1.0g/L）：根据计算结果吸取适量 10g/L 左右有效氯溶液，用需氯量为零的蒸馏水稀释至 100ml，配成标准的 1.0g/L 有效氯标准溶液，因此液易分解必须临用时配制。

（3）需氯量为 0 的蒸馏水：若实验室的蒸馏水不含氨及亚硝酸盐，取蒸馏水煮沸 5min，放冷后即可使用。或取蒸馏水 3L 置于 5L 蒸馏瓶中，加入 10g/L 有效氯溶液 0.20～0.30ml，盖紧玻璃塞，用力振荡，放置过夜。第二天将蒸馏水曝晒于日光下照射，以破坏水中余氯或用药用炭脱氯。

（五）操作方法

（1）取三个 250ml 碘量瓶，分别加入 200ml 水样，然后用滴管加入 1.0g/L 有效氯标准溶液 0.10、0.25、0.50ml（或根据水样情况酌定），搅拌均匀，接触 30min，测余氯（方法见碘量法测余氯）。

（2）选择余氯在 0.3～0.5mg/L 之间的那一杯来计算加氯量及需氯量。

（3）结果

$$加氯量（Cl_2，mg/L）=\frac{V_1\times 1\times 100}{V} \qquad (12\text{-}3)$$

式（12-3）中：V_1—1.0g/L 标准溶液用量（ml）；

V—水样体积（ml）；

1～1.0g/L 有效氯标准溶液浓度是 1mg/ml。

需氯量（Cl_2，mg/L）= 加氯量（Cl_2，mg/L）—余氯量（Cl_2，mg/L）（12-4）

（六）注意事项

（1）水样中还原性无机物、氨、氰化物以及许多能与氯反应的有机物对测定有干扰。

（2）结果报告中应注明水温和接触时间。研究饮水消毒时应在不同的接触时间与温度下比较各种加氯量所产生的结果，同时必须配合细菌检验才能得到可靠结果。

二、邻联甲苯胺比色法

（一）原理

在水中加入不同量的氯，经一定接触时间后，用邻联甲苯胺法比色测定剩余氯，根据需氯量曲线求出最低需氯量。

（二）仪器

（1）250ml 碘量瓶。

（2）50ml 具塞比色管。

（3）恒温水浴箱。

（三）试剂

（1）邻联甲苯胺溶液及永久性余氯标准比色溶液：见余氯测定第二法。

（2）有效氯标准液（1.0g/L）：配制方法见碘量法测需氯量。

（四）操作方法

（1）取 10 个 250ml 具塞锥形瓶，编好号，分别加入 200ml 水样，然后用滴定管分别加入 0.00、0.25、0.50、0.75、1.00、1.50、2.00、3.00、4.00、5.00ml 1.0g/L 有效氯标准液，盖好瓶塞，摇匀，置于暗处。记录水温和时间（加氯溶液时，每瓶相隔 2～3 分钟，以便有充分的时间测定余氯）。

（2）经过预定的接触时间（如 30min 或 60min）后，从每瓶中取出 50ml 水样，放于预先加有 2.5ml 邻联甲苯胺溶液的 50ml 比色管中混匀，置于暗处 10 分钟后比色测定总余氯。

（3）以余氯值为纵坐标，加氯量为横坐标绘制需氯量曲线，根据预期氯化结果所需的余氯量，从需氯量曲线中查得加氯量。

（4）计算，式（12-5）。

需氯量（Cl_2，mg/L）=加氯量（Cl_2，mg/L）— 余氯量（Cl_2，mg/L）（12-5）

（五）注意事项

（1）结果报告中应注明水温和接触时间。研究饮水消毒时应在不同的接触时间与温度下比较各种加氯量所产生的结果，同时必须配合细菌检验才能得到可靠结果。

（2）水样中还原性无机物、氨、氰化物以及许多能与氯反应的有机物对测定有干扰。

（鲁　彦）

实习 13　水的细菌学检验

目的和意义

（1）掌握不同类型水质的细菌学检查方法及原理。

（2）熟悉水样的采集方法。

（3）了解环境水的微生物状况以及生活饮用水的卫生质量评价。

由于水中包含的微生物的种类及性能繁多，实际工作中不可能对其逐一进行检测，因此，一般都是选择能在一定程度上反映所有病原微生物的指示菌来进行检测。评价生活饮用水和地表水生物性污染的微生物学指标常选用的是菌落总数和总大肠菌群数。

菌落总数是指 1ml 水样在普通营养琼脂培养基中，经 37℃ 24h 培养所生长出来的细菌菌落总数。它是作为水质是否受到微生物污染的主要标志之一。但菌落总数不能说明污染的来源，要想判断水体微生物污染来源和安全程度还需进一步检验总大肠菌群数。

总大肠菌群系指一群需氧及兼性厌氧的，在 37℃生长时能使乳糖发酵，在 24h 内产酸产气的革兰阴性无芽孢杆菌。它包括了人畜粪便的大肠菌群，也包括了水环境中自然存在的大肠菌群，并间接表明有肠道致病菌存在的可能性。实际工作中只要将培养温度提高至 44.5℃±0.2℃，培养出来的即是来源于人及温血动物粪便的大肠菌群，亦称为粪大肠菌群。

一、水的菌落总数测定

（一）原理

菌落总数就是指在一定条件下，如需氧情况、营养条件（营养琼脂）、pH（7.4～7.6）、培养温度（37℃±1℃）和时间（24～48h）等，每毫升水样所生长出来的细菌菌落总数。

（二）仪器

（1）高压蒸汽灭菌器。

（2）恒温培养箱。

（3）放大镜或菌落计数器。

（4）灭菌平皿（直径 9cm）、刻度吸管、采样瓶等。

（三）试剂

普通营养琼脂培养基

（1）成分：	蛋白胨	10g
	牛肉膏	3g
	氯化钠	5g
	琼脂	10～20g
	蒸馏水	1000ml

（2）制法：将蛋白胨、牛肉膏、氯化钠加热溶解于 1000ml 蒸馏水中，调节 pH 为 7.4～7.6，分装于玻璃容器中（如用含杂质较多的琼脂时，应先过滤），于高压蒸汽灭菌器中 121℃灭菌

20min，储存于冷暗处备用。

（四）操作方法

1. 生活饮用水　以无菌操作方法用灭菌吸管吸取 1ml 充分混匀的水样，注入灭菌平皿中，倾注约 15ml 已融化并冷却到 45℃左右的营养琼脂培养基，并立即旋摇平皿，使水样与培养基充分混匀。待冷却凝固后，翻转平皿，使底面向上，置于 37℃±1℃培养箱内培养 24h，进行菌落计数，即为 1ml 水样中的细菌总数。每次检验时应做一平行接种，同时另用一个平皿只倾注营养琼脂培养基作为空白对照。

2. 水源水

（1）以无菌操作方法吸取 1ml 充分混匀的水样，注入盛有 9ml 灭菌生理盐水的试管中，混匀成 1∶10 稀释液；吸取 1∶10 的稀释液 1ml 注入盛有 9ml 灭菌生理盐水的试管中，混匀成 1∶100 稀释液。按同法依次稀释成 1∶1000，1∶10 000 稀释液等备用。如此递增稀释一次，必须更换一支 1ml 灭菌吸管。

（2）用灭菌吸管取 2～3 个适宜稀释度的水样 1ml，分别注入灭菌平皿内。以下操作同生活饮用水的检验步骤。

（3）菌落计数及报告方法：作平皿菌落计数时，可用眼睛直接观察，必要时用放大镜检查，以防遗漏。在记下各平皿的菌落数后，应求出同稀释度的平均菌落数，供下一步计算时应用。在求同稀释度的平均数时，若其中一个平皿有较大片状菌落生长时，则不宜采用，而应以无片状菌落生长的平皿作为该稀释度的平均菌落数。若片状菌落不到平皿的一半，而其余一半中菌落数分布又很均匀，则可将此平皿计数后乘 2 以代表全皿菌落数。然后再求该稀释度的平均菌落数。

（4）不同稀释度的选择及报告方法：

1）首先选择平均菌落数在 30～300 之间者进行计算，若只有一个稀释度的平均菌落数符合此范围时，则将该菌落数乘以稀释倍数报告之（表 13-1）。

表 13-1　稀释度选择及菌落总数报告方式

例次	不同稀释度的平均菌落数			两个稀释度菌落数之比	菌落总数（CFU/ml）	报告方式（CFU/ml）
	10^{-1}	10^{-2}	10^{-3}			
1	1365	164	20	—	16 400	16 000 或 1.6×10^4
2	2760	295	46	1.6	37 750	38 000 或 3.8×10^4
3	2890	271	60	2.2	27 100	27 000 或 2.7×10^4
4	无法计数	4650	513	—	513 000	310 000 或 3.1×10^5
5	27	11	5	—	270	270 或 2.7×10^2
6	多不可计	305	12	—	30 500	31 000 或 3.1×10^4

2）若有两个稀释度，其生长的菌落数均在 30～300 之间，则视二者之比值来决定，若其比值小于 2 应报告两者的平均数；若大于 2 则报告其中稀释度较小的；若等于 2 亦报告其中稀释度较小的菌落数。

3）若所有稀释度的平均菌落数均大于 300，则应按稀释度最高的平均菌落数乘以稀释倍数报告之。

4）若所有稀释度的平均菌落数均小于 30，则应以按稀释度最低的平均菌落数乘以稀释倍数报告之。

5）若所有稀释度的平均菌落数均不在 30～300 之间，则应以最接近 30 或 300 的平均菌落数乘以稀释倍数报告之。

6）若所有稀释度的均无菌落生长，则以<1 乘以稀释倍数报告之。

7）菌落计数的报告：菌落数在 100 以内时按实有数报告，大于 100 时，采用二位有效数字，在二位有效数字后面的数值，以四舍五入方法计算，为了缩短数字后面的零数也可用 10 的指数来表示。

（五）注意事项

（1）水样的采集、运输、保存、稀释和检测过程均严格按照无菌的方式进行操作。

（2）实习前应周密计划，事先做好水样稀释样、吸管及平皿的标记工作。

（3）自来水采集水样时应注意水龙头的消毒处理，放水 2～3min 后再采集。同时还要防止生活饮用水中余氯对细菌的影响。

（4）预先配制好的营养琼脂培养基可放入 45℃的水中水浴保温。

（5）实习前后都要对工作现场进行消毒处理。

二、水的总大肠菌群测定（多管发酵法）

（一）原理

根据总大肠菌群具有使乳糖发酵产酸产气并能在选择性培养基上产生典型菌落的生物特性进行检测。发酵法包括初发酵试验、平板分离、复发酵试验。该方法适用于各种水样，是实验室最为常用的方法。

（二）仪器

（1）显微镜。

（2）革兰染色用有关器材。

（3）其他仪器与“水的细菌总数测定”相同。

（三）试剂

普通和三倍浓缩乳糖蛋白胨培养液、品红亚硫酸钠培养基或伊红亚甲蓝培养基。

（1）乳糖蛋白胨培养液

1）成分：	蛋白胨	10g
	牛肉浸膏	3g
	乳糖	5g
	氯化钠	5g
	1.6%溴甲酚紫乙醇溶液	1ml
	蒸馏水	1000ml

2）制法：将蛋白胨、牛肉浸膏、乳糖、氯化钠加热溶解于 1000ml 蒸馏水中，调节 pH 为 7.2～7.4，再加入 1.6%溴甲酚紫乙醇溶液 1ml，充分混匀，分装于含有倒置的小玻璃管的试管中，于高压蒸汽灭菌器中 115℃灭菌 20min，储存于冷暗处备用。

（2）三倍浓缩乳糖蛋白胨培养液：按上述配方比例三倍（除蒸馏水外），配成三倍浓缩的乳糖蛋白胨培养液，制法同上。

（3）品红亚硫酸钠培养基

1）成分：

蛋白胨	10g
酵母浸膏	5g
牛肉膏	5g
乳糖	10g
琼脂	15～20g
磷酸氢二钾	3.5g
无水亚硫酸钠	5g
碱性品红乙醇溶液	20ml
蒸馏水	1000ml

2）制法：将琼脂加至 500ml 蒸馏水中，煮沸溶解，于另一份 500ml 蒸馏水中，加入磷酸氢二钾、蛋白胨、酵母浸膏和牛肉膏，加热溶解，倒入已溶解的琼脂，补足蒸馏水至 1000ml，混匀后调节 pH 为 7.2～7.4，再加入乳糖，分装于烧瓶内，于高压蒸汽灭菌器中 115℃灭菌 20min，储存于冷暗处备用。

（4）伊红亚甲蓝培养基

1）成分：

蛋白胨	10g
乳糖	10g
磷酸氢二钾	2g
琼脂	20～30g
2%伊红水溶液	20ml
0.5%亚甲蓝水溶液	13ml
蒸馏水	1000ml

2）制法：将琼脂加至 900ml 蒸馏水，加热溶解，然后加入磷酸氢二钾及蛋白胨，混匀使之溶解，再以蒸馏水补足至 1000ml，调整 pH 为 7.2～7.4。趁热用脱脂棉或绒布过滤，再加入乳糖，混匀后定量分装于烧瓶内，于高压蒸汽灭菌器中 115℃灭菌 20min，储存于冷暗处备用。临用时加热融化琼脂，冷至 50～55℃，加入伊红和亚甲蓝溶液，混匀，倾注平皿。

（四）操作方法

1. 生活饮用水

（1）初发酵试验：在 2 支各装有已灭菌 50ml 三倍浓缩乳糖蛋白胨培养液大试管中（内有倒管），以无菌操作各加入水样 100ml；在 10 支装有已灭菌三倍浓缩乳糖蛋白胨培养液的大试管中（内有倒管），以无菌操作各加入水样 10ml，混匀后置于 37℃恒温箱内培养 24h。

如所有乳糖蛋白胨培养管都不产酸产气，则结果为大肠埃希菌群阴性；如产酸产气则按下列步骤进行。

（2）平板分离：（1）中的样品培养 24h 后，将产酸产气及只产酸的发酵管分别接种于品红亚硫酸钠培养基（或伊红亚甲蓝培养基）上，再置于 37℃恒温箱内培养 18～24h，挑选符合下列特征的菌落：深紫黑色，具有金属光泽的菌落；紫黑色，不带或略带金属光泽的菌落；淡紫红色，中心色较深的菌落。取菌落的一小部分进行涂片、革兰染色、镜检。

（3）复发酵试验：上述涂片镜检的菌落如为革兰阴性无芽孢杆菌，则挑取该菌落的另一部分再接种于装有普通浓度乳糖蛋白胨培养液的试管中（内有倒管），每管可接种分离自同一初发酵管的最典型的菌落 1～3 个，然后置于 37℃恒温箱中培养 24h，有产酸产气者（不论倒管内气体多少皆作为产气论），即证实有总大肠菌群存在。

（4）根据证实有总大肠菌群存在的阳性管数查表 13-2，报告每升水样中的总大肠菌群数。

表 13-2 总大肠菌群数检索表

（接种水样总量 300ml，其中 100ml 2 份，10ml 10 份）

10 毫升水量的阳性管（瓶）数	10 毫升水量的阳性管（瓶）数 （单位：每升水样中大肠菌群数）		
	0	1	2
0	＜3	4	11
1	3	8	18
2	7	13	27
3	11	18	38
4	14	24	52
5	18	30	70
6	22	36	92
7	27	43	120
8	31	51	161
9	36	60	230
10	40	69	＞230

2. 水源水

（1）将水样作 1∶10 稀释（必要时可进一步稀释，并根据接种水样和稀释梯度查对应的检数表）。

（2）于各装有 5ml 三倍浓缩乳糖蛋白胨培养液的 5 个试管中（内有倒管），各加入水样 10ml；于各装有 10ml 普通浓度乳糖蛋白胨培养液的 5 个试管中（内有倒管），各加入 1ml 水样；于各装有 10ml 普通浓度乳糖蛋白胨培养液的 5 个试管中（内有倒管），各加入 1ml 1∶10 稀释水样。共计 15 管，三个稀释度。以后的检验步骤同上述生活饮用水的检验方法。

（3）根据证实有总大肠菌群存在的阳性管数查表 14-3（MPN 表）报告每升水样中的总大肠菌群数。

三、水的总大肠菌群测定（纸片快速法）

（一）原理

大肠埃希菌群类细菌在发育过程中产生琥珀酸脱氢酶，它可以还原氯化三苯四氮唑（TTC）使之成为红色，导致大肠菌群的菌落呈红色。将乳糖胆盐选择性培养基和 TTC 显色剂加载在纸片上，经培养后能够在纸片上计算红色菌群数目为大肠埃希菌，非红色菌群为其他菌群，乘以相应稀释倍数，根据大肠菌群 MPN 表查出相应的大肠菌群数。

（二）仪器

（1）恒温培养箱。

（2）高压蒸汽灭菌器。

（3）250ml 采样瓶。

（4）市售水质总大肠菌群测试纸片：10ml 水样量纸片、1ml 水样量纸片。

（三）试剂

无菌水。

（四）操作方法

1. 水样采集与保存　按无菌操作要求采集水样 200ml 于灭菌的采样瓶中，单独采集，采样瓶不得用水样洗涤。采集自来水应将水龙头开至最大并放水 3～5min，以火焰灼烧或酒精消毒的方式消毒后再采集。采集地表水需将带塞采样瓶插入距水面 10～15cm 下拔塞采样。采样后 2h 内测定，10℃以下冷藏不得超过 6h。

2. 接种　用灭菌吸管吸取 10ml 水样插入装有 10ml 水样量纸片的塑料薄膜袋中，均匀涂布，共做 5 个重复；另外，吸取 1ml 水样加到 1ml 水样量纸片中，也做 5 个重复；最后，吸取 1ml 水样加到 9ml 灭菌生理盐水中混匀，制成 1：10 稀释水样，用灭菌吸管分别吸取 1ml 该稀释水样（即 0.1ml 原水样），加到 5 片 1ml 水样量纸片中。

3. 培养　将接种好的纸片放于培养箱中，37℃±1℃培养 15～24h。

4. 结果判读　观察每片颜色变化，若纸片变黄或在黄色背景上呈现红色斑点为大肠菌群阳性（参照图 13-1、彩图 13-1）；若纸片保持紫蓝色不变或在紫蓝色背景上呈现红色斑点，但周围没有黄色均为大肠菌群阴性。

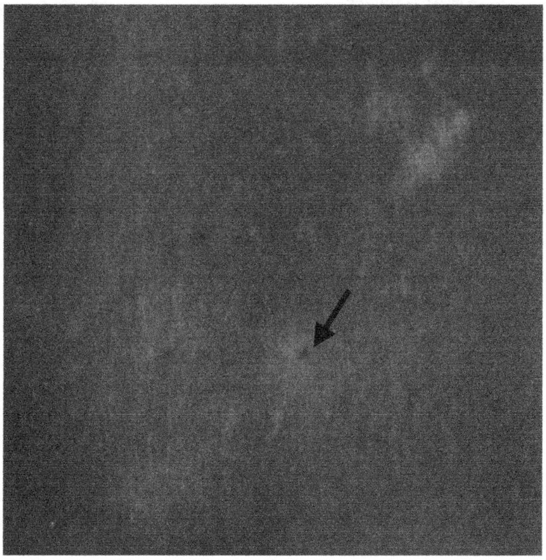

图 13-1　大肠菌群阳性（详见彩图 13-1）

5. 结果计算　根据阳性反应纸片数，查 MPN 表（表 13-3）可得出水样中大肠菌群的 MPN 值（MPN / 100ml）。如水样污染严重含菌量较多，可将水样稀释 10 倍再加到纸片上，即实际接种水样量为 1ml、0.1ml、0.01ml，此时也可查表 13-3 求得 MPN 值（MPN / 100ml），再经下式换算并报告 1L 水样中大肠菌群数：

$$c = 100 \times \frac{M}{Q} \qquad (13\text{-}1)$$

式（13-1）中：c—水样总大肠菌群浓度（MPN / L）；

M—查 MPN 表得到的 MPN 值（MPN / 100ml）；

Q—实际水样最大接种量（ml）；

100—为 10×10ml；其中，10 将 MPN 值的单位 MPN / 100ml 转换为 MPN / L，10ml 为 MPN 表中最大接种量。

例如：假设 15 张纸片接种水样量为 5 份 10ml，5 份 1ml，5 份 0.1ml，各接种量阳性份数分别为 5、3、1，那么查水质大肠菌群 MPN 表可知，每 100ml 水样中大肠菌群的 MPN 值为 110；而如果实际接种水样量为 1ml、0.1ml、0.01ml，则每 100ml 水样中大肠菌群的 MPN 值为 1100（水样总大肠菌群浓度为 1.1×10^4 / L）。

（五）注意事项

（1）本方法适用于水源水、生活饮用水和其他水样中大肠菌群的快速计数。

（2）本方法将发酵法的试验简化为一步，时间由 78 h 缩短为 24h 以内，省去了制备培养基、消毒和培养器皿的清洗处理等大量辅助性工作。

（3）如果采集的是经过氯化消毒或含余氯的水样，需在采样瓶灭菌前加入 0.10g/ml 的硫代硫酸钠溶液 0.2ml；如果采集的样品中含重金属较多，需在采样瓶灭菌前加入 0.15g/ml 的乙二胺四乙酸二钠溶液 0.6ml，以消除干扰。

（4）使用后的器皿及废弃物须经 121℃高压蒸汽灭菌 20min 后，才可清洗器皿和处置废弃物。

表 13-3　总大肠菌群最大可能数（MPN）表

（接种水样总量为 55.5ml，其中 5 份 10ml，5 份 1ml，5 份 0.1ml）

各接种量阳性份数			MPN/100ml	95%置信限		各接种量阳性份数			MPN/100ml	95%置信限	
10ml	1ml	0.1ml		下限	上限	10ml	1ml	0.1ml		下限	上限
0	0	0	<2			3	0	0	8	1	19
0	0	1	2	<0.5	7	3	0	1	11	2	25
0	0	2	4	<0.5	7	3	0	2	13	3	31
0	0	3	5			3	0	3	16		
0	0	4	7			3	0	4	20		
0	0	5	9			3	0	5	23		
0	1	0	2	<0.5	7	3	1	0	11	2	25
0	1	1	4	<0.5	11	3	1	1	14	4	34
0	1	2	6	<0.5	15	3	1	2	17	5	46
0	1	3	7			3	1	3	20	6	60
0	1	4	9			3	1	4	23		
0	1	5	11			3	1	5	27		
0	2	0	4	<0.5	11	3	2	0	14	4	34
0	2	1	6	<0.5	15	3	2	1	17	5	46
0	2	2	7			3	2	2	20	6	60
0	2	3	9			3	2	3	24		
0	2	4	11			3	2	4	27		
0	2	5	13			3	2	5	31		
0	3	0	6	<0.5	15	3	3	0	17	5	46
0	3	1	7			3	3	1	21	7	63
0	3	2	9			3	3	2	24		
0	3	3	11			3	3	3	28		
0	3	4	13			3	3	4	32		
0	3	5	15			3	3	5	36		
0	4	0	8			3	4	0	21	7	63
0	4	1	9			3	4	1	24	8	72
0	4	2	11			3	4	2	28		
0	4	3	13			3	4	3	32		
0	4	4	15			3	4	4	36		
0	4	5	17			3	4	5	40		
0	5	0	9			3	5	0	25	8	75
0	5	1	11			3	5	1	29		
0	5	2	13			3	5	2	32		

续表

各接种量阳性份数			MPN/100ml	95%置信限		各接种量阳性份数			MPN/100ml	95%置信限	
10ml	1ml	0.1ml		下限	上限	10ml	1ml	0.1ml		下限	上限
0	5	3	15			3	5	3	37		
0	5	4	17			3	5	4	41		
0	5	5	19			3	5	5	45		
1	0	0	2	<0.5	7	4	0	0	13	3	31
1	0	1	4	<0.5	11	4	0	1	17	5	46
1	0	2	6	<0.5	15	4	0	2	21	7	63
1	0	3	8	1	19	4	0	3	25	8	75
1	0	4	10			4	0	4	30		
1	0	5	12			4	0	5	36		
1	1	0	4	<0.5	11	4	1	0	17	5	46
1	1	1	6	<0.5	15	4	1	1	21	7	63
1	1	2	8	1	19	4	1	2	26	9	78
1	1	3	10			4	1	3	31		
1	1	4	12			4	1	4	36		
1	1	5	14			4	1	5	42		
1	2	0	6	<0.5	15	4	2	0	22	7	67
1	2	1	8	1	19	4	2	1	26	9	78
1	2	2	10	2	23	4	2	2	32	11	91
1	2	3	12			4	2	3	38		
1	2	4	15			4	2	4	44		
1	2	5	17			4	2	5	50		
1	3	0	8	1	19	4	3	0	27	9	80
1	3	1	10	2	23	4	3	1	33	11	93
1	3	2	12			4	3	2	39	13	110
1	3	3	15			4	3	3	45		
1	3	4	17			4	3	4	52		
1	3	5	19			4	3	5	59		
1	4	0	11	2	25	4	4	0	34	12	93
1	4	1	13			4	4	1	40	14	110
1	4	2	15			4	4	2	47		
1	4	3	17			4	4	3	54		
1	4	4	19			4	4	4	62		
1	4	5	22			4	4	5	69		
1	5	0	13			4	5	0	41	16	120
1	5	1	15			4	5	1	48		
1	5	2	17			4	5	2	56		
1	5	3	19			4	5	3	64		
1	5	4	22			4	5	4	72		
1	5	5	24			4	5	5	81		
2	0	0	5	<0.5	13	5	0	0	23	7	70

续表

各接种量阳性份数			MPN/100ml	95%置信限		各接种量阳性份数			MPN/100ml	95%置信限	
10ml	1ml	0.1ml		下限	上限	10ml	1ml	0.1ml		下限	上限
2	0	1	7	1	17	5	0	1	31	11	89
2	0	2	9	2	21	5	0	2	43	15	110
2	0	3	12	3	28	5	0	3	58	19	140
2	0	4	14			5	0	4	76	24	180
2	0	5	16			5	0	5	95		
2	1	0	7	1	17	5	1	0	33	11	93
2	1	1	9	2	21	5	1	1	46	16	120
2	1	2	12	3	28	5	1	2	63	21	150
2	1	3	14			5	1	3	84	26	200
2	1	4	17			5	1	4	110		
2	1	5	19			5	1	5	130		
2	2	0	9	2	21	5	2	0	49	17	130
2	2	1	12	3	28	5	2	1	70	23	170
2	2	2	14	4	34	5	2	2	94	28	220
2	2	3	17			5	2	3	120	33	280
2	2	4	19			5	2	4	150	38	370
2	2	5	22			5	2	5	180	44	520
2	3	0	12	3	28	5	3	0	79	25	190
2	3	1	14	4	34	5	3	1	110	31	250
2	3	2	17			5	3	2	140	37	340
2	3	3	20			5	3	3	180	44	500
2	3	4	22			5	3	4	210	53	670
2	3	5	25			5	3	5	250	77	790
2	4	0	15	4	37	5	4	0	130	35	300
2	4	1	17			5	4	1	170	43	490
2	4	2	20			5	4	2	220	57	700
2	4	3	23			5	4	3	280	90	850
2	4	4	25			5	4	4	350	120	1000
2	4	5	28			5	4	5	430	150	1200
2	5	0	17			5	5	0	240	68	750
2	5	1	20			5	5	1	350	120	1000
2	5	2	23			5	5	2	540	180	1400
2	5	3	26			5	5	3	920	300	3200
2	5	4	29			5	5	4	1600	640	5800
2	5	5	32			5	5	5	≥2400	800	

（蔡红平）

第四部分　环境污染对人群健康影响的监测与评价

实习 14　唾液中溶菌酶的测定

一、琼 脂 板 法

（一）目的和意义

（1）掌握琼脂板法测定唾液淀粉酶的操作方法。

（2）理解测定唾液淀粉酶的原理及意义。

溶菌酶能水解细胞膜上的某些黏多糖，从而破坏胞膜溶解细菌体，是一种具有溶解细菌作用的碱性低分子蛋白。溶菌酶广泛地存在于人和动物体内许多组织和体液中，它能溶解多种革兰阳性细菌及某些革兰阴性细菌，构成机体非特异性免疫功能之一。溶菌酶虽不是一项特异指标，但能在一定程度上反应机体的免疫水平，因此为一项较灵敏的亚临床指标。溶菌酶的测定方法简便，能用于实验室和现场调查，有一定的实用价值。目前国内外还没有一个统一的标准测定方法，也尚未明确规定人体各种体液中溶菌酶的正常值。因此，在现场调查测定时。除观察组外，必须同时设立对照组，对比两组测定的结果，方能作出正确的评价。

（二）原理

将微球菌（micrococcus lysodeikticus）混悬于琼脂溶液中制成带菌的琼脂板，在板上打若干小孔，分别向孔内加入标准溶菌酶和被测样品。经一段时间后，由于琼脂内的细菌被溶解，在孔的周围形成透明的溶菌圈。溶菌圈的直径与溶菌酶浓度的对数值呈正相关，因此可推算出样品中溶菌酶的含量。

（三）仪器

（1）可见光分光光度计。

（2）恒温箱。

（3）水平尺。

（4）玻璃板。

（5）打孔器。

（6）微量注射器。

（7）烧杯、量筒、小试管等玻璃仪器。

（四）试剂

（1）磷酸缓冲液（pH 6.2～6.4）：称取 $NaH_2PO_4 \cdot 2H_2O$ 11.7g、$Na_2HPO_4 \cdot 12H_2O$ 7.86g、EDTA-2Na 0.372g，共溶于 1L 蒸馏水中。

（2）菌种：微球菌（中国科学院微生物研究所）系由空气中分离出来的革兰阴性球菌，对人不致病，是对溶菌酶作用最为敏感的菌种，菌落呈黄色，于普通营养琼脂培养基上生长良好，可保存在培养基斜面上，一个月传代一次。

（3）菌悬液的配制：将微球菌接种在普通营养琼脂培养基上，于 25～28℃培养 18 小时，用磷酸缓冲液冲洗菌落，倒在烧杯中，并用磷酸缓冲液稀释为透光率 50%的混悬液（用 721、722 等可见光分光度计，波长为 640nm）。

（4）琼脂平板的制备：配制 2.2%普通琼脂磷酸缓冲液，分装于三角瓶中，高压灭菌后冰箱内保存，用时加热溶解，在 55～60℃时每 100ml 中加入上述透光率的微球菌混悬液 50ml 混匀。趁热取 12ml，倒在已灭菌且放置水平的 10×6cm 的洁净玻璃片上，使其摊平不得流出板外。待琼脂凝固后，在上面打两排直径为 4mm 的小孔，孔间间距为 10mm，并清除孔内琼脂。

（5）溶菌酶标准液的配制：准确称取 100.00mg 标准溶菌酶溶于 100ml 磷酸缓冲液中，此为 1mg/ml 的溶菌酶储备液，冰箱中保存。

（五）操作方法

1. 标准曲线的制作 临用时用磷酸缓冲液将溶菌酶储备液稀释成 0.2、0.1、0.05、0.025、0.0125、0.00625μg/μl 的不同浓度。各取 10μl，依次加入上述琼脂板的上排小孔中，下排小孔装样品，平装于带盖的长方盒内（例如饭盒）。放入 37℃恒温箱中，24 小时后取出测量其溶菌圈直径。根据溶菌酶标准液浓度的对数值和溶菌圈直径绘出标准曲线。

2. 唾液样品的采集和测定 用维生素 C 半片，置受试者的舌前部，将舌尖抬高顶至上腭，口微张，下唇放松稍向前突，其酸味刺激使唾液自然流出口腔。用小烧杯收集。取唾液 0.2ml，移入盛有 0.8ml 磷酸缓冲液的小试管内混匀。测定时取 10μl 稀释样品，加到琼脂板的下排小孔中，每孔一个样品。随标准系列同时放在温箱培养后，量取溶菌圈直径，根据标准曲线得出相应溶菌酶的浓度，再乘以稀释倍数即为唾液中溶菌酶的含量（μg/μl 或 μg/ml）。

（六）注意事项

（1）本法亦可进行血、尿中溶菌酶的测定。

（2）琼脂板上孔间距离不可太小，否则溶菌圈会相互干扰。

（3）点样后培养时，盒内温度要适合，太干培养后琼脂板干缩；太湿则竖起看溶菌圈时，琼脂会下滑影响测量，可垫上两层浸水后轻轻拧干的纱布为宜。

（4）制板时尽量将玻璃板置于水平，这样可使琼脂摊得均匀而且不易流出板外。

（5）看溶菌圈时面对亮处，使光线斜射在琼脂板上，调整一定角度才能看得更清楚。可用直尺或圆规从反面测量溶菌圈直径的大小，如溶菌圈不圆，可求其直径的平均值。

二、比 浊 法

（一）目的和意义

（1）掌握比浊法测定唾液淀粉酶的操作方法。

（2）理解测定唾液淀粉酶的原理及意义。

（3）意义同琼脂板法。

（二）原理

溶菌酶作用的最佳 pH 为 6.2～6.4，遇强碱即能很快失去活性。故可在严格控制的统一实验条件下，在定量菌悬液中，加入定量溶菌酶，经过统一的作用时间，快速以强碱终止其反应，该菌悬液作用前后透光率的增高值的对数与溶菌酶的含量呈正相关。

（三）仪器

同琼脂板法。

（四）试剂

（1）磷酸缓冲液与菌种：同琼脂板法。

（2）菌悬液的配制：将前述微球菌种接种于普通营养琼脂培养基上，培养、冲洗菌落，使成悬液（同琼脂板法），用 4～5 层纱布过滤一次以除杂质，将滤液用磷酸缓冲液稀释至透光率达 30%～40%即为测定用的菌悬液。当室内温度较低时，可用水浴将菌悬液保持在 25℃，临用前配制，每次可使用 24h，次日用时需重新配制。

（3）溶菌酶标准液的配制：同琼脂板法。

（4）KOH（5mol/L）。

（五）操作方法

1. 唾液样品的采集和测定　同琼脂板法采集唾液样品。准确吸取 0.2ml 唾液加入盛有 0.8ml 缓冲液的小试管内混匀，此时唾液样品被稀释 5 倍待测。

2. 样品测定　准确吸取 0.2ml 经稀释的唾液样品于小试管内，置于 37℃水浴中，向内快速加入 4ml 菌悬液，及时混匀并准确计时，2min 后立即将其自水浴中取出，快速加入 3 滴 5mol/L KOH 以终止反应，尽快用分光光度计测定其吸光度（波长 640nm、1cm 比色杯）。

3. 标准曲线制作　取溶菌酶储备液用磷酸缓冲液稀释为 50、40、30、25、20、15、10、5、2.5、0μg/ml 的不同浓度，并各取 0.2ml 分别置于小试管中，然后按样品测定步骤进行操作，于 640nm 波长处，以“0”管校零后，测其各管的吸光度。以吸光度 A 表示数值为纵坐标，以每毫升酶含量为横坐标绘制标准曲线。

4. 结果计算　依据唾液样品的吸光度（A）从标准曲线上查出相应的酶含量 c，按式（14-1）计算每毫升唾液溶菌酶的微克数。

$$\text{唾液中溶菌酶质量浓度（μg/ml）} = c \times 5 \tag{14-1}$$

式（14-1）中：5—唾液样品的稀释倍数。

（六）注意事项

（1）作用时间应严格控制。

（2）每次吸取菌悬液时必须摇匀，否则影响测定结果。测定样品和制作该样品所用的标准曲线应使用同一菌悬液。

（3）小试管口径要一致，直径以 1.2～1.5cm，高度在 8～10cm 为宜，这样便于操作。

（4）采集唾液样品时，要防止维生素 C 溶解在唾液中，以免影响溶菌酶活性。亦可使用其他酸味固体食物诱导唾液分泌。

（龙文芳）

实习 15　血清中脂质过氧化物的测定

有些环境化学物质在体内代谢过程中可以形成自由基，脂质中多价不饱和脂肪酸经自由基或活性氧作用后可形成脂质过氧化物（lipid peroxides，LPO）。脂质过氧化物和氧自由基有破坏生物膜结构和稳定性的作用。脂质过氧化反应产生的自由基能进入细胞核和核糖体，直接攻击 DNA 和 RNA 引起细胞遗传物质损害，并与肿瘤有关。因此，脂质过氧化作用被认为是某些外源性环境化学物毒理学作用的重要机制。

细胞内脂质过氧化反应产生的 LPO 进入血液，其进入血液的过程与组织代谢平行，血清中 LPO 浓度可直接反映环境化学物质引起机体脂质过氧化作用的程度。丙二醛（malondialdehyde，MDA）是 LPO 的代谢终产物，其产生量与自由基的量相平行，而且其毒性最大也最具有代表性，因此，MDA 能间接反映组织内 LPO 含量，也是反映细胞损伤的常用指标。常用分光光度法和荧光法测定 MDA 含量。

一、分光光度法

（一）目的和意义

掌握血清中脂质过氧化物测定的原理；熟悉分光光度法测定 MDA 含量的原理、方法；了解分光光度法测定 MDA 含量的注意事项。

（二）原理

LPO 最终通过一系列断裂反应形成小分子 MDA，而且 LPO 在酸性加热条件下，分解产生 MDA。MDA 在高温和酸性条件下，可与硫代巴比妥酸（TBA）反应生成红色化合物，该化合物在 535nm 处可用分光光度计测其吸光度。

（三）仪器

（1）可见分光光度计。

（2）水浴锅。

（3）10ml 具塞刻度试管。

（四）试剂

（1）TEP 标准储备液（100mmol/L）：准确称取 1，1，3，3-四乙氧基丙烷（tetraethoxypropane，TEP）110mg，用 50ml 甲醇溶解制成 100mmol/L 的标准储存液，4℃冰箱内可稳定一个月。

（2）TEP 标准应用液（10μmol/L）：准确吸取 TEP 标准储备液 0.10ml，用甲醇定容至 100ml。

（3）硫代巴比妥酸（TBA）溶液：称取 0.67g TBA 加蒸馏水至 100ml，在 60℃水浴中加热助溶 5min～10min。

（4）盐酸（0.05mol/L）：由优级纯盐酸稀释而成。

（五）操作方法

（1）取 3 支具塞刻度试管，分别标为测定管、标准管和空白管，于各管中加入 0.05mol/L HCl 3.0 ml。

（2）于测定管加入待测血清 0.3ml，标准管加入 TEP 标准应用液 0.3ml，空白管加入生理盐水 0.3ml，立即混匀。

（3）分别于各管加入 TBA 溶液 1ml，充分混匀。

（4）加盖，沸水浴 40min，取出后流水速冷至室温；3000r/min 离心 10min。

（5）在波长 535nm 条件下比色测定，以蒸馏水调零，读取各管吸光度。

（6）结果计算：

$$血清LPO浓度（nmol/ml）=\frac{(A_U - A_B)}{(A_S - A_B)}\times 10nmol/ml \tag{15-1}$$

式中：A_U—样品管吸光度值；A_S—标准管吸光度值；A_B—空白管吸光度值。

（六）注意事项

（1）显色的稳定性：显色反应生成的色素在 2h 内稳定。

（2）血清应于 4℃冷藏保存，尽快测定。

（3）沸水浴中煮沸时间的选择：将血清加 TBA 后，于沸水浴中分别煮沸 15、30、60、90min，结果显示 15min 时吸光度（*A*）值较低，30min 达到最大，后逐渐下降。

（4）线性范围：在 1～40nmol/ml 范围内，MDA 分子浓度与吸光度线性关系良好。

（5）血红蛋白使检测结果偏高，故溶血标本不宜作此实习。

（6） 正常参考值：血清脂质过氧化物含量正常值为（4.07±0.78）nmol/ml。男性为（4.14±0.78）nmol/ml，女性为（3.97±0.77）nmol/ml，男性高于女性。

二、荧　光　法

（一）目的和意义

熟悉荧光法测定 MDA 含量的原理、方法；了解荧光法测定 MDA 含量的注意事项。

荧光法具有灵敏度更高，选择性好，简便快速的优点。

（二）原理

在高温和酸性条件下，MDA 与硫代巴比妥酸（TBA）反应生成的红色化合物，可由 15nm 激发光激发，在 553nm 处发射荧光，用荧光分光光度计测其荧光强度，采用标准曲线法进行定量。

（三）仪器

（1）荧光分光光度计。

（2）微量加样器。

（3）恒温水浴锅。

（4）漩涡混合器。

（5）10ml 具塞刻度试管。

（四）试剂

（1）硫代巴比妥酸（TBA）（6.7g/L）-冰乙酸（1∶1）混合液。

（2）四乙氧基丙烷储存液（10mmol/L），4℃保存可放置 3 个月，临用前用甲醇稀释成 10nmol/ml。

（3）其他试剂：1/6mol/L 硫酸、100g/L 磷钨酸、正丁醇、无水乙醇、9g/L 生理盐水。

所用玻璃器皿均需经 50%硝酸浸泡 24h 后，经蒸馏水、双蒸水淋洗，干燥。所有试剂均由 AR 级用双蒸水配制。

（五）操作方法

1. 标准曲线制作 将 10nmol/ml 四乙氧基丙烷溶液，用双蒸水分别稀释成 0.25、0.5、1.0、1.5、2.0、2.5、5.0nmol/ml。分别取 1ml 于具塞刻度试管中，加入 TBA-冰乙酸（1∶1）混合液 1ml，混匀，沸水浴 75min，流水冷却至室温。用 5ml 正丁醇于漩涡混合器上萃取 2min，3000r/min 离心 10min，取正丁醇萃取液（上层）测荧光强度（狭峰 10nm，波长：激发光 515nm，发射光 553nm）。以四乙氧基丙烷浓度为横坐标，荧光强度为纵坐标绘制标准曲线。

2. 样品测定

（1）吸取血清 20μl 于具塞刻度试管中，加入 1/6mol/L 硫酸 4ml、100g/L 磷钨酸 0.5ml 摇匀，室温放置 5min。3000r/min 离心 10min，弃上清液。

（2）沉淀加 1/6mol 硫酸 2ml、100g/L 磷钨酸 0.3ml 摇匀，室温放置 5min，3000r/min 离心 10min，弃上清液。

（3）沉淀加入 1ml 蒸馏水振摇 2min，再加 TBA-冰乙酸（1：1）混合液 1ml 摇匀，沸水浴 75min，流水冷却至室温。加入正丁醇 5ml 于漩涡混合器上萃取 2min，3000r/min 离心 10min，取正丁醇萃取液（上层）4ml 测定荧光强度。

荧光测定条件：激发光 515nm，发射光 553nm，狭峰 10nm；四乙氧基丙烷 0.5nmol/ml 为标准对照。

3. 结果计算 通过测得的荧光强度在标准曲线上可查得相应的 MDA 含量，后换算成每 1ml 血清中脂质过氧化物的含量。

$$\text{血清LPO浓度（nmol/ml）}=0.5\times\frac{f}{F}\times\frac{1}{0.02}=25\times\frac{f}{F} \qquad (15\text{-}2)$$

式（15-2）中：f—0.5nmol/ml 四乙氧基丙烷荧光度；F—样品荧光度。

（六）注意事项

实习过程中应注意 pH 对反应的影响，TBA 反应测定 LPO 时，氢离子浓度影响正丁醇萃取反应生成物的效果，一般认为在酸性条件下（pH=2.1～3.0），萃取效果最佳；在中性条件下（pH=6.0），约有 10%反应生成物残留于水层中，未被萃取出来；在碱性条件下（pH=9.5），则不能萃取出来。

（张 璟）

第五部分　现场调查与评价

实习 16　室内空气质量监测与评价

（一）目的和意义

室内环境是指人们工作、生活、社交及其他活动所处的相对封闭的空间，包括住宅、办公室、学校教室、医院、候车（机）室、交通工具及体育、娱乐等室内活动场所。室内空气质量与人类健康息息相关，室内空气质量反应在物理、化学、生物和放射性等几个方面。通过本实习，要求学生掌握室内空气质量监测的布点与采样方法、常用的监测项目与相应的监测分析方法选择、监测数据的处理和分析等技能。可根据实际情况，选择不同的监测项目和监测分析方法，对不同时间范围内的室内空气质量作出评价，也可以选用符合国家标准规定、且经有关权威部门认定/检定的检测仪器进行快速检测。

（二）现场采样方法

现场采样方法具体参见本教材第一部分——环境样品的采集和处理。

（三）样品的运输与保存

样品由专人运送，按采样记录清点样品，防止错漏，为防止运输中采样管震动破损，装箱时可用泡沫塑料等分隔。样品因物理、化学等因素的影响，使组分和含量可能发生变化，应根据不同项目要求，进行有效处理和防护。储存和运输过程中要避开高温、强光。样品运抵后要与接收人员交接并登记。各样品要标注保质期，样品要在保质期前检测。样品要注明保存期限，超过保存期限的样品，要按照相关规定及时处理。

（四）监测项目

1. 监测项目的确定原则　①选择室内空气质量标准中要求控制的监测项目；②选择室内装饰装修材料有害物质限量标准中要求控制的监测项目；③选择人们日常活动可能产生的污染物；④依据室内装饰装修情况选择可能产生的污染物；⑤所选监测项目应有国家或行业标准分析方法、行业推荐的分析方法。

2. 监测项目选择　常见监测项目见表 16-1。新装饰、装修过的室内环境应测定甲醛、苯、甲苯、二甲苯、总挥发性有机物（TVOC）等；人群比较密集的室内环境应测菌落总数、新风量及二氧化碳；使用臭氧消毒、净化设备及复印机等可能产生臭氧的室内环境应测臭氧；住宅一层、地下室、其他地下设施以及采用花岗岩、彩釉地砖等天然放射性含量较高材料新装修的室内环境都应监测氡（^{222}Rn）；北方冬季施工的建筑物应测定氨。

表 16-1　室内环境空气质量监测项目

应测项目	其他项目
温度、大气压、空气流速、相对湿度、新风量、二氧化硫、二氧化氮、一氧化碳、二氧化碳、氨、臭氧、甲醛、苯、甲苯、二甲苯、总挥发性有机物（TVOC）、苯并[α]芘、可吸入颗粒物、氡（^{222}Rn）、菌落总数等	甲苯二异氰酸酯（TDI）、苯乙烯、丁基羟基甲苯、4-苯基环己烯、2-乙基己醇等

（五）实验室检测方法

1. 分析方法的选择原则　①首先选用评价标准如《室内空气质量标准》（GB/T18883—2002）中指定的分析方法；②在没有指定方法时，应选择国家标准分析方法、行业标准方法，也可采用行业推荐方法；③在某些项目的监测中，可采用ISO、美国EPA和日本JIS方法体系等其他等效分析方法，或由权威的技术机构制定的方法，但应经过验证合格，其检出限、准确度和精密度应能达到质控要求。

2. 监测分析方法　《室内空气质量标准》（GB/T18883—2002）中要求的各项参数的监测分析方法见表16-2。

表16-2　室内空气中各种参数的检验方法

序号	参数	检验方法	来源
1	温度	（1）玻璃液体温度计法 （2）数显式温度计法	GB/T 18204.1—2013
2	相对湿度	（1）通风干湿表法 （2）氯化锂湿度计法 （3）电容式数字湿度计法	GB/T 18204.1—2013
3	空气流速	（1）热球式电风速计法 （2）数字式风速表法	GB/T 18204.1—2013
4	新风量	示踪气体法	GB/T 18204.1—2013
5	二氧化硫 SO_2	（1）甲醛溶液吸收-盐酸副玫瑰苯胺分光光度法 （2）紫外荧光法	（1）GB/T 16128 和 HJ 482—2009 （2）ISO/CD 10498
6	二氧化氮 NO_2	（1）改进的 Saltzaman 法 （2）化学发光法	（1）GB 12372 （2）GB/T 15435
7	一氧化碳 CO	（1）非分散红外法 （2）不分光红外线气体分析法、气相色谱法、汞置换法 （3）电化学法	（1）GB9801 （2）GB/T 18204.2—2014 （3）HJ/T167-2004
8	二氧化碳 CO_2	（1）不分光红外线气体分析法 （2）气相色谱法 （3）容量滴定法	GB/T 18204.2—2014
9	氨 NH_3	（1）靛酚蓝分光光度法和纳氏试剂分光光度法 （2）离子选择电极法 （3）次氯酸钠—水杨酸分光光度法 （4）光离子化法	（1）GB/T18204.2—2014 和 HJ 533—2009 （2）GB/T 14669 （3）HJ 534—2009 （4）HJ/T167-2004
10	臭氧 O_3	（1）紫外光度法 （2）靛蓝二磺酸钠分光光度法 （3）化学发光法	（1）HJ 590—2010 （2）GB/T 18204.2—2014 和 GB/T 15437 （3）ISO 10313
11	甲醛 HCHO	（1）AHMT 分光光度法 （2）酚试剂分光光度法 气相色谱法 （3）乙酰丙酮分光光度法 （4）电化学传感器法	（1）GB/T 16129 （2）GB/T 18204.2—2014 （3）GB/T 15516 （4）HJ/T167-2004
12	苯 C_6H_6	（1）气相色谱法 （2）光离子化气相色谱法	（1）GB/T 18883 和 GB 11737 （2）GB/T 18883 和 EPA 8020
13	甲苯 C_7H_8 二甲苯 C_8H_{10}	（1）气相色谱法 （2）光离子化气相色谱法	（1）GB 11737 和 HJ 583—2010 （2）GB/T 18883 和 EPA 8020
14	可吸入颗粒物 PM_{10}	撞击式-称重法	GB/T 17095
15	总挥发性有机化合物 TVOC	（1）气相色谱法 （2）光离子化气相色谱法 （3）光离子化总量直接检测法（非仲裁用）	（1）GB/T 18883 （2）GB/T 18883 和 EPA 21 （3）HJ/T167-2004

续表

序号	参数	检验方法	来源
16	苯并[a]芘 B（a）P	高效液相色谱法	GB/T 15439
17	菌落总数	撞击法	GB/T 18883
18	氡 ^{222}Rn	（1）空气中氡浓度的闪烁瓶测量方法 （2）径迹蚀刻法 （3）双滤膜法 （4）活性炭盒法	（1）GB/T 16147 （2）GB/T 14582

3. 实验室样品分析质量控制

（1）分析方法的选择：所用监测方法优先选用国家标准、行业标准规定的监测分析方法。新方法或分析人员首次使用的方法，应进行质量控制实验，以考察方法的适用性和分析人员操作水平。

（2）标准溶液：①标准溶液的配制。采用基准试剂或用分析法指定规格的试剂配制标准溶液。用称量法直接配制标准溶液时，应准确称量 0.1mg，在 A 级容量瓶中定容。非直接配制的标准溶液必须经过标定，取平行标定结果平均值作为标定值。平行标定结果的相对偏差应小于 2%，否则需重新标定。也可直接使用有证标准溶液。②标准溶液的使用与储存。配制好的标准溶液必须储存在适宜的试剂瓶中，变质或过期的标准溶液必须重新配制，标准溶液需分装使用，以避免污染。③标准溶液的检验。实验室配制的标准溶液与国家一级或二级标准物质进行比对实验，检验其是否符合要求。用 F 检验法进行总体方差一致性检验，用 t 检验法进行总体均值一致性检验。经检验均值无显著性差异，实验室配制的标准溶液符合要求方可使用。经检验均值有显著性差异，表明实验室配制的标准溶液存在系统误差，则应重新配制。

（3）全程序空白值的检查：全程序空白值是指测定某物质时，除样品中不含该测定物质外，整个分析过程的全部因素引起的测定信号值或相应浓度值。每次测定 2 个平行样，连测 5d，计算 10 次所测结果的批内标准偏差 s_{wb}。

$$s_{wb}=\sqrt{\frac{\sum_{i=1}^{n}\left(X_i-\overline{X}\right)^2}{m(n-1)}} \tag{16-1}$$

式（16-1）中：n—每天测定平行样个数；

m—测定天数。

检出限按公式（16-2）计算：

$$L=2\sqrt{2}t_f s_{wb} \tag{16-2}$$

式（16-2）中：L—方法检出限；

$t_{f(0.05)}$—单侧显著性水平为 5%，批内自由度 $f=m(n-1)$ 时 t 分布临界值；

s_{wb}—测定次数为 n 次的空白值标准差；

f—批内自由度，$f=m(n-1)$，其中 m 为重复测定次数，n 为平行测定次数；

t—显著性水平为 0.05（单侧），自由度为 f 的 t 值。

若所得检出限大于方法规定检出限，表明空白值不合格，应查找原因改进，否则影响样品测定的准确度和精密度，即监测质量不合格。

（4）校准曲线：绘制校准曲线时，至少要有六个浓度点（包括零浓度），在接近线性范围上限和下限的点，每个点应做平行测定。校准曲线回归的相关系数 r 大于 0.999 者为合格校准曲线，回归方程截距 a 小于 0.005 为合格，若 a 大于 0.005 时，当取 95%的置信水平，将截距 a 与 0 作 t 检验，无显著性差异时，$a=0$，可用回归方程计算浓度；当截距 a 与 0 有显著性差异时，应找出原因并予以纠正后，重新绘制并经检验合格方可使用。

当分析方法要求每次测定需同时绘制校准曲线时，应按方法规定执行；若校准曲线斜率较为稳定，可定期检查其是否可继续使用，检验方法是测定两个校准点（以测定上限浓度 0.3 倍和 0.6 倍两点为宜），当此两点与原曲线相应点的相对偏差小于 5%（最多 10%）时原曲线可以继续使用，否则需重新绘制。

（5）精密度控制：每次监测时，必须在现场加采不少于 10%的密码平行样，与样品同时测定，平行样相对偏差应符合要求（相对偏差不大于方法规定值的两倍为合格），平行测定合格率≥95%方为合格。若不足 95%，则应重测不合格的平行双样，应增测 10%～15%的密码平行样，如此累进直至合格率≥95%为止。

（6）准确度控制：在样品监测同时必须做标准样品测定。标准样品测定值应在控制范围内。

（六）数据分析和处理

1. 监测数据处理

（1）监测数据的记录与归档：①监测采样、样品运输、样品保存、样品交接和实验室分析的原始记录是监测工作的重要凭证，应在记录表格或专用记录本上按规定格式，对各栏目认真填写。监测数据应按期归档保存，涉及同一监测报告的原始记录一并归档，个人不得擅自销毁。②各种原始记录均使用墨水笔或档案用圆珠笔书写，做到字迹端正、清晰。如原始记录上数据有误需改正时，应将错误的数据划两道横线；如需改正的数据成片，应以框线将这些数据框起，并注明“作废”两字，再在错误数据的上方写上正确的数据，并在右下方签名（或盖章）。不得在原始记录上涂改。③各项记录必须现场填写，不得事后补写。

（2）原始记录有效数字保留位数：①用空气流量校准器校准流量时，二氧化硫、甲醛、氨等采样器流量记录至小数点后两位，单位：L/min。PM_{10}、菌落总数等采样泵流量记录到整数，单位：L/min。②在现场采样记录中，气温记录到小数点后一位，单位：℃；气压记录到小数点后一位，单位：kPa；湿度记录到整数，单位：%；风速记录到小数点后一位，单位：m/s；采样流量记录同校准流量一致，单位：L/min；采样时间到整数，单位：min；采样体积及换算标准状态体积记录到小数点后一位，二氧化硫、甲醛、氨等，单位：L；PM_{10} 等，单位：m^3。③PM_{10}（重量法）称重记录到小数点后四位，单位：g 。④分光光度法测定吸光度值记录到小数点后三位。

（3）校准曲线回归处理与有效数字：①用具有回归统计功能的计算器进行计算时，把原始数据输入则可直接显示 r、a、b，从而求得一元回归方程：

$$y = ax + b \tag{16-3}$$

回归时应扣除空白值。不扣除空白值，直接回归的曲线，可用来计算空白值的浓度。②r 取小数点后全部 9（但最多取小数点后四位）与第一位非 9 的修约数字。③a 的有效数字位数，应与自变量 x 的有效数字位数相等，或最多比 x 多保留一位。b 的最后一位数，则和因变量 y 的最后一位数取齐，或最多比 y 多一位。

（4）监测结果的统计处理：监测数据的统计主要进行平均值、超标率及超标倍数三项统计计算。

1）平均值的统计计算：监测数据平均值特指算术平均值。

A. 单个项目单一测点监测数据平均值的计算

单一测点监测数据平均值的计算公式如下：

$$\overline{C}_j = \frac{1}{n}\sum_{i=1}^{n} C_{ij} \tag{16-4}$$

式（16-4）中：$\overline{C}_j$ —j 监测点的平均值；

C_{ij}—j 监测点上第 i 个监测数据；

n—监测数据的数目。

如样品浓度低于分析方法最低检出限，则该监测数据以 1/2 最低检出限的数值参加平均值统计计算。

B. 单个项目多个测点监测数据平均值的计算

多个测点监测数据平均值的计算公式如下：

$$\overline{C} = \frac{1}{m}\sum_{j=1}^{m} \overline{C_j} \tag{16-5}$$

式（16-5）中：$\overline{C}$ —多个监测点监测数据的平均值；

$\overline{C_j}$ —j 监测点的平均值；

m—监测点的数目。

2）超标倍数的统计计算：超标倍数按公式（16-6）计算，

$$超标倍数 = \frac{C - C_0}{C_0} \tag{16-6}$$

式（16-6）中：C—监测数据值；超标倍数；

C_0—室内空气质量标准值。

3）超标率的统计计算

超标率按公式（16-7）计算：

$$超标率\% = \frac{超标数据个数}{总监测数据个数} \times 100\% \tag{16-7}$$

未检出点计入总监测数据个数。对于国家未颁布标准的监测项目，一般不进行超标率计算。

2. 监测结果评价　室内空气质量监测结果进行评价时，主要依据为《室内空气质量标准》（GB/T 18883—2002）。监测结果以平均值表示，化学性、生物性和放射性指标平均值符合标准值要求时为达标；有一项检验结果未达到标准要求时为不达标，并应对单个项目是否达标进行评价。

要求年平均、日平均、8h 平均值的参数，可以先做筛选采样检验。若检验结果符合标准值要求为达标；若筛选采样检验结果不符合标准值要求，必须按 8h 平均值、日平均值、年平均值的要求，用累积法采样检验结果评价。

（李万伟　戴文涛）

实习 17　饮用水卫生状况调查与评价

（一）目的和意义

自来水厂是集中式供水的重要场所，环境监测站主要负责当地大气环境、水环境、声环境、生态农业环境等各种环境要素环境质量的例行监测。通过自来水厂和环监站的参观，可使学生身临其境感受饮用水净化处理全部工艺流程，熟悉饮用水净化处理的重要环节，直观感受水样品采集、前处理和监测方法、监测仪器和监测项目，掌握影响饮用水质量的重要环节和控制方法，了解水源水选择的原则以及当地水源污染状况等。

通过参观自来水厂和环监站，要求学生掌握饮用水卫生状况调查及评价项目、内容和程序，巩固饮用水卫生的调查、监测和监督基本知识。

（二）现场采样的方法

【水厂参观】

1. 参观前准备　请学生结合集中式给水的卫生调查、监测和监督理论知识和自来水净化处理工艺流程自行拟定调查提纲，通过参观达到熟悉自来水处理工艺流程及其要求。在水厂参观时先聆听自来水厂技术人员介绍自来水净化处理工艺，然后按照自来水处理程序，先后到各车间参观。

2. 参观顺序

（1）总体概况简介：请水厂技术负责人给同学介绍水厂的基本状况，包括水源的种类、源水的基本卫生状况，有否出现过污染事故，应急处理办法；自来水厂的性质、日生产水量和供水范围，自来水管网的走向、水质是否符合国家法定要求，自来水厂对水质的检测能力和生产水质的达标率等。同时了解自来水厂生产工艺过程，见图 17-1。

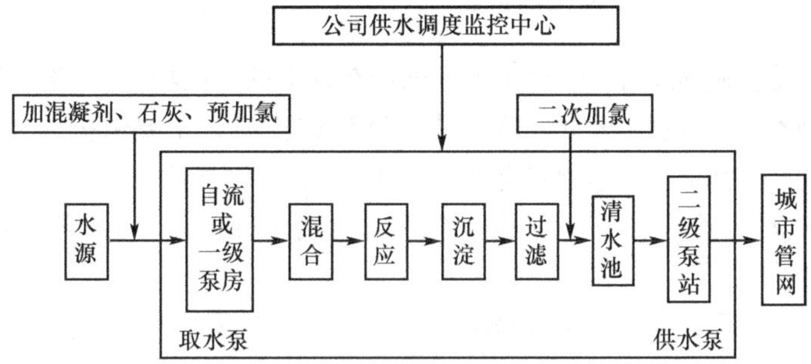

图 17-1　自来水净化处理工艺流程

（2）现场参观：按照自来水厂生产工艺流程，参观水源水取水、输送、沉淀、过滤、消毒、泵出到用户的全过程。同时参照以下内容进行询问、查看、记录和评价：

1）水源卫生学状况：包括水源水的选择是否合理，取水点周围环境卫生状况、卫生防护执行情况、水源水的水质检测等。发现水质不良，是否查明原因和提出改善措施，是否督促有关部门限期消除影响水质的因素。若经改善仍达不到要求的是否重新选择水源。

2）水厂使用的涉水产品是否符合饮用水卫生安全和产品质量的有关规定？

3）饮用水处理剂和消毒剂的储存处是否通风良好？有无防腐、防潮以及防止二次污染的设施？安全防范和事故应急处理措施是否有效？

4）取水、输水、蓄水、净化消毒和配水过程是否制定各项安全管理制度？有无专人负责，执行情况如何？

5）水厂是否建立了水质净化消毒和必要的水质监测仪器、设备和人员？能否对水质进行日常性监测？并向当地卫生部门和建设部门报送监测结果。

6）直接从事供水、管水的人员是否取得健康检查合格证和上岗证？是否定期健康体检？发现带菌者和传染病患者是否及时调离涉水岗位？

7）水质检测指标及频率，检测合格情况等。

【环监站参观】

1. 观看环监站宣传片，请环监站相关人员采用 PPT 介绍　①环监站的总体情况；②本市近 5 年或 10 年大气及水环境质量状况；③本市近 5 年或 10 年水污染及空气污染状况；④大气、水、土壤现场监测采样布点、采样及相关注意事项。

2. 参观　环监站技术人员带领学生分组参观学习。

（1）分析测试室（水室）主要功能：①负责完成地表水、河流源头例行监测所有送检样品的分析测试；②负责河流源头、饮用水源月公报、重点流域水质月公报和城市综合定量考核有关水质样品以及本地区环保局下达的排污收费单位监测样品的采集；③完成城市综合定量考核中有关水质监测，包括城市水域功能区水质和集中式饮用水水源地水质监测的送检样品分析测试；④承担重点污染源监督监测以及政府和社会委托的废气、废水、固体废物等污染物排放送检样品分析测试和环保设施竣工验收监测的送检样品分析测试，承接外来送检样品分析测试；⑤承担本市环境保护局下达的排污收费单位监测样品的分析测试；⑥负责对下级环境监测站水环境等监测分析测试技术的指导和培训工作；⑦承担涉及水环境等方面的研究课题；⑧承担污染事故、监测和仲裁监测分析任务；⑨接受站（所）内质量控制管理和负责本科室玻璃器皿和化学试剂的保管和仪器的维护保养。

（2）现场监测室（气室）主要功能：①负责完成全站（所）大气环境及声环境等例行监测检测样品的采集和室外环境现场的监测工作；②负责完成环境空气质量例行监测任务，包括环境空气中的二氧化硫、二氧化氮、PM_{10}等项目的采样、分析、数据上报处理；③负责本市大气自动监测站的管理运行，负责自动监测系统仪器和本科室监测分析仪器的正常运转及日常维护，按系统质量保证手册的规定进行设备的校验，标定和送检；④负责本市环境空气质量的日报、预报正常报出；⑤负责完成功能区噪声监测、交通噪声监测，承担政府和社会委托的噪声监测分析任务和有关噪声环保设施竣工验收监测任务；⑥承担城市综合定量考核有关大气环境质量污染指标的监测，其中包括二氧化硫、二氧化氮、PM_{10}、噪声达标区、烟尘达标区抽检等监测；⑦承担重点污染源监督监测任务，完成政府和社会委托的废气、废水、固体废物等污染物排放监测和环保设施竣工验收监测以及污染事故的监测和仲裁监测等分析样品的采集；⑧开展大气环境监测、声环境、辐射、振动、光化学污染等领域的新技术、新方法的研究，开发研究相关环境污染防治新技术，不断提高监测技术水平，扩展监测领域；⑨负责对下级监测站的监测技术指导和有关技术培训；⑩接受站（所）内质量控制管理。

【水质监测】

1. 集中式给水水质监测　由供水部门负责，卫生部门定期抽查，并负责水质分析的质量控制。城镇集中式给水的采样点数，一般按供水人口每 2 万人设 1 个点计算。供水人口超过 100 万时，总数可酌减；人口在 20 万以下时，应酌量增加。采样点应设在居民经常用水的地点，并应有一定的点数选在水源、出厂水和水质易受污染的地点，如管网末梢和陈旧部分。每个采样点每月采样不少于 2 次。检验项目：一般可将细菌指标和感官指标列为必检项目，其他指标可根据情况选定；但对水源水、出厂水和部分有代表性的末梢水，每月应进行一次全分析。以上采样点和检测项目，应由供水单位负责与当地卫生部门共同研究决定；所得结果应定期报送卫生部门审查和存档或输入计算机储存系统。参照《生活饮用水卫生标准》（GB5749—2006）相关规定，集中式供水单位水质测定项目及检验频率见表 17-1。

表 17-1　集中式供水单位水质测定项目及检验频率

水质类型	测定项目	日供水能力（万 m^3）		
		＜10	10～	≥50
		检验频率	检验频率	检验频率
水源水	浑浊度、色度、肉眼可见物、COD	每日一次	每日一次	每日一次
	细菌总数、总大肠菌群、粪大肠菌群	每两周一次	第周一次	每周一次
	《生活饮用水卫生标准》（GB5749—2006）常规检验项目全部项目非常规检验项目中可能含有的有害物质	每半年一次	每月一次	每月一次
出厂水	浑浊度、色度、肉眼可见、COD、细菌总数、总大肠菌群、粪大肠菌群*游离余氯	每日一次	每日一次	每日一次
	《生活饮用水卫生标准》（GB5749—2006）常规检验项目全部项目非常规检验项目中可能含有的有害物质	每半年一次	每季度一次	每月一次
管网末梢水	浑浊度、色度、肉眼可见物、COD、细菌总数、总大肠菌群、粪大肠菌群*、游离余氯	每月二次	每月二次	每月二次
	《生活饮用水卫生标准》（GB5749—2006）常规检验项目全部项目非常规检验项目中可能含有的有害物质	每半年一次	每季度一次	每月一次

*出厂水、管网末梢水如检出总大肠菌群，则需进一步检测粪大肠菌群。在此表之外的有害物质的检验项目及检验频率由当地卫生行政部门和供水单位根据具体情况确定

2. 农村给水饮水水质监测　每个县采样点一般不少于 10 个，但可按情况酌量增减。采样点的选择，应能反映本县饮水水质和水性疾病的情况。因此，应考虑水源类型，水性疾病的人口分布，环境污染情况，以及采样的交通问题。采样次数：丰、枯水期各 1 次，水性传染病流行季节增加 2 次。监测项目：

（1）必测项目：水温、色度、臭和味、浑浊度、pH、总硬度、铁、锰、氟化物、硝酸盐氮、氯化物、硫酸盐、氨氮、亚硝酸盐氮、耗氧量、总大肠菌群、细菌总数。

（2）选测项目：可根据情况选择，包括砷、溶解性固体、碘、铅、镉、汞、有机氯农药等。

（3）水性疾病的监测（学生见习或毕业实习期间通过各地疾控中心获取相关信息）：包括水性传染病、水性地方病和水性慢性病。即经水传播的重点肠道传染病（伤寒、痢疾、霍乱、甲肝等），饮水所致地方病（如地方性氟中毒、地方性甲状腺肿）以及与饮用水污染有关的肿瘤和慢性病。主要目的是了解介水传染病发生次数、发生时间、患病人数和造成的经济损失。可以通过传染病监测网、全死因疾病监测网等收集汇总当地地方病资料中记录的地方病病史、疫情、饮用水水质监测资料以及改水后的发病情况、疫情变化等。介水传染病流行时，监测水温、pH、色度、浑浊度、总大肠菌群、余氯。

3. 洪涝灾害期间饮水卫生应急措施　课前布置相关案例，学生参照以下内容自行分析案例。

（1）调查内容：①事故发生的地点、时间、原因、过程以及当事者；②调查污染物的品名、

种类、性状和数量，根据污染物的毒性分析，调查可能发生的中毒危害或已有的中毒者；③对水体污染进行监测，了解污染物的波及范围、污染程度及扩散趋势；④确定对照点，采集对照水样监测。

（2）处理原则：①迅速组织力量，查明情况，及时向有关部门报告，并采取相应措施；②通知有关集中式供水单位或自备供水单位及个人，迅速采取控制措施和临时供水措施，并通过多种媒体向居民通告，在污染事故未解除前，不得擅自饮用污染的水；③制订水质监测实施方案，及时掌握水质污染趋势和动态；④及时发现、登记、调查和处理供水区内人群中身体不适等异常现象；⑤采取一切可能措施，减少、控制、消除污染物污染的范围、程度，对能够进行打捞的毒物积极组织力量打捞，把污染的危害降低到最低程度；⑥污染范围广、危害重的事故，要及时通知邻近地区，采取必要的防范措施；⑦事故处理结束后，写出事故处理报告书，报有关单位和部门，分析发生原因，总结处理经验，提出防范措施和对策。

（三）实验室检测方法及限值

检测方法见表 17-2。

表 17-2　水质常规指标及限值

指标	检测方法	限值
1. 微生物指标		
总大肠菌群（MPN/100mL 或 CFU/100mL）	培养基菌落计数法	不得检出
耐热大肠菌群（MPN/100mL 或 CFU/100mL）		不得检出
大肠埃希氏菌（MPN/100mL 或 CFU/100mL）		不得检出
菌落总数（CFU/mL）		100
2. 毒理指标		
砷（mg/L）	原子吸收或 原子发射光谱仪（ICP）	0.01
镉（mg/L）		0.005
铬（六价，mg/L）		0.05
铅（mg/L）		0.01
汞（mg/L）		0.001
硒（mg/L）		0.01
氰化物（mg/L）	分光光度法	0.05
甲醛（mg/L）		0.9
氟化物（mg/L）	离子色谱	1.0
硝酸盐（以 N 计，mg/L）		10
溴酸盐（使用臭氧时，mg/L）		0.01
亚氯酸盐（使用二氧化氯消毒时，mg/L）		0.7
氯酸盐（使用复合二氧化氯消毒时，mg/L）		0.7
三氯甲烷（mg/L）	气相色谱	0.06
四氯化碳（mg/L）		0.002
3. 感官性状和一般化学指标		
色度（铂钴色度单位）	比色法	15
浑浊度（NTU-散射浊度单位）	散射法或比浊法	1（水源与净水技术条件限制时为 3）
臭和味	嗅气和尝味法	无异臭、异味
肉眼可见物	观察法	无
pH（pH 单位）	pH 玻璃电极	6.5≤pH<8.5

续表

指标	检测方法	限值
铝（mg/L）	原子吸收或 原子发射光谱仪（ICP）	0. 2
铁（mg/L）		0. 3
锰（mg/L）		0. 1
铜（mg/L）		1. 0
锌（mg/L）		1. 0
氯化物（mg/L）	离子色谱	250
硫酸盐（mg/L）		250
溶解性总固体（mg/L）	称量法	1000
总硬度（以 $CaCO_3$ 计，mg/L）	EDTA 滴定	450
耗氧量（COD_{Mn} 法，以 O_2 计，mg/L）	酸性高锰酸钾滴定法	3（水源限制，原水耗氧量>6mg/L 时为 5）
挥发酚类（以苯酚计，mg/L）	分光光度法	0. 002
阴离子合成洗涤剂（mg/L）	亚甲蓝分光光度法	0.3
4. 放射性指标		
总 α 放射性（Bq/L）		0.5
总 β 放射性（Bq/L）		1

（四）数据分析和处理

将调查检测结果换算成标准单位，便于和《饮用水卫生标准》（GB5749—2006）比较。

（五）结果与评价

对照我国《饮用水卫生标准》（GB5749—2006），集中式供水水源选择及卫生防护要求、饮水净化处理、配水管网的卫生要求、供管人员的卫生要求、涉水产品卫生要求、集中式给水的卫生调查和监测监督知识进行逐一对比评价集中式供水卫生状况、监测监督力度。

（六）注意事项

（1）自来水厂是关系全市居民饮水和生命安全的重点保护单位，参观之前必须由参观者所在单位与自来水厂取得联系并取得水厂主管领导同意，参观时须出具单位介绍信，不得邀请本班级以外的人员同往。

（2）参观调查过程中注意个人安全，注意组织纪律。

（3）参观调查过程注意聆听、观察、查看询问、记录，以便参观调查结束后的分析评价和评论。

（张青碧　韩知峡）

实习 18　医院环境卫生的调查与评价

（一）目的和意义

按照卫生部颁布的《医院感染管理规范》和《消毒技术规范》的要求，医院环境卫生监测仍然作为国内控制医院感染的重要措施。本实验通过对某医院各科室治疗室、换药室室内空气、物体表面、医护人员手部、使用中的消毒液、无菌物品进行细菌学检测，判定其细菌污染情况，为院内感染的防控提供数据。

（二）现场采样的方法

1. 空气采样

（1）抽样方法：随机抽取治疗室 2 间，换药室 1 间。

（2）布点：室内面积≤$30m^2$ 时，设内、中、外对角线 3 点，内、外点距离墙壁表面≥1m；室内面积＞$30m^2$ 时，设 4 角及中央共 5 点，4 角布点距离墙壁表面≥1m。

（3）采样条件：在消毒处理后、操作前进行采样。

（4）采样方法：平板暴露法。将普通营养琼脂平板（直径 9cm）放在室内各采样点处，采样点高度距地面 1.5m，暴露时间为 5min，样品立即做细菌学检测。

2. 医护人员手的采样

（1）抽样方法：随机抽取正在工作的医务人员 10 人。

（2）采样条件：被采样医务人员卫生洗手或手消毒后（使用手消毒剂时应加中和剂）30min 内采样。

（3）采样方法：用肥皂和流动水规范清洗双手后，用浸有无菌稀释液的棉拭子在双手指曲面从指根到指端来回涂擦各 2 次，将棉拭子涂擦头部剪入 10ml 灭菌液中，样品立即做细菌学检测。

3. 物体表面的细菌学监测

（1）抽样方法：随机抽取诊断室、病房、治疗室内物体 10 份。

（2）采样条件：消毒处理后 30min 内。

（3）采样方法：用 5cm×5cm 的标准灭菌规格板，放在被检物体表面，用浸有含相应中和剂的无菌洗脱液的棉拭子 1 只，在规格板内横、竖往返均匀涂擦各 5 次，将棉拭子涂擦头部剪入 10ml 含相应中和剂的无菌洗脱液试管内，样品立即做细菌学检测。门把手等不规则物体表面用棉拭子直接涂擦采样。

4. 手术室医疗器械细菌监测

（1）抽样方法：取手术器械 2 件。

（2）采样方法：用沾有无菌洗脱液的棉拭子反复涂抹手术器械，将棉拭子涂擦头部剪入 5ml 无菌洗脱液中，样品立即做细菌学检测。

5. 使用中消毒液染菌量监测

（1）抽样方法：随机抽取正在使用的消毒液 5 份。

（2）采样方法：分别取样 5ml 于无菌采样瓶中，样品立即做细菌学检测。

6. 采样频次　根据当地情况，采样 3～5 次。

（三）实验室检测方法

1. 空气样品的实验室检测 空气样品（已经采样的普通琼脂培养皿），置于 37℃生化培养箱，24h 后判读培养结果。对疑似金黄色葡萄球菌、溶血性链球菌进行细菌学鉴定检验。

合格判定标准：Ⅰ、Ⅱ类区域：细菌总数≤5CFU/平板（或者 200CFU/m^2），且致病菌未检出；Ⅲ类区域：细菌总数≤500CFU/m^2（或者 10CFU/平板），未检出金黄色葡萄球菌、溶血性链球菌。

2. 医护人员手的采样样品的实验室检测 将送检样品振打 80 次，接种于普通培养基上，常规细菌培养，检测活菌计数和致病菌。

合格判定标准：Ⅰ、Ⅱ类区域：细菌总数≤5CFU/cm^2，未检出金黄色葡萄球菌、大肠埃希菌、铜绿假单胞菌；Ⅲ类区域：细菌总数≤10CFU/cm^2，未检出金黄色葡萄球菌、溶血性链球菌；Ⅳ类区域：细菌总数≤15CFU/cm^2，未检出金黄色葡萄球菌、溶血性链球菌。

3. 物体表面样品的细菌学检测 将送检样品振打 80 次，接种于普通培养基上，常规细菌培养，检测活菌计数和致病菌。

合格结果判定标准：Ⅰ、Ⅱ类区域：细菌总数≤5CFU/cm^2，且致病菌未检出；Ⅲ类区域：细菌总数≤10CFU/cm^2，且致病菌未检出；Ⅳ类区域：细菌总数≤15CFU/cm^2，且致病菌未检出。母婴同室、早产儿室、婴儿室、新生儿室及儿科病房的物体表面不得检出沙门菌。

4. 手术室医疗器械细菌学检测 将采样液混匀，接种于需-厌氧培养管（一共 6 管，其中 1 管作为阳性对照用）与霉菌培养基中（一共 4 管），接种量为 1ml/管，培养基用量为 15ml/管。常规细菌培养，检测活菌计数和致病菌。

合格判定标准：灭菌合格：阳性对照在 24h 内应有菌生长，阴性对照在培养期间应无菌生长，需-厌氧菌及霉菌培养管内均为澄清或虽显混浊但经证明并非有菌生长。

5. 使用中消毒液染菌量监测 用无菌吸管吸取消毒液 1.0ml，加入 9.0ml 含有相应中和剂的采样管内，混匀，用另一只无菌吸管吸取上述溶液 0.2ml，滴于干燥普通琼脂平板，每份样品同时做 2 个平行样，其中一个平板置 20℃温箱培养 7d，观察霉菌生长情况；另一个平板置 35℃温箱培养 72h，观察记录菌落数。

合格判定标准：消毒液染菌量≤100CFU/ml，无霉菌生长，致病菌未检出。

（四）数据分析和处理

采用 SAS 或其他统计软件，分析检测结果分布情况；检验阳性率的差异（χ^2 检验）；分析检验阳性率的时间相关性。

（五）结果与评价

根据《医院消毒卫生标准》（GB 15982—2012）、《医务人员手卫生规范》（WS/T 313—2009）和《医院空气净化管理规范》（WS/T 368—2012），评价该医院监测结果合格情况，并提出针对性的改进措施。

（六）注意事项

（1）采样过程中要严格执行无菌操作程序。

（2）要与医院各科室协调好监测采样时间、内容和数量。

（3）及时判读细菌培养结果，出具监测报告。

（4）细菌学培养方法、Ⅰ、Ⅱ、Ⅲ、Ⅳ类区域的划分，请参照《医院感染监测规范》（WS/T 312—2009）。

（戴文涛）

实习 19　点污染源对城市大气质量影响调查与评价

（一）目的和意义

根据所学知识，判断大气污染源的类型，确定其位置以及排放污染物的种类、数量、方式、影响范围等；掌握点源污染的特征、采样点的选择、采样方法和仪器的选择，最终达到确定所在区域内主要污染源和主要污染物的目的；了解空气质量日报和实时报中空气质量指数、首要污染物及空气质量级别的确定方法，初步掌握最基本的大气环境质量评价方法。

（二）现场采样的方法

根据控制污染、改善环境质量的要求，对某一地区（如一个城市或一个流域）造成污染的原因进行调查，建立各类污染源档案，在综合分析的基础上选定评价标准，估量并比较各污染源对环境的危害程度及其潜在危险，确定该地区的重点控制对象（主要污染源和主要污染物）和控制方法的过程。

污染源调查的第一步是普查，查清区域内的污染源和污染物的一般情况，并将调查材料进行分类整理；第二步是根据区域内环境问题的特点（如主要是大气污染还是水体污染）确定进一步调查的对象，进行深入调查；最后是整理调查资料，写出调查报告和建立污染源档案。普查的主要内容是污染源的名称、位置、污染物名称、排放量、排放强度、排放方式、排污去向（排向大气、水体等）和排放规律（定时集中排放、连续均匀排放等）。进一步调查的内容因污染源而异。例如工业污染源的调查项目有：主要产品种类、产量、总产值、利润、职工人数、原材料种类、原材料（包括燃料、原料和水等）消耗总量和定额、生产工艺过程、主要设备和装置、排污情况、治理现状和计划等。生活污染源的调查项目有：人口、上下水道状况、燃料构成和消耗量、每人每日的排污量等。在污染源调查报告中除了综述一般情况外，应提出治理方法的建议。污染源档案主要是以统计表格和图式记录下来的各个污染源的基本情况。本实习设计一个点源污染，监测方法具体如下：

1. 采样点的选择　采样点的选择和布置与调查监测的目的和污染源的类型有关。点源污染一般以污染源为中心，在其周围不同方位和不同距离的地点设置采样点，主要依据工厂的规模、有害物质的排放量和排放高度、当地风向频率和具体地形，并参考烟波扩散范围、污染源与周围住宅的距离和植物生长情况来布置采样点。可选用的布点方式有三种：

（1）四周布点：以污染源为中心，划 8 个方位，在不同距离的同心圆上布点，并在更远的距离或其他方位设置对照点。

（2）扇形布点：在污染源常年或季节主导方向的下风侧，划 3～5 个方位，在不同距离上设置采样点，在上风侧适当距离设置对照点。

（3）捕捉烟波布点：随烟波变动的方向，在烟波下方不同距离采样，同时在上风侧适当距离设置对照点。此方法采样点不固定，随烟波方向变动，可以每半天确定一次烟波方向。

2. 采样时间　参照《环境空气质量标准》（GB3095—2012）。

表 19-1 污染物浓度数据有效性的最低要求

污染物项目	平均时间	数据有效性规定
二氧化硫（SO_2）、二氧化氮（NO_2）、颗粒物（粒径小于等于 10μm）、颗粒物（粒径小于等于 2.5μm）、氮氧化物（NO_x）	年平均	每年至少有 324 个日平均浓度值 每月至少有 27 个日平均浓度值（二月至少有 25 个日平均浓度值）
二氧化硫（SO_2）、二氧化氮（NO_2）、一氧化碳（CO）、颗粒物（粒径小于等于 10μm）、颗粒物（粒径小于等于 2.5μm）、氮氧化物（NO_x）	24 小时平均	每日至少有 20 个小时平均浓度值或采样时间
臭氧（O_3）	8 小时平均	每 8 小时至少有 6 小时平均浓度值
二氧化硫（SO_2）、二氧化氮（NO_2）、一氧化碳（CO）、臭氧（O_3）、氮氧化物（NO_x）	1 小时平均	每小时至少有 45 分钟的采样时间
总悬浮颗粒物（TSP）、苯并[a]芘（BaP）、铅（Pb）	年平均	每年至少有分布均匀的 60 个日平均浓度值 每月至少有分布均匀的 5 个日平均浓度值
铅（Pb）	季平均	每季至少有分布均匀的 15 个日平均浓度值 每月至少有分布均匀的 5 个日平均浓度值
总悬浮颗粒物（TSP）、苯并[a]芘（BaP）、铅（Pb）	24 小时平均	每日应有 24 小时的采样时间

3. 监测指标 对点源进行监测时，选择所排放的主要污染物为监测指标。对一个区域进行监测时，一般应测定 SO_2、PM_{10}、$PM_{2.5}$、NO_2、CO 和 O_3，还可以加测监测区域内的其他主要污染物（表 19-1）。

4. 采样仪器的选择 由于大气中有害物质的存在状态（气态、气溶胶）、成分、浓度、化学性质等不同，选择不同的采样仪器和采样方法（具体方法见环境样品的采集）。

5. 采样记录 采样时应做好记录，包括采样地点、采样时间、采气量、周围环境以及天气状况和气象条件（包括采样时的气压和采样点的气温）。

（三）实验室检测方法

表 19-2。

表 19-2 各项污染物分析方法《环境空气质量标准》（GB3095—2012）

序号	污染物项目	手工分析方法		自动分析方法
		分析方法	标准编号	
1	二氧化硫（SO_2）	环境空气二氧化硫的测定——甲醛吸收-副玫瑰苯胺分光光度法	HJ 482	紫外荧光法、差分吸收光谱分析法
		环境空气二氧化硫的测定——四氯汞盐吸收-副玫瑰苯胺分光光度法	HJ 483	
2	二氧化氮（NO_2）	环境空气氮氧化物（一氧化氮和二氧化氮）的测定——盐酸萘乙二胺分光光度法	HJ 479	化学发光法、差分吸收光谱分析法
3	一氧化碳（CO）	环境空气一氧化碳的测定——非分散红外法	GB 9801	气体滤波相关红外吸收法、非分散红外吸收法
4	臭氧（O_3）	环境空气臭氧的测定——靛蓝二磺酸钠分光光度法	HJ 504	紫外荧光法、差分吸收光谱分析法
		环境空气臭氧的测定——紫外光度法	HJ 590	
5	颗粒物（粒径小于等于 10μm）	环境空气 PM_{10} 和 $PM_{2.5}$ 的测定——重量法	HJ 618	微量振荡天平法、β 射线法
6	颗粒物（粒径小于等于 2.5μm）	环境空气 PM_{10} 和 $PM_{2.5}$ 的测定——重量法	HJ 618	微量振荡天平法、β 射线法
7	总悬浮颗粒物（TSP）	环境空气总悬浮颗粒物的测定——重量法	GB/T 15432	—
8	氮氧化物（NO_x）	环境空气氮氧化物（一氧化氮和二氧化氮）的测定——盐酸萘乙二胺分光光度法	HJ 479	化学发光法、差分吸收光谱分析法
9	铅（Pb）	环境空气铅的测定——石墨炉原子吸收分光光度法（暂行）	HJ 539	—
		环境空气铅的测定——火焰原子吸收分光光度法	GB/T 15264	—

续表

序号	污染物项目	手工分析方法		自动分析方法
		分析方法	标准编号	
10	苯并[a]芘（BaP）	空气质量飘尘中苯并[a]芘的测定——乙酰化滤纸层析荧光分光光度法	GB 8971	—
		环境空气苯并[a]芘的测定——高效液相色谱法	GB/T 15439	—

具体可参考第二部分空气环境质量监测

（四）监测结果的分析与评价

我国新的《环境空气质量标准》（GB3095—2012）和《环境空气质量指数（AQI）技术规定》[（试行）HJ 633—2012]于 2016 年 1 月 1 日在我国全面实施，这将为我国环境污染控制和治理以及公众健康指引提供重要的参考。

空气质量指数（air quality index，AQI），是定量描述空气质量状况的无量纲指数。其计算方法为：

1. 空气质量分指数计算　污染物项目 P 的空气质量分指数按下式计算：

$$IAQI_P = \frac{IAQI_{Hi} - IAQI_{Lo}}{BP_{Hi} - BP_{Lo}}(c_P - BP_{Lo}) + IAQI_{Lo} \tag{19-1}$$

式（19-1）中：$IAQI_P$—污染物项目 P 的空气质量分指数；

c_P—污染物项目 P 的质量浓度值；

BP_{Hi}—与 c_P 相近的污染物浓度限制的高位值；

BP_{Lo}—与 c_P 相近的污染物浓度限制的低位值；

$IAQI_{Hi}$—与 BP_{Hi} 对应的空气质量分指数；

$IAQI_{Lo}$—与 BP_{Lo} 对应的空气质量分指数。

空气污染指数对应的污染物浓度限值表和空气质量类别划分参见表 19-3、表 19-4。

表 19-3　空气质量分指数及对应的污染物项目浓度限值

空气质量分指数（$IAQI$）	污染物项目浓度限值					
	二氧化硫（SO_2）24 小时平均（μg/m³）	二氧化氮（NO_2）24 小时平均（μg/m³）	颗粒物（粒径小于等于 10μm）24 小时平均（μg/m³）	一氧化碳（CO）24 小时平均（mg/m³）	臭氧（O_3）1 小时平均（μg/m³）	颗粒物（粒径小于等于 2.5μm）24 小时平均（μg/m³）
0	0	0	0	0	0	0
50	50	40	50	2	160	35
100	150	80	150	4	200	75
150	475	180	250	14	300	115
200	800	280	350	24	400	150
300	1 600	565	420	36	800	250
400	2 100	750	500	48	1 000	350
500	2 620	940	600	60	1 200	500

续表

空气质量分指数（$IAQI$）	污染物项目浓度限值					
	二氧化硫（SO_2）24小时平均（$\mu g/m^3$）	二氧化氮（NO_2）24小时平均（$\mu g/m^3$）	颗粒物（粒径小于等于10μm）24小时平均（$\mu g/m^3$）	一氧化碳（CO）24小时平均（mg/m^3）	臭氧（O_3）1小时平均（$\mu g/m^3$）	颗粒物（粒径小于等于2.5μm）24小时平均（$\mu g/m^3$）
说明：	（1）二氧化硫（SO_2）、二氧化氮（NO_2）和一氧化碳（CO）的1小时平均浓度限值仅用于实时报告，在日报中需使用相应污染物的24小时平均浓度限值 （2）二氧化硫（SO_2）1小时平均浓度值高于800 $\mu g/m^3$的，不再进行其空气质量分指数计算，二氧化硫（SO_2）空气质量分指数按24小时平均浓度计算的分指数报告 （3）臭氧（O_3）8小时平均浓度值高于800 $\mu g/m^3$的，不再进行其空气质量分指数计算，臭氧（O_3）空气质量分指数按1小时平均浓度计算的分指数报告					

表 19-4　空气污染指数范围及相应的空气质量类别

空气质量指数	空气质量指数级别	空气质量指数类别及表示颜色		对健康影响情况	建议采取的措施
0～50	一级	优	绿色	空气质量令人满意，基本无空气污染	各类人群可正常活动
51～100	二级	良	黄色	空气质量可接受，但某些污染物可能对极少数异常敏感人群健康有较弱影响	极少数异常敏感人群应减少户外活动
101～150	三级	轻度污染	橙色	易感人群症状有轻度加剧，健康人群出现刺激症状	儿童、老年人及心脏病、呼吸系统疾病患者应减少长时间、高强度的户外锻炼
151～200	四级	中度污染	红色	进一步加剧易感人群症状，可能对健康人群心脏、呼吸系统有影响	儿童、老年人及心脏病、呼吸系统疾病患者避免长时间、高强度的户外锻炼，一般人群适量减少户外运动
201～300	五级	重度污染	紫色	心脏病和肺病患者症状显著加剧，运动耐受力降低，健康人群普遍出现症状	儿童、老年人和心脏病、肺病患者应停留在室内，停止户外运动，一般人群减少户外运动
>300	六级	严重污染	褐红色	健康人群运动耐受力降低，有明显强烈症状，提前出现某些疾病	儿童、老年人和病人应当留在室内，避免体力消耗，一般人群应避免户外活动

2. 空气质量指数及首要污染物的确定

（1）空气质量指数方法：空气质量指数按下式计算：

$$AQI=\max\{IAQI_1, IAQI_2, IAQI_3, \cdots, IAQI_n\} \qquad (19\text{-}2)$$

式（19-2）中：$IAQI$——空气质量分指数；

n——污染物项目。

（2）首要污染物及超标污染物的确定：空气质量指数大于50时，空气质量分指数最大的污染物为首要污染物，若空气质量分指数最大的污染物为两项或两项以上时，并列为首要污染物。

$IAQI$ 大于100的污染物为超标污染物。

（五）环境质量评价实际应用

假设城市某区域有点污染源存在，让你对点源污染造成的区域空气质量进行简单地评价：

（1）若对污染区域内大气质量进行监测，检测布点的原则是什么？（可利用电子或印刷版地图、结合城市功能分区进行模拟布点）

（2）请利用网络资源，查找你所在城市所在区域内当天 SO_2、NO_2、CO、O_3、PM_{10}、$PM_{2.5}$ 的浓度，计算当天的 *AQI* 值。

1）核对计算结果与当天播报数据是否一致。

2）对比空气质量指数表，分析你所在区域当天（当时）的空气质量，并对当地居民提出健康生活和出行建议。

3）根据计算结果，确定当天的首要污染物，并分析当天首要污染的可能来源。

（六）注意事项

（1）一个全面的环境质量评价，应把污染源、环境和人群健康作为一个体系来考虑。不仅要注意污染物的排放量和特点，而且要注意污染途径和对人体健康的影响，还要考虑环境经济问题。

（2）保证调查所得资料的可靠性和数据的准确性。为使所得材料具有可比性，必须按统一要求搜集资料和数据，并统一监测、估算方法和数据处理方法。

（3）实际工作中要加强对环境监测人员的培训，严格按照《环境监测人员持证上岗考核制度》的要求持证上岗。

（阮　烨　张　莉）

第六部分　应急技术与案例分析

实习 20　环境砷污染对居民健康影响的调查研究

（一）目的和意义

环境与健康关系是环境卫生学研究的核心问题，剂量-反应（效应）关系的评价则是研究的关键。在环境卫生工作中，主要采用环境流行病学和环境毒理学的方法探讨和评价环境暴露与人群健康之间的关系及其影响因素。二者相辅相成，相互验证。本实习将通过对环境污染背景资料的分析，使学生了解环境污染的危害，培养学生信息处理能力、理解和运用知识的能力、综合分析能力以及解决实际问题的能力，以评价环境因素对人群健康的影响，提高学生参与环境保护的意识。

（二）案例简介

某市为一南北向盲状峡谷小盆地。常年风向频率以南风为主，人口约 12 万。市区西北侧有一锡冶炼厂，下风侧有两个居民区，约 13 个居民点，该厂以生产精锡为主，主要污染物有砷、铅和氟等。该厂每年排入环境中的砷约 9.5 吨，砷排出量占投入量 19%，如以污染面积 3km² 计算，环境中砷负荷约 3.18 吨/（km²·年）。据当地卫生部门资料介绍，该市曾数次发生急性、亚急性人畜砷中毒事件，严重影响了该市居民的生产、生活。

调查点的选择：研究者将污染源（锡冶炼厂）下风侧 A、B 两个居民区（共 13 个居民点）作为污染区，污染区内的居民作为调查对象。以该市以东 30km 的一个农业区居民为对照，该区经济、文化及生活习惯与污染区相近，但无农业及工业性砷污染存在。

思考题 1：为了解该市环境砷污染对居民健康的影响，本研究应从哪些方面入手开展工作？

思考题 2：请根据案例资料绘制出调查点选择的示意图。

1. 环境砷暴露状况的调查

（1）环境中砷污染现状的调查结果（外暴露剂量）：采集污染区和对照区大气、室内空气、水源水、地下水及土壤，分别测定其中砷的含量，其测定结果见表 20-1。

表 20-1　某市污染区和对照区大气、室内空气、水及土壤中砷的含量

调查区	大气（μg/m³）			室内空气（μg/m³）		
	日均浓度范围	日均超标率（%）	年均浓度	厨房	卧室	
				秋	秋	冬
污染区 A	0.1～6.8	30	2.3	3.0	2.7	1.2
污染区 B	0.0～8.0	20	1.2	2.0	1.0	0.9
对照区	0.0～1.0	0.0	0.2	0.0	0.0	0.0

续表

调查区	水源水（mg/L）		地下水（mg/L）		土壤（μg/g）	
	最大值	平均值	最大值	平均值	耕作层	深层
污染区 A	50.53	21.33	0.003	0.002	221.4	80.70
污染区 B	52.37	25.40	0.003	0.002	238.0	95.19
对照区	0.07	0.03	0.005	0.002	26.4	85.43

思考题 3：请问该市是否存在明显的环境砷污染？若有，其污染的途径可能是什么？

思考题 4：污染区和对照区的地下水、深层土壤中砷含量无明显差异，说明什么问题？

（2）居民砷摄入量的调查结果（内暴露剂量）：在距污染源不同距离的 5 个居民点和对照区，随机抽取 10 户作为砷摄入量的调查对象，以户为单位逐日连续调查 5 天，调查其空气、水及各种食物的平均摄入量，同时采集各种食物、水及空气等样品，分别测定其砷的含量，计算不同途径每个标准人每天平均砷摄入量贡献率。结果见表 20-2。

表 20-2　调查区居民砷不同途径摄入量　　[μg/（d·标准人）]

调查点	总摄入量	食物		饮水		空气	
		摄入量	贡献率（%）	摄入量	贡献率（%）	摄入量	贡献率（%）
污染区 A							
a	526.9**	492.8**		10.0		24.1**	
b	672.3**	612.3**		45.7**		14.3**	
c	359.5*	346.0		6.3		7.2**	
污染区 B							
a	285.3	259.8		13.9**		11.6**	
b	392.6*	371.9		11.5*		9.2**	
对照区	262.7	258.4		4.3		0.0	

*与对照区比较 $P<0.05$；**与对照区比较 $P<0.01$

思考题 5：计算居民不同途径砷摄入量对总砷摄入量的贡献率，说明该市环境污染的类型及特点。

（3）人群砷暴露水平的调查（生物有效剂量）：研究者调查了污染区及对照区居民的发砷、尿砷平均水平，测定结果见表 20-3。

表 20-3　调查区居民发砷、尿砷测定值

调查区	发砷（μg/g）			尿砷（mg/L）		
	调查人数	范围	中位数	调查人数	范围	中位数
污染区 A	850	0.00～160.35	13.40**	804	0.07～1.65	0.12**
污染区 B	346	1.18～113.59	7.76**	586	0.01～0.60	0.13**
对照区	351	0.00～18.00	0.98	348	0.00～0.27	0.05

**与对照区比较 $P<0.01$

思考题 6：表 20-3 结果说明了什么问题，为何采用中位数？请对表 20-3 结果做出相应的解释？

思考题 7：表 20-4 为污染区 321 名吸烟者和 875 名非吸烟者的发砷超常率，根据该分析结果说明了什么问题？

表 20-4　污染区居民吸烟对发砷含量影响

暴露指标	调查人数	发砷超常数	发砷超常率	*P*
吸烟	321	212	66.04	u=1.23
不吸烟	875	544	62.17	P>0.05
合计	1196	756	63.21	

注：该市发砷正常值为（0.69±0.12）μg/g

2. 居民健康效应的调查

（1）1982～1986 年居民死亡原因的回顾性调查结果：见表 20-5。

表 20-5　调查区居民死亡率和肿瘤死亡专率（1982～1986 年）

调查区	人口数	死亡率（‰）				肿瘤死亡专率（1/10 万）			
		死亡数	粗死亡率	期望死亡数	年龄调整死亡率	死亡数	粗死亡率	期望死亡数	年龄调整死亡率
污染区 A	9120	37	4.06	40	4.39	11	120.61	7	
污染区 B	97379	558	5.73	559	5.74	52	53.40	110	
对照区	15841	91	5.74	85	5.37	5	31.56	5	

思考题 8：计算两个污染区及对照区肿瘤年龄调整死亡率，其结果对进一步研究提供了什么线索？

（2）1983～1987 年新生儿畸形调查结果：见表 20-6、表 20-7。

表 20-6　调查区居民新生儿畸形率（1983～1987 年）

调查区	新生儿数	畸形数	畸形率（‰）	*P*
污染区 A	1461	21	14.37	P>0.05
污染区 B	151	2	13.25	P>0.05
对照区	208	1	4.81	

表 20-7　污染区产母砷接触史与畸形儿发生率的关系

砷接触史	调查人数	畸形数	畸形率（‰）
有	92	2	21.74
无	1520	21	13.83

思考题 9：对表 20-6、表 20-7 的结果做出解释？下一步工作应该怎样进行？

（3）产妇及新生儿外周血淋巴细胞姐妹染色单体交换（SCE）和微核测定结果：见表 20-8。

表 20-8　调查区产妇及新生儿 SCE 及微核率

调查区	产妇		新生儿	
	SCE	微核率（‰）	SCE	微核率（‰）
污染区 A	9.47*	1.57	9.01**	1.46
污染区 B	8.93	1.77**	9.45**	1.49
对照区	7.23	1.45	5.27	1.32

*与对照区比较 $P<0.05$；**与对照区比较 $P<0.01$

思考题 10：根据表 20-8 结果，说明 SCE、微核在判断环境污染对人群的健康效应方面有何意义？

（4）污染区慢性砷中毒患病情况的调查结果：研究者共调查了污染区无职业砷接触史居民 4848 人，发现慢性砷中毒患者 440 例。临床特点多为起病缓、症状轻，患者主要症状有头晕（52.27%）、关节痛（47.68%）、腹胀（17.05%）和腹痛（15.91%）等。主要体征为皮肤病变，有皮肤角化过度（85.99%）、色素沉着斑（37.50%）、脱色斑（32.95%）和鼻黏膜充血（16.36%）等。污染区 A 和污染区 B 慢性砷中毒年龄调整患病率分别为 8.73%和 10.74%。患者最小年龄 12 岁，污染区居住年限最短 10 年。

由于慢性砷中毒（arsenism）目前尚无统一的诊断标准，本次调查中规定的诊断标准为：①生活在砷污染区 10 年以上；②发砷或尿砷含量超过本地正常值上限；③同时伴有下列体征之一者：非暴露部位皮肤有明显的色素减退斑或沉着斑，皮肤有角化过度，鼻黏膜有瘢痕、鼻中隔穿孔、皮肤癌及肺癌。

3. 暴露-效应关系　暴露-效应关系是阐明环境因素对人群健康状况影响的基本研究方法之一。暴露水平梯度划分方法很多，研究者从实际出发，以居民点及其土地归属关系作为划分暴露水平及效应水平的单元，以土壤中砷含量、居民人均砷摄入量和人群发砷平均水平为环境及生物学暴露指标，以居民慢性砷中毒年龄调整患病率为健康效应指标，进行回归分析，结果见表 20-9。

表 20-9　暴露-效应关系分析资料

污染区调查点	距污染源距离（km）	土壤中砷（μg/g）	砷摄入量 [μg/（d·标准人）]	发砷平均水平（μg/g）	慢性砷中毒年龄调整患病率（%）
a	1.75	503.8	526.9	7.76	17.35
b	1.25	960.2	672.3	9.09	13.81
c	1.75	822.7		12.80	13.67
d	1.25	72.1		5.00	3.68
e	2.50	591.6	359.5	5.74	4.62
f	4.40	104.4		4.08	5.01
g	2.50	146.4		3.56	9.56
h	3.50	115.7	285.3	3.00	2.55
i	3.25	79.7		2.17	4.02
j	5.50	32.9		2.75	10.20

续表

污染区调查点	距污染源距离（km）	土壤中砷(μg/g)	砷摄入量[μg/（d·标准人）]	发砷平均水平（μg/g）	慢性砷中毒年龄调整患病率（%）
k	4.75	123.0		4.00	6.17
l	8.00	178.6	392.6	4.50	4.40
m	0.75	221.4		13.40	12.00

思考题 11：根据表 20-9 资料，求出慢性砷中毒年龄调整患病率和距污染源距离之间关系的回归方程，并找出污染源下风侧污染区边缘的参考值。

思考题 12：求出土壤砷含量与居民慢性砷中毒年龄调整患病率关系的回归方程，并计算土壤总砷含量的参考界限值。

思考题 13：分别求出砷摄入量、发砷平均水平与慢性砷中毒年龄调整患病率之间关系的回归方程，并分析结果。

思考题 14：根据本次实习资料，你应该如何评价该地环境砷污染对居民健康的影响？

思考题 15：你对于环境污染对人群健康影响的流行病学调查有什么体会？请拟订一个关于环境砷污染对人群健康影响的流行病学调查研究提纲，同时指出本实习中所提供的材料还存在什么缺陷？

（张　莉　牛静萍）

实习 21　突发环境污染事件处理的基本技能

（一）目的与意义

环境污染健康危害突发事件是指事故性的、人为的环境污染或违反有关卫生管理监督法规销售不安全的产品而造成人群健康危害的事故。环境污染健康危害突发事件的处理是疾病预防控制中心工作的重要内容之一，也是环境卫生业务技术水平和应急反应、处理能力的综合反映。做好突发事件的调查处理工作不仅是为了掌握因突发事件造成环境污染及健康危害的程度，更重要的是为制订环境卫生对策提供科学依据，从而更好地保护居民健康。

（二）处理的原则与要求

由于环境污染健康危害突发事件来得突然，情况比较紧急，因此其处理原则是快、准、全。快：要求反应要快，奔赴现场要快，救治病人要快，采取控制措施要快。准：要求到达现场，初步了解情况后，能正确地提出现场应开展的工作，正确提出初步处理意见，并正确提出结论，正确采取措施。全：要求某一突发事件的处理不能仅局限于某一专业方面，它可能与传染病爆发、中毒等控制与防疫、食品卫生、环境卫生等都有关，不但要考虑控制，而且还要考虑卫生行政执法。

（三）突发环境污染事件调查处理规范程序

1. 接报告

（1）报告电话要按要求登记；报告电话汇报中心领导、科领导；报告电话上报情况；记录必须包括时间、地点、人物、事件、状况。做好电话记录，最好设计好电话记录本，一般包括如下内容（表 21-1）：

表 21-1　突发环境污染事件接报表

接电话时间		接电话人（姓名）	
来电话单位		地址及邮编	
来电话人（姓名）		联系电话号码	
事件基本情况及发展经过	（包括事发地点基本情况及专业信息、波及范围、发病人数、死亡人数、密切接触者人数、发病者主要症状与体征等）		
电话内容向科领导汇报情况			
事件处理建议意见			
科领导（签字）			
事件处理意见			
CDC 领导签字			
处理结果		处理人（签字）	

（2）报告时间：国务院《突发公共卫生事件应急条例》规定：“发生或者可能发生传染病暴发的”，“发生或者发现不明原因的群体性疾病的”，各“省、自治区、直辖市人民政府应当在接到报告 1 小时内，向国务院卫生行政主管部门报告”。“突发事件监测机构、医疗卫生

机构和有关单位”发现有上述情况之一者，“应当在 2 小时内向所在地县级人民政府卫生行政主管部门报告；接到报告的卫生行政主管部门应当在 2 小时内向本级人民政府报告，并同时向上级人民政府卫生行政部门和国务院卫生行政主管部门报告”。“县级人民政府应当在接到报告后 2 小时内向设区的市级人民政府或者上一级人民政府报告；设区的市级人民政府应当在接到报告 2 小时内向省、自治区、直辖市人民政府报告。”“任何单位和个人对突发事件，不得隐瞒、缓报、谎报或者授意他人隐瞒、缓报、谎报。”

2. 反应

（1）启动应急预案：根据突发事件的严重性、紧急程度和可能波及的范围，紧急启动突发环境污染事件预警系统，并启动相应预案。

（2）反应人员：应急队人员（应包括中心和相关的科领导、环境卫生、流行病学专业人员和公共卫生监督员等）。

（3）反应时间：总时间扣除路途时间不超过 1 小时。

（4）准备必备工具：①交通工具（汽车等）、应急队员个体防护装备，②采样工具（包括水质采样器、水温计、无菌采样瓶等），③空气采测工具（气体采样袋、个体采样器、CO、CO_2 测定仪、气温计、气湿计、风向仪和微生物采样器等），④日用化学品（无菌采样匙、广口无菌采样瓶等），⑤取证工具（如摄像机、照相机、录音机等），⑥必备参考书、标准、法规和技术规范（如生活饮用水卫生标准、公共场所卫生标准、化妆品卫生标准及有关条例和管理办法）等，⑦调查表（个案调查表、流行病学调查表等），⑧其他还包括饮用水消毒器和消毒剂、消杀药品、防毒用具等。

3. 现场调查与处置步骤 核实情况→安全进入现场→现场勘察与检测→迅速采取有效控制措施→明确危害的程度和范围→向上级主管部门报告→总结。

4. 撰写污染事件调查和处理报告 污染事件发生后，应按照事件报告程序的要求，将事件的发生和进展、采取的应急措施、取得的效果等情况随时逐级向有关领导汇报，并在事件处置的初期（接报后 2 小时内）写出初步报告，事件处置的中期（接报后 24 小时内）写出进程报告，事件处置结束后写出结案报告。

（四）环境污染健康危害突发事件处理技术（以饮水污染事件为例）

“饮用水污染事件”是指饮用水受到物理、化学或生物污染，造成饮用水感官性状恶化、化学组成或生物特性改变，影响到人群健康、机体发病、潜在危害或使人群正常生活受到影响的事件。如：工业废水排放到作为饮用水水源的江、河、湖及沟塘中，导致饮用水污染事件；水面上漂浮着油膜、泡沫等漂浮物，水的颜色发生改变，甚至发出臭味，饮用水出现物理性污染；同时，废水中含有的有害化学物质如酚、苯、氰、砷、汞、铬、镉、农药等，造成饮用水化学性污染。有时饮用水也会发生生物性污染事件，如受到伤寒杆菌、霍乱弧菌、甲型肝炎病毒和致病性大肠埃希菌等致病性微生物污染，危害人群健康。

1. 饮用水污染发生后的处理总原则 要做到统一、快速、科学。统一：指统一指挥，统一使用人力、物力；在统一的任务和目标的前提下，明确分工，各司其职，密切合作。快速：指决策快、反应快、行动快。科学：指实事求是，按规律办事，尊重事实，一切结论应该以调查和实验室的数据为准；一切应急措施，要以保护人的健康、抢救人的生命为目的。

2. 饮用水污染发生后的紧急处理措施

（1）停水：停止供应疑似被污染的饮用水，迅速提供符合卫生要求的饮用水，劝阻供水区域内的居民不饮、不用疑似已受污染的饮用水。

（2）救治病人：在原因不明的情况下，一切救治措施应该采取“隔离”的办法，特别是对有消化道和呼吸道症状及表现的罹患者，更应该注意“隔离”；病人多时，要组织输送救护；对重症者，要组织抢救。

（3）保护易感人群：对可疑供水区域内的健康者（即易感者），采取预防性措施，必要时对其进行医学观察。

（4）病因调查：对罹患者进行流行病学调查，包括个案调查、采集水样、环境样本（土壤、底泥等）、人体排泄物及人体生物材料（粪便、尿、血液等）进行必要的检测。以确定可疑病因和对人体健康产生危害的程度。

（5）水质污染及污染源调查：对饮用水水源的水质、管网以及末梢的水质进行调查，取水样进行细菌学指标（余氯、细菌总数、大肠菌群、粪大肠菌群和可疑致病菌）、一般化学指标（pH、氨氮、亚硝酸盐氮、耗氧量、氯化物、硫酸盐、溶解氧等）和可疑的毒理学指标的检验。必要时可以进行相关的模拟试验（如人为抽净管道内的自来水，造成负压，观察管道的渗漏情况和管道外污水的渗入情况），以确定饮用水水质的污染状况。必要时选择对照区，即饮用水未被污染的相关地区，以确定主要污染源和主要的污染物。

（6）停止排放废水（污水）：对调查后确定的可疑污染源，停止使用可疑原料，停止排放不达标的工业废水和生活污水。

（7）冲洗、消毒：对调查确定的被污染的管网和渗漏、破损的管网，应该把管网内的污染水抽净后截断，改线路或更换渗漏和破损的管网。最后用较高浓度的含氯消毒剂，对污染管网进行冲洗和消毒。

3. 生活饮用水污染事件的处理程序　报告→核实→现场调查准备→水质污染调查→饮用者健康状况（发病）调查→撰写饮用水污染事件调查和处理报告。

（1）报告内容

1）事件发生的时间。

2）事件发生的详细地址。

3）事件的详细情况（用户和饮用者的反应、饮用水水质情况、饮用者的健康状况）。

4）患者的主要症状和临床表现。

5）发病人数和死亡人数。

6）患者救治情况（在家人数、住院人数等）。

7）报告者姓名、住址、单位、联系电话等。

（2）核实：事件发生地的卫生行政主管部门，应当在最短的时间内，指派公共卫生专业人员，迅速赴事件发生地现场，核实有关情况。主要核实如下事项：

1）生活饮用水的污染现状，包括污染的性质和范围，污染的饮用水范围和饮用者的分布情况。

2）饮用者的健康状况，包括饮用者的发病人数、病情严重情况、有无死亡病例及病人的处理情况（在家人数、住院人数）等。

3）饮用者对水质的反应，包括感官性状反应、饮用后身体的不适反应和症状。

4）采集有代表性的水样和罹患者的呕吐物、排泄物、可疑食物等留待检验。

5）事件发生地卫生监督机构和疾病预防控制机构，应当将现场核实的情况和进一步调查的意见，报告当地卫生行政部门，并进行深入调查。

（3）现场调查准备

1）饮用水采样容器（包括 500ml 无菌瓶、1000ml 塑料瓶、500～1000ml 玻璃瓶等）。

2）现场检测设备（水质浑浊度快速检测仪、余氯（总氯）快速检测仪、二氧化氯快速检测仪、多参数快速检测仪），必要时带上水质快速应急监测仪器设备。

3）流行病学个案调查表、现场检测记录单、现场采样记录单、现场勘察记录单。

4）取证工具：照相机、录音笔、摄像机等。

5）其他：酒精棉球、打火机、记号笔、签字笔、采样箱、应急灯等。

（4）水质污染调查

1）饮用者对水质的反应：饮用前对水质感官性状的反应，饮用时的不适反应和饮用后的主要症状反应。

2）供水设施调查：包括单位自备供水设施、城镇集中式供水设施及其管网、单位及居民区二次供水设施。

3）水源卫生防护与污染调查：水源卫生防护情况、水源防护范围内的卫生状况、水质净化和消毒情况、水源水、出厂水的水质状况。

（5）饮用者健康状况（发病）调查

1）首发病例调查：饮水量，饮水习惯（是否喝生水）、发病情、主要症状反应等。

2）续发病例调查：与饮用水的关系、引水和饮食习惯、续发原因（是否为同一供水区域），主要症状反应、总发病人数等。

3）患者的主要症状和表现、临床诊断、临床检查及化验所见。

4）患者性别、年龄、病例发生时间、病例发生的空间等分布状况。

（6）撰写饮用水污染事件调查和处理报告，报告内容如下：

1）概况：事件的基本情况，包括发生的日期、时间、地点、污染的严重程度；当地过去和现在的水质状况；污染发展过程和表现；所采取的应急措施等。

2）现场调查结果：包括饮用水用户和罹患者反映的情况；供水设施、水源、管网等的调查和水质化验结果。

3）污染原因分析：主要分析污染事件发生的直接原因和间接原因。

4）事件发生的经验教训：主要分析导致污染事件发生的人为原因（规划、市政管理、环保、供水设施维修等）。

（7）撰写调查和处理报告的注意事项

1）要及时。污染事件报告，有较强的时限性，应于调查后立即组织撰写（中间针对具体问题发简报）。

2）要突出实事求是。所用材料均是调查所见、用户及罹患者所言、样品化验所得的结果。

3）患者的症状和表现是经治医生在病历上的记载。所以，要对报告的调查材料和统计数据反复核实。

（罗　斌　张　莉）

实习 22　环境生态案例分析

（一）目的和意义

生态环境是指影响人类生存与发展的水资源、土地资源、生物资源以及气候资源数量与质量的总称，是关系到社会和经济持续发展的复合生态系统。生态环境问题是指人类为其自身生存和发展，在利用和改造自然的过程中，对自然环境破坏和污染所产生的危害人类生存的各种负反馈效应。本实习通过针对 2 个典型生态环境案例讨论，引导学生思考人类与环境之间的关系，深刻认识食物链、生物富集以及生物放大作用在生态环境中的作用，培养学生认识问题、分析问题并解决问题的能力。

（二）案例与问题

1. 案例一

全球气候变暖——人类的反思

世界气候正在发生着变化。过去的半个世纪以来，全球平均温度已经改变到了一定程度。这种变化明显不同于历史上所观察到的自然背景的变化。过去 50 年的气候变暖几乎是过去 100 年的 2 倍。全球平均气温从 1850～1899 年到 2001～2005 年已经上升了 0.76℃。分析和探索全球气候变化的原因，研究其对人群健康影响和危害，采取适当的应对策略和措施已经成为当代环境卫生学所涵盖的重要内容。

就自然因素而言，气候系统的能量基本上来自太阳，因此太阳能量输出的变化被认为是引起气候变化的一种辐射强迫，即太阳辐射的变化是引起气候系统变化的外因。另一个影响气候变化的自然因素是火山爆发。火山爆发之后，向高空喷放出大量硫化物气溶胶和尘埃，可以到达平流层高度。它们可以显著地反射太阳辐射，从而使大气层下层的大气冷却。除了自然因素外，影响气候系统的就是人类的活动。人类活动引起的全球气候变化主要是燃烧化石燃料，硫化物气溶胶浓度的变化，陆面覆盖和土地利用的变化（如毁林引起的大气中温室效应气体浓度的增加）等。

所谓温室效应（greenhouse effect）是指由于地球表面大气层和地表这一系统既能让太阳辐射透过而达到地面，同时又能阻止地面辐射的散失，使地表始终维持着一定的温度，产生了适于人类和其他生物生存的环境，形成了大气对地面的这种保护作用。许多科学家都认为，温室效应气体的大量排放所造成的温室效应加剧是全球变暖的基本原因。到达地球的 2/3 太阳能被吸收，使地表加热。热再返回大气层，被温室气体所吸收。没有温室气体，地球是非常寒冷的，平均温度仅为−19℃，人类将无法在这样的地球上生存。正是由于二氧化碳、甲烷以及其他自然界和人类活动产生的温室效应气体，捕捉了有可能返回空间的地球表面的热量，才使得地球表面不至于如此寒冷。

温室气体是指大气中能吸收长波辐射的物质，除二氧化碳外，还有水汽、甲烷、一氧化二氮、臭氧、氯氟烃、微尘粒等。通常把 CO_2、CH_4、N_2O、O_3 和 CFCs 等称为温室气体。温室效应气体的来源包括向大气排放各种温室效应气体、气溶胶、或温室效应气体前体物的过程或活动，如燃烧过程、农业生产活动等。这些活动向大气排放了 CO_2、CH_4 等。人类活动排放的温室效应气体中对气候变化影响最大的是二氧化碳，它产生的增温效应占所有温室效应气体总增温效应的 63%。

近百年来全球的气候正在逐渐变暖，与此同时，大气中的温室效应气体的含量也在急剧增加。由于人类在生产和生活活动中大量地使用了化石燃料，使得大量二氧化碳进入大气层，导致大气中二氧化碳浓度快速增加。从上一个冰川时期到工业革命前，地球表面二氧化碳从 180ppm 上升到了 280ppm。这使得地球表面温度平均上升了 4℃。自从工业纪元以来，大气中二氧化碳浓度在 280ppm 基础上增加了 30%。当今大气中的二氧化碳浓度已达到了 387ppm，加上其他温室气体，所达到的二氧化碳浓度已达 430ppm。以 20 世纪 90 年代排放速率估计，到 21 世纪中叶，大气中 CO_2 浓度将达 560ppm，为工业革命前的 2 倍。其他温室效应气体也将同时增加。而大气中 CH_4 的浓度在过去 300 年间大致以指数形式增加，近年来每年大约以 0.15% 的速率递增。据估计，大气中 CH_4 将达 2.5ppm，是 1950 年的 2 倍，N_2O 也以每年 3.9×10^6t 的速度递增。而每摩尔 CH_4 的温室效应气体当量是 CO_2 的 21 倍，每摩尔 N_2O 的温室效应气体当量是 CO_2 的 200 倍。政府间气候变化专门委员会（intergovernmental panel on climate change，IPCC）估计，到 2050 年大气中二氧化碳浓度可达 550～700ppm，到 2100 年将达到 650～1200ppm。这些二氧化碳将大量的热存储在较低的大气层中。人为的温室效应气体排放是全球温室效应气体增加并导致全球气温升高的主要因素。1906 年至 2005 年间，全球平均气温升高了 0.74℃，过去的 60 年间北半球的平均气温成为过去 1300 年来最高。

据预测，如果温室效应气体以目前排放速率持续下去，地球表面的气温则有可能每 10 年上升 0.12℃，100 年后的全球平均温度将大约增加 2℃。

全球气候变暖过程中产生的热量到哪里去了？美国国家海洋与大气管理局发布的《2009 年气候状况报告》表明，93.4%进入大海，而 2.3%进入陆地，剩下的进入冰川或冰盖。过去的 50 年全球地表气温上升了 0.56℃，其中陆地上升了 0.7℃，海洋仅上升了 0.5～0.6℃。从 1979 年算起，海洋的增温率是陆地的 2 倍。随着海洋温度的升高，海水对 CO_2 的溶解能力会减少。因此，其吸收 CO_2 的量会变得越来越少。据估计，目前在西伯利亚冻土层下所封存的甲烷其捕捉长波辐射的当量相当于人类活动 70 年里所排放的温室效应气体的量。据 IPCC 估计，到 2100 年地球温度将升高 1.8～4.0℃。由于地球目前已处在温暖期，因此如果地球温度平均比工业纪元前增加 2℃的话，预计将对人类健康、经济基础和环境产生破坏性的影响。地表温度的升高将产生一系列反馈影响。例如，北极冰雪的融化。冰如同一面镜子，其将射到地面 90%的热量反射回了大气层。随着冰雪的融化，这种反馈将大大减少，这就增加了地面热量。早在 20 世纪 70 年代初，北极“夏季融冰”的面积以每 10 年 7%的速度在减少。自 20 世纪 80 年代末 90 年代初起，大量北极浮冰就被风吹出北冰洋进入大西洋，随后又向南漂流最终融化。1979 年起，人类开始使用卫星监测北冰洋夏季冰面的面积，目前这一数字已低于多年来的平均值。2005 年是有记录以来北极夏季冰面覆盖面积最小的一年，2006 年位列倒数第二。美国国家冰雪资料中心报道，夏季的北极圈面积正在快速地缩小，即在过去的 30 年中每 10 年缩小 10%。北极冰面已经消融约 9.8 万 km^2，相当于美国阿拉斯加州的面积。由于浮冰之间的距离变大，北极熊觅食已受到影响，导致它们在海水中游的距离越来越远。由于气候变暖导致全球冰川消融，致使海平面升高可能会导致灾难性后果。据 IPCC 数据，海平面上升的速度正在加快。1993 年至 2003 年间，全球海平面平均上升速度为 0.1 英寸/年，是 1961 年至 2003 年平均速度的近 2 倍。

根据 2007 年 IPCC 关于气候变暖的结论，气候变暖的发生是不容置疑的，其主要将影响到人类活动。一个变暖的且不稳定的气候将导致更为极端的天气事件、洪水和干旱、水体和空气污染，并进而影响人类的健康。海平面增加会增加沿海洪涝灾害，导致人口迁移。全球一半以上的人口现在居住在沿海 60 公里范围内。

我国气候变暖趋势与全球基本一致。近百年来，我国年平均气温升高了 0.5～0.8℃，略高于全球同期增温平均值。近 50 年变化更为明显。从地理分布看，西北、华北和东北地区气候变暖明显，而长江以南地区变暖趋势不显著。从季节上看，冬季增温最为显著。从 1986 年到 2005 年我国连续出现了 20 个暖冬。从 1995 到 2006 年 12 年中的 11 年，占据了 1850 年代有记录以来的最温暖的 12 个年份中 11 个。

对我国 1956～2008 年极端气温事件变化特征研究表明，我国绝对冷指数呈减少趋势，而且这种趋势自 20 世纪 80 年代中后期开始显著。而暖指数则主要表现为增加趋势。对 1961～2007 年我国 47 年逐日温度资料分析表明，春季和夏季提早，秋季和冬季推迟，该现象在 21 世纪初表现最为明显。另外发现，20 世纪 60～90 年代，我国极端低温事件群发区域在不断缩小。在 1960～2005 年的 45 年间冬季大于 10℃降温事件呈减少趋势。20 世纪 80 年代以来发生强寒潮和中等寒潮比例逐渐减少，而发生弱寒潮比例则明显增加。

全球气候变暖已是不争的事实，因此关于大气中 CO_2 浓度翻倍后对气候变化的影响可能有以下几个方面的预测：①全球气温将平均升高 1.5～4.5℃，由此会引起一定程度的全球温度带位移；②最低温度的增幅要比最高温度的大，夜晚温度增幅比白天大，冬季温度增幅比夏季的明显；③全球降雨量将有所增加，但不同区域和不同季节会有很大差别；④由于气候变暖会使蒸散的水分远大于降雨量增加的量，因此，在中纬度内陆地区夏季干旱将明显增加。

问题：

（1）什么是温室效应？什么是温室效应气体？主要温室效应气体有哪些？

（2）人类在全球变暖中起到了什么作用？

（3）全球气候变暖会对人类生存和发展带来什么影响？

2. 案例二

持久性有机物污染之痛

目前，全球约有各种合成化学物质 1000 多万种，每年新增加的合成化学物质大约 10 万种。其中有机化学物质可分为除草剂（如三氯联苯氧基乙酸）、杀虫剂（如 DDT）、杀菌剂（如六氯苯）、防腐剂（如三丁基锡）、塑料增塑剂（如邻苯二甲酸苄酯）、洗涤剂（如壬基苯酚）、副产品（二噁英）和其他用途的化合物（如多氯联苯类）等 8 类。这些化学物质在生产、存储、运输和使用过程中，不可避免地会引起环境污染。在数量众多的环境污染物中，有一部分浓度相对较低、生物降解困难、生物毒性较高和易于生物富集的化学物质，称之为持久性有毒物质（persistent toxic substances，PTS），主要包括金属有机物、一些无机化合物、持久性生物富集与有毒化合物、持久性有机污染物（persistent organic pollutants，POPs）、环境内分泌干扰物和某些生物毒素等。POPs 又称难降解有机污染物，是指具有持久性、生物蓄积性、半挥发性和高毒性，能够在各种环境介质（大气、水、生物体、土壤和沉淀物等）中长期存在，并能通过环境介质（特别是大气、水、生物体）远距离迁移以及通过食物链（网）富集，进而对人类健康和生态环境产生严重危害的天然或人工合成的有机污染物。

2001 年 5 月于斯德哥尔摩通过的《关于持久性有机污染物的斯德哥尔摩公约》中确定优先消除的 POPs 分为三大类共 12 种化学物质，分别是 9 种有机氯杀虫剂：艾氏剂（aldrin）、狄氏剂（dieldrin）、异狄试剂（endrin）、氯丹（chlordane）、滴滴涕（DDT）、七氯（heptachlor）、灭蚁灵（mirex）、毒杀芬（toxaphene）、六氯化苯（BHC）；1 种工业化学物质：多氯联苯（PCBs）；2 种垃圾焚烧产物和工业生产的副产物：二噁英（PCDDs）和呋喃（PCDFs）。2009 年 5 月 9 日，在瑞士日内瓦举办了《关于持久性有机污染物的斯德哥尔摩公约》第四次缔约方大会。与会代表达成共识，同意减少并最终禁用 9 种严重危害人类健康与自然环境的有毒化学物质，分别是 α-六六六（α-HCB）、β-六六六（β-HCB）、商用五溴联苯醚（pentaBDE）、商用八溴联苯醚（octaBDE）、开蓬（chlordecone）、六溴联苯（HBB）、林丹（γ-HCB）、五氯苯（peCB）、全氟辛烷磺酸和其盐类以及全氟辛烷磺酰氟（PFoS）。目前，POPs 公约禁止生产和使用的化学物质已增至 21 种。POPs 名单是开放的，随着科学技术的发展和人们对 POPs 认识的不断加深，根据《公约》规定的 POPs 的 4 个甄选标准（持久性、生物蓄积性、远距离环境迁移的潜力、不利影响）将会有更多的有机污染物被确定为 POPs 而加以控制和消除。近年来，用作阻燃剂的多溴联苯醚（PBDEs），六溴代环十二烷（HBCD）和全氟辛烷磺酸基化合物（perfluorooctane sulonate，PFOS）及其盐类目前也是全球关注的重要有机污染物，已经成为研究的热点。

POPs 既有天然的，也有人工合成的，以人工合成的为其主要来源，因其性能优良，用途多而被广泛地生产、使用和排放。对于农业来说，POPs 的主要来源是各种化肥和杀虫剂，比如 DDT、六六六、氯丹等。几种有机氯农药在一些国家的河流中均有检出，如坦桑尼亚、哥伦比亚、印度尼西亚、马来西亚、中国和泰国等。虽然有关农药的问题已经广泛引起人们的关注，但是在一些发展中国家和热带地区，仍有大量的农药正在使用。对于工业生产来说，POPs 的主要来源就是人为的生产和使用 POPs（如 PCBs、HCB）以及在这个过程中产生的相关副产物（如 PCDDFs、PAHs）。以 PCBs 为例，第一次被合成是在 20 世纪 20 年代，随后便开始被大量地使用。虽然到了 20 世纪 70～80 年代大部分国家已经禁止使用 PCBs，但据统计，直到 1996 年，PCBs 在全球范围内的总量已达到 120 万吨，而其中有近 1/3 在环境中循环。

根据 POPs 的定义，国际上公认 POPs 同时具有下列四个方面的重要特性：①持久性。POPs 化学性质稳定，对于自然条件下的生物代谢、光降解、化学分解等具有很强的抵抗能力。一旦排放到环境中，它们难以被分解，因此可以在水体、土壤和底泥等环境介质中存留数年甚至数十年或更长的时间。②生物蓄积性。POPs 具有低水溶性和高脂溶性，容易在脂肪组织中发生生物蓄积，而且会在食物链中传递和积累，最终流向高级生物体内，人类处于食物链的最高级，这种沿食物链的生物放大作用无疑意味着人类将可能受到更高浓度 POPs 的毒害。③迁移性。POPs 能够从水体或土壤中以蒸气形式进入大气环境或者吸附在大气颗粒物上，在大气环境中远距离迁移，同时其适度的挥发性又使得它们不会永久停留在大气中，而能重新沉降到地球上，这种过程可以反复多次地发生。正是由于 POPs 的高持久性和半挥发性，使得全球范围内，包括大陆、沙漠、海洋和南北极地区都可监测出 POPs 的存在，表现出所谓的“全球蒸馏效应”和“蚱蜢跳效应”。④高毒性。POPs 对人体和动物都具有毒性，具有致癌、致畸与致突变等“三致”作用，可破坏或抑制神经系统和免疫系统，干扰内分泌系统，影响人类生殖功能，即所谓“雌性化”作用，造成生长障碍和遗传缺陷。如 DDT、PCBs、PCDDs 等会引发内分泌紊乱，降低机体抗病能力，并导致一系列生殖疾病，已被证明是“内分泌干扰物”（endocrine dismption compounds，EDCs）。

在全球范围内，包括陆地、沙漠、海洋和南北极地区都有可能检出持久性有机污染物的存在。大气中的 POPs 来源于农药喷洒、污染水体和土壤与大气界面之间的交换。在大气中 POPs 或者以气体的形式存在，或者吸附在悬浮颗粒物上，通过大气传输，作长距离迁移和全球扩散，成为北极、南极、沙漠、珠峰等地 POPs 的来源，从而导致 POPs 的全球性污染。随着气温的升高，具有半挥发性的有机污染物的挥发速率增大，因而大气中 POPs 的浓度还存在一定的季节差异。水环境包括水相、悬浮颗粒物相和沉积物相。POPs 在水中的溶解度较低，在有机溶剂中的溶解度较高，通过与水体中的悬浮颗粒物、沉积物中的有机质、矿物质等发生一系列的物理化学反应，进而转移到固相中，导致水中 POPs 的浓度下降。但在一定条件下，吸附在水中的悬浮颗粒物、沉积物中的 POPs 又会发生各种迁移和转化，重新进入到水相中，致使 POPs 在水环境中的广泛分布。土壤中 POPs 的来源有大气沉降、化学品施用、污泥农用以及意外泄漏等。土壤中的腐殖质、富里酸、富马球酸等有机成分可以吸附 POPs，被吸附之后的 POPs 很难发生迁移，因此，即使是在污染源附近的土壤中，POPs 的污染水平差异也会很大。土壤中 POPs 的水平可反映该地区长期受污染的情况。土壤又是植物和一些生物的营养来源，土壤中的 POPs 无疑会导致 POPs 在食物链上发生传递和迁移。POPs 化学性质稳定、不易分解、具有低水溶性及高脂溶性，被生物体摄取后，蓄积在脂肪中，很难分解排泄。随着摄入量的增加及营养级的提高，POPs 含量也会逐渐增大。进入环境中的微量 POPs，由于生物放大作用，会使高位营养级的生物受到毒害，甚至危害更高营养级的人类健康。

我国是发展中国家中第一大农药消费和生产国，在 20 世纪 60 年代到 80 年代大量生产和使用的农药主要是有机氯农药。列在公约中的 9 种有机氯农药，除了艾氏剂、狄氏剂、异狄氏剂和灭蚁灵未生产之外，我国曾大量生产和使用过滴滴涕、毒杀酚、六氯苯、氯丹和七氯 5 种农药。1970 年我国共使用滴滴涕、毒杀酚等有机氯杀虫剂 19.17 万吨，占农药总用量的 80.1%；30 多年内，我国累计施用滴滴涕约 40 多万吨，约占国际用量的 20%。

我国自 1965 年开始生产 PCBs，主要产品是三氯联苯和五氯联苯，到 80 年代初全部停产。在此期间我国生产的 PCBs 总量累计达到万吨，其中约 90%（三氯联苯）用作电力电容器的浸渍剂，约 10%（五氯联苯）用于油漆添加剂。此外，在 20 世纪 50 年代到 80 年代，我国还先后从国外进口过 40 万～45 万台装有 PCBs 的电力电容器，目前多已报废。这些废弃的进口变压器及废旧电容器中 PCBs 的含量达 50%～90%。

PCDDs 和 PCDFs 都属于二噁英类物质，它们并无技术上的用途，不会在自然界中生成，这类物质是由含氯物质在加热和焚烧过程中产生，如垃圾焚烧、农药及含氯有机物的高温分解或不完全燃烧。目前我国城市的垃圾年产生量约为 1 亿吨，且正以年增长率 10%左右的速度增长。垃圾焚烧的飞灰和尾气中都含有全部的二噁英类物质及几百种其他有机物，1 个年处理能力为 3000 万吨的垃圾焚烧装置，其飞灰产生量每年约为 10 万吨，其中有 1/5 的飞灰由烟囱直接排入大气。我国学者已开始对我国境内 POPs 污染状况进行全面调查和监测。我国境内的水体、底泥、沉积物等环境介质以及农作物、家畜家禽、野生动物甚至人体组织、乳汁、血液中均能检出 POPs。

问题：

（1）何为 POPs？POPs 会对人类健康产生什么影响？

（2）如何从这个案例看环境污染物在全球范围的迁移？

（3）如何理解人和环境之间的关系？

（三）课堂组织

实习课前提示学生收集案例相关的文献资料，包括文字介绍、图片、视频等。上课时，教师首先介绍相关背景内容，接着学生代表可上台展示相关资料并进行阐述，教师引导学生展开讨论，讨论中教师可穿插基本概念的提问，最后由任课教师进行课堂总结。

（四）注意事项

（1）相关资料的收集、展示和交流需要师生的共同参与，可以制作成 PPT、展板进行展示。

（2）围绕案例的讨论强调各抒己见，注意形成轻松的交流氛围。

（3）实习课的全过程要体现以学生为主体、教师为主导、问题为中心的原则。

（李万伟）

第七部分　拓展型实习

实习 23　自然灾害的卫生应急处置

（一）目的和意义

我国自然灾害种类多、发生频率高、分布地域广、经济损失大，严重危及人民群众健康及生命安全和身心健康，成为公共卫生事件应急处理工作的一大难点。通过本实习，加深学生对常见自然灾害种类和成因的了解，熟悉常见自然灾害的应对和处理措施，提高学生分析和解决实际问题的能力。

（二）处理与分析方法

应对自然灾害，要在领导重视、军民同心协力、紧急转移和安置居民、尽力保护财产、急调救灾款物和排查隐患防患于未然等工作的基础上展开。同时，历史经验告诉我们，大灾之后防大疫是救灾不可或缺的重要环节。灾后防病作为生命保障的重要组成部分，涉及公共环境、人群健康等诸多方面，科学、规范、高效、快捷的疾病控制应急救援对于保障人民的生命和财产安全，维护社会稳定和经济发展起着至关重要的作用。

1. 我国主要自然灾害公共卫生危害

（1）地震：地震灾害事件具有突发性及难预见性、灾难性，加之地震在我国发生频度较高，除直接引发的灾害外，产生的次生灾害也很严重，如火灾、海啸、有毒化学品或放射源泄露等。地震导致生态环境破坏、人员伤亡、人群心理创伤，还可导致水源和食品污染、媒介生物孳生和传染病流行，导致公共卫生服务的需求增加，同时，也增加了公共卫生服务的工作压力、工作强度和工作难度。

（2）洪涝灾害：降雨过度，地势低洼，堤坝等水利设施溃决等，都可以造成洪涝灾害。洪涝灾害形成一般需要一个降雨积累过程，可以在一天或数周内形成，为预警和应对留下空间，但是堤坝溃决造成的洪涝灾害可以突然发生，往往难以做到预警。洪水不但淹没房屋，造成大量人员伤亡，而且还破坏供排水系统。其引起的水源和食物污染、基础设施破坏、生态环境改变、人口大量迁移及灾民抵抗力下降等因素，均可能增加传染病暴发、流行的危险，引起相应的公共卫生问题。

（3）其他自然灾害：如旱灾、台风、泥石流及雨雪冰冻等自然灾害的发生，都会引起灾区居民生活状况（卫生状况、疾病的发生风险等）的改变，从而引发相应的公共卫生问题。

2. 主要自然灾害的卫生应急

（1）灾前准备和保障：中国疾病预防控制中心制定的《自然灾害卫生应急工作指南（2010 版）》将灾前的准备和保障工作分为：①风险评估和预案制定；②建立部门间通报、协调机制；③应急队伍管理；④卫生应急物资储备和管理；⑤健康教育五个部分。

（2）灾害期间卫生应急：由于地震在我国发生频度较高，产生的次生灾害涉及面广，针对地震灾害期间的卫生应急范围广，故实习内容将主要针对地震灾害的卫生应急处理进行介绍，其他自然灾害的卫生应急可参考本实习内容。

3. 地震灾害的卫生应急

（1）信息管理：现场应急队伍及时将有关信息向卫生行政部门或应急指挥部报告。灾区卫生行政部门要加强与有关部门和有关方面的信息沟通，及时通报相关信息。

信息报告的内容主要包括灾情、伤情、病情、疫情、灾害相关突发公共卫生事件、卫生应急工作开展情况和卫生系统因灾损失情况等信息。

地震灾害期间重点关注的病种包括霍乱、痢疾、疟疾、其他感染性腹泻病等传染病，还要关注鼠疫、病毒性肝炎（甲肝、戊肝）、伤寒与副伤寒、登革热、出血热、钩端螺旋体病、乙型脑炎、血吸虫病、炭疽、流行性出血性结膜炎、麻疹、流行性脑脊髓膜炎、风疹、流行性感冒等疾病和食物中毒等突发公共卫生事件。

（2）灾后快速评估：灾害发生后，卫生部门在当地政府（救灾指挥部）的组织下，应尽快了解灾情、人员伤亡及医疗卫生部门损失情况，搜集灾区与公共卫生相关的居住、食品、饮用水、环境卫生、媒介生物、医疗和公共卫生服务、灾民健康需求等方面的信息，识别最主要的公共卫生威胁和隐患，使采取的卫生应急措施与灾区的实际需求尽量一致。

（3）疾病监测：地震发生后的最初阶段以人员抢救和伤员救治为主，此后，灾区公共卫生和传染病防控工作即应全面展开。为了及时发现灾区和灾民中发生的传染病暴发和其他突发公共卫生事件苗头，以便迅速采取控制措施，应及时启动灾后应急疾病监测。灾后应急疾病监测主要分为：①疫情监测；②症状监测；③食品和水质监测；④病媒生物监测。

（4）环境卫生：环境卫生工作的重点区域是临时集中安置点、医疗点、救灾人员临时居住地等人群集中区域。要做好水源保护；设置临时厕所、垃圾堆集点；做好粪便、垃圾的消毒、清运等卫生管理，提供及时的医疗卫生服务；按灾害发生地的实际情况妥善处理人和动物尸体。

（5）饮水卫生：加强饮用水源的防护，防止和减少污染的发生。主要措施包括：查找、清理和评估各种水源，确定可用水源的数量及可供水量；加强水源水和使用点饮水的消毒和检测；提供足够和适宜的供水管道、盛水容器，确保储水安全，必要时运送安全饮水；提供临时性供水；加强清理自来水厂与修复供水管网；进行水质消毒并加强水质检验等。

（6）食品安全：对救援食品进行卫生监督和管理；做好灾区原有食品的清挖整理与卫生质量鉴定和处理；对灾区在简易条件下生产经营的集体食堂和饮食业单位进行严格卫生监督和临时控制措施；加强食品卫生知识宣传，以家庭预防食物中毒为主，特别要保证婴幼儿、老人、孕妇的食品供给，同时注意饮食卫生。

（7）健康教育：与宣传部门密切配合，有针对性地开展自救、互救及卫生防病知识宣传。地震灾害健康教育的主要内容包括饮水卫生、食品卫生、传染病预防和个人卫生习惯等。

（8）应急接种和预防服药：灾区卫生部门要根据当地传染病的发病情况、流行特征和发展趋势，在必要时对高危人群有针对性地开展群体性免疫接种、应急接种和预防性服药等工作。

（9）心理干预：在经过培训的精神卫生专业人员指导下实施心理干预。以促进社会稳定为前提，根据整体救灾工作部署综合应用基本干预技术，并与宣传教育相结合，提供心理救援服务。了解受灾人群的社会心理状况，发现可能出现的紧急群体心理事件苗头，及时向上级报告并提供解决方法。通过实施干预，促进形成灾后社区心理社会互助网络。

4. 灾后恢复重建阶段

（1）总结与评估：灾区卫生行政部门要及时组织专家对卫生应急准备和处置阶段各项卫生应急工作进行总结和评估，不断改进和完善各项灾害应对措施，认真总结和分析工作中好的做法、遇到的问题和经验教训，并向当地政府和上一级卫生行政部门报告总结评估情况。灾区各级医疗卫生机构要根据卫生应急处理过程中出现的问题及薄弱环节，结合当地的实际情况及时修改、完善相关的技术方案，不断提高灾害期间卫生应急处置能力。

（2）恢复重建：灾区卫生行政部门按照政府的统一安排和部署，负责辖区卫生系统医疗卫生机构的善后处置和恢复重建工作。科学制定医疗卫生机构灾后恢复重建工作方案，将灾区医疗卫生机构的恢复重建项目纳入当地政府灾后恢复重建整体规划，积极争取政策支持，力争优先安排，确保灾区医疗卫生机构尽快恢复医疗卫生服务能力，保障灾区尽快恢复正常的医疗卫生服务秩序。

【案例分析】

2014 年 8 月 3 日 16 时 30 分，云南鲁甸发生了 6.5 级地震，截至 2014 年 8 月 11 日 8 时 00 分共记录到余震总数为 1335 个。最大余震 4.2 级，共造成 617 人遇难，112 人失踪，3143 人受伤，4.06 万户 12.91 万间民房严重损坏，15.12 万户 46.61 万间民房一般损坏，受灾人数达 108.84 万人，22.97 万人紧急转移安置。本次地震地质灾害主要表现为大量滑坡、崩塌、滚石、地表破裂、交通、供水等基础设施破坏，有些村寨被掩埋，造成大量人员伤亡，有些地方出现堰塞湖。

问题：

（1）针对本次地震灾害，如果由你带队组织应对灾害期间卫生防病，应如何指挥、布置开展各项工作?

（2）参考教材相关章节，简述地震灾区临时安置点选择的原则。

（3）查阅及参考课外资料，简明扼要地写出地震自然灾害发生时个人应采取的安全防范措施。

（阮　烨　张　莉）

实习 24　大气中紫外线强度及空气离子的测定与评价

一、大气中紫外线强度测定及评价

（一）目的和意义

掌握测定空气中紫外线强度的监测方法和大气紫外线辐射监测方案设计要点并进行大气紫外线指数（ultra-violet index，UVI）预报。

适量的紫外线照射对人体健康具有促进效应，有益作用为杀菌、预防佝偻病等。但过量紫外线辐射对人体健康有害，将晒伤皮肤、诱发皮肤过敏反应等，长期过量照射则导致皮肤癌、白内障和免疫系统机能减退。因此开展大气中紫外线辐射的监测和预报意义重大。

（二）操作方法

1. 测量条件　紫外线测量可手工监测，也可利用自动监测仪器进行。手工测量时要求在无雨无雪无大风天气。注意操作温度不能过高或过低，相对湿度不能过高，符合仪器使用的温湿度条件范围。无强电磁场干扰，无明显环境污染。紫外线自动监测仪可全天 24h 监测，安放时，由于仪器精密、敏感度强，要求在空旷无遮挡的地方，还要求防潮防尘，定期进行清理维护。

2. 检测仪器　目前我国气象及环境行业采用的紫外线辐射仪主要有上海气科所生产的 SUR-1，SUR-2；锦州 322 所生产的 TBQ-4-3 等。市场上还有较多针对 UVC 的紫外线照度计，不适合测定太阳光紫外线。

仪器有便携式手工检测仪器和微机控制自动化检测仪器。实习时根据需求进行仪器的选择：①据检测的波长选择 UVA、UVB 或两者均能检测的仪器；市场通常有检测 320～380nm（UVA）、280～400nm（UVA 和 UVB）、也有 220～275nm（UVC）或 UVB（230～290nm）等不同波长范围的仪器，其所测波段和中心波长不完全一致，所应用的领域也是不完全相同。②根据紫外线强度选择适合量程的仪器。另外需兼顾外形尺寸、仪器准确度、使用条件、重复性以及其他性能等。

3. 监测方案设计　目前尚未有专门针对紫外线监测的规范，参照《环境空气质量监测规范》（GB3095—2012）、《环境空气质量监测点位布设技术规范》（HJ664—2013）、《环境空气质量手工监测技术规范》（HJ/T 194—2005）、《室内环境检测标准》（GB50325—2010），进行本实习的监测方案设计，其要点如下。

（1）合理布点：合理的监测布点需要根据实习目的及监测区域的特征进行，测定的区域可为校园、居民区、街道、交警岗亭、海滩、公园或绿地、郊区或农村甚至室内等。

室外监测的主要布点方法有：功能区布点法、网格布点法、同心圆布点法、扇形布点法。具体可参考“实习 1 环境样品的采集”的实习。以上几种采样布点方法，可以单独使用，也可以综合使用。

也可根据具有不同底质或不同植被的地面进行分类布点，较为空旷的区域以 100～500m 为边长设计网格，测量点在每个网格中心。街道、交警岗亭等可根据总体位点进行抽样布设，根据一定距离间隔或红绿灯路口等进行布点。室内的太阳紫外线测定较为少见，其布点可以参照《民用建筑工程室内环境污染控制规范》（GB50325—2010）及实习 16 的“室内空气质量监测与评价”。

（2）监测时间、频次的设计：紫外线监测时间主要为白天（6:00～20:00），检测时间应包含紫外强度高、中、低的时间段，每次监测时长至少 45min（获取瞬时值）；必须包括紫外辐射最强的时段 10:00～14:00 间隔时间和频次可根据需要进行设计。

（3）仪器的安放及使用：采样点的周围应开阔，周围无局部污染源，并应避开树木及吸附能力较强的建筑物。采样面水平线与周围建筑物高度的夹角应不大于 30°，通常仪器采样口与交通道路边缘最小间隔距离为 10m，若交通密集区的采样点应设在距人行道边缘至少 1.5m 远处。

对于手工间断采样，紫外线辐射测定仪器设置于成人呼吸带高度，即采样口应在离地面 1.5 m 处，10 m 内无强烈反射物体和遮蔽物。连续采样例行监测采样口或监测光束高度应距地面 3～15m；特殊地形地区可视实际情况选择采样高度。

在保证监测点具有空间代表性的前提下，若所选点位周围半径 300～500m 围内建筑物平均高度在 20m 以上，无法满足前述高度要求设置时，可以在建筑物上安装监测仪器，采样口应与基础面有 1.5m 以上的相对高度，以减小扬尘的影响。监测仪器的采样口离建筑物墙壁、屋顶等支撑物表面的距离应大于 1m。

（4）仪器的使用：事先仔细阅读使用说明书，正确按说明书进行安装操作，通常需要对仪器进行校准及调零。

每一网格至少测量 3 次，时间间隔相同，每次记录瞬时数据均值至少 100 个。保存或记录紫外线辐射的同时记录天气状况。如温度、湿度、风速、臭氧含量、云量，也可以分晴、少云、多云、阴 4 种天气情况进行记录。

4. 计算　手工计算紫外线辐射强度，包括瞬时值、日累计量、小时累积量、日最大值出现时间等数据。若有自动监测仪器，需要将数据导出并整理。

5. 紫外线指数的计算　紫外线指数（UVI）是度量到达地面的太阳紫外线辐射对人体皮肤（眼睛）可能损害程度的一个指标。国际上普遍采用 UVI 的形式向公众发布紫外线辐射资讯，该值是一个无量纲的数值。世界气象组织规定一个单位紫外线指数相当于 $25mW/m^2$。但由于不同的紫外线测定仪测量原理及波长等存在差异，目前使用较多的是由吴兑提出的由紫外线辐射强度近似估算紫外线指数的计算方法：

$$\text{UVI} \approx \frac{D_{\lambda 0} \times E_{\text{nv}} \times C_{\text{er}} \times 1000}{D_{\lambda} \times \Delta I} \tag{24-1}$$

式（24-1）中，E_{uv} 是观测的紫外线辐射强度，单位为 W/m^2；$D_{\lambda 0}$ 是 UV～A、UV～B 的谱宽，取为 110nm；C_{er} 是等效红斑订正因子，建议暂用 0.01；D_{λ} 是观测的紫外线辐射谱宽，单位：nm；ΔI 是单位紫外线指数相当的红斑加权剂量率，取为 $25mW/m^2$。

6. 评价及预报

表 24-1　紫外线分级标准及防护措施

级别	紫外线辐射强度（280～400nm）W/m^2	紫外线指数（UVI）	紫外线辐射强度	可能影响（皮肤晒红的时间/min）	需采取的防护措施
1 级	＜5	0，1，2	最弱	100～180	不需要采取防护措施
2 级	5～10	3，4	弱	60～100	可适当采取一些防护措施，如外出时戴遮阳帽和太阳镜，涂防晒霜等
3 级	10～15	5，6	中等	30～60	外出时戴好遮阳帽、太阳指数镜和太阳伞等，涂擦防晒霜（防晒霜的 SPF 指数应大于 15）

续表

级别	紫外线辐射强度（280～400nm）W/m²	紫外线指数（UVI）	紫外线辐射强度	可能影响（皮肤晒红的时间/min）	需采取的防护措施
4 级	15～30	7，8，9	强	20～40	除上述防护措施外，上午 10 时至下午 4 时段避免外出活动，外出时应尽可能在遮阴处
5 级	≥30	10 及 10 以上	很强	<20	尽可能不在室外活动，必须外出时，要采取各种有效的防护措施

根据计算和表 24-1 可以对监测区域的紫外线进行分等级评价或根据紫外线指数进行评价。并对公众进行紫外线防护报告。

（三）注意事项

（1）目前大多紫外线辐射测量计具有数据自动整理功能，但记录数据后，可进行手工计算，同时进行紫外线指数的计算。

（2）有条件应该安排每日上下午至少各一次对紫外辐射表进行检查和维护。观测环境、场地变化、仪器运行、维护、故障及处理、检定等情况要进行记录。

二、空气离子的测定与评价

（一）目的和意义

掌握空气离子监测仪器的使用及其监测技术，掌握大气离子监测方案设计要点及空气离子的评价方法并对空气清新度的评价。

空气负氧离子是海洋、森林、湿地等自然生态系统的重要生态服务产品之一，与生态环境保护、民生生活质量密切相关。空气中小的负离子（或轻负离子）对人体的健康有促进作用，而正离子含量高时对人体健康有不利作用；轻负离子浓度高表明空气质量较好，而重离子或正离子含量高则表明空气污染较重。空气离子的种类的不同及浓度的差异能一定程度反映空气质量的优劣，开展空气负离子监测，对人群疾病疗养、健康促进、满足人们对生态环境认识的需要，弥补我国当前环境监测指标体系不足具有重要意义。

（二）操作方法

高温高湿环境可能造成大部分品牌仪器工作的不稳定性，应尽量避免仪器在高温高湿环境下进行，空气负离子监测时，应选择晴朗少风的天气进行。

1. 监测设备的选取及安装　目前测量空气负离子的仪器主要有美国的 DEV 公司的 BECKETT 型空气离子测定仪，Alphalab 公司的 AIC 型空气离子测量仪，小型负离子浓度测定仪（air ion counter）。日本正负离子测试仪主要有 KEC 型和 ITC 型，国产仪器有福建漳州东南电子研究所生产的 DLY 型空气离子测试仪、威德创新科技（北京）有限公司研制的 WIMD～A 系列大气负离子自动测报仪。

正离子浓度也是一个重要监测数据。空气质量的好坏不仅跟负离子有关，还跟离子粒径大小有关，清洁环境小离子多，空气污浊的环境大离子多。

综合分析反应空气中离子与空气质量的关系，应选择能够监测空气正离子、负离子、大离子、小离子的仪器，如日本产的 COM3800、350U 系空气离子测定器、NKMH103 系列、福建漳州东南电子研究所生产的 DLY，ITC-201A 等，一般选择自动化程度较高的可测量正、负离子浓度，同时记录环境温度和湿度，自动储存数字记录的仪器。国产的仪器应该符合中国《空气离子测量仪通用规范》（GB/T 18809—2002）。

2. 监测方案的设计 目前我国尚未有专门针对空气离子监测的规范，本实验参照日本《Stand and for measuring methods of airborne ion desity（空气中离子密度测定法）》（JIS—B9929：2006）、《环境空气质量监测规范》—2007（试行）、《环境空气质量监测点位布设技术规范》（HJ664—2013）、《环境空气质量手工监测技术规范》（HJ/T 194—2005）、《土壤环境监测技术规范》（HJ/T 166—2004）。

离子的测定的区域可根据功能区或生态环境差异划分：校园、居民区、街道、湖泊、海滩、公园或绿地、森林、郊区或农村等。

（1）采样区域的选择及点位布设：根据检测目的或每个区域的地貌、生态的均衡性及面积设置采样网格。较为空旷的区域以 100～500m 为边长设采样网格，测量点在每个网格中心。较大范围采样时小于 10 亩 5～10 个采样点；10～40 亩设 10～15 个采样点；大于 40 亩设 15～20 个采样点。

（2）布点方法：由于负氧离子受空气污染及地貌和生态环境影响较大，因此建议结合大气监测方案的采样布点及土壤监测方案的布点方法进行。布点可参照如下方法：功能区布点、对角线布点（面积规则的地块）、网格布点（中等面积）、梅花形布点（面积较小，比较均匀的地块）、蛇形布点（面积较大，不太均匀）、扇形布点（有大气污染的区域）。以上几种采样布点方法，可以单独使用，也可以综合使用，目的就是要求有代表性地反映负离子的分布特征，为监测提供可靠的样品。

（3）监测时间的设计：可在白天（6:00～22:00）和黑夜（22:00～6:00）

检测，空气负离子的存在寿命极其短暂，一般只有 1～2min，因此手工监测时，监测时间应该至少持续 4～5d，可涵盖不同的天气。每次至少测量 45min，并记录大于 100 个瞬时数据，或者用空气负离子在线监测仪，自动记录数据。

（4）仪器的使用：①仪器的安放，测试高度为人口呼吸高度 1.2～1.5m，与温度、湿度、风速、光照位于同一高度，在有风的条件下，应尽量保持仪器入口方向与风向垂直，最大限度地减少风对测量结果的干扰。对于手工间断采样，其采样口离地面的高度应在约 1.5m；10 m 内无强烈反射物体和遮蔽物。对于自动监测，其采样口或监测光束离地面的高度应在 3～15m 范围内，监测仪器的采样口离建筑物墙壁、屋顶等支撑物表面的距离应大于 1m；仪器放置点与人员应保持一定距离。②仪器的操作，事先仔细阅读使用说明书，正确按说明书进行安装操作。在检测开始前确认离子密度测量器需要接地，仪器的外壳必须不受到任何静电的影响。③室内测量时仪器必须避免接近塑料制品和合成纤维制成的纺织品与衣物。空气若不流通，各处离子数值可能会有很大的差距。适度使用电风扇等器具，让室内的空气能够流动，有助于室内空气的离子分布均匀。④数据的读取，每一网格至少测量 3 次，时间间隔相同。测量的量是一定时间间隔（通常为秒），至少记录 100 个数据。⑤检测同时记录天气状况及天气参数（如温度、湿度、天气、臭氧含量等）。记录检测点环境状况。

3. 计算 初始测量的数分钟，测量数据不稳定，数据处理时应剔出。针对监测的单个区域，可评价空气离子的瞬时、日、月、季、年均浓度值。根据检测点特征，选择如下方法，分别进行综合空气离子评价。

4. 评价

（1）单级系数：空气中正、负离子的比例称为单极系数。轻离子的单极系数以 $n^{+}/n^{-}=q$ 表示，重离子的单极系数以 $N^{+}/N^{-}=q$ 表示。空气中离子的数量和单极系数可因各种条件而发生变化。学者认为单极系数小于或等于 1，才给人以舒适感；若大于 50，表明空气较为污浊。

（2）安倍空气质量评价系数：安倍空气质量评价系数是针对城市居民区研究建立

$$CI = n^{-}/1000q \tag{24-2}$$

式中：n^{-}为空气负离子浓度，q 为单级系数。根据安培系数的高低，将空气质量分为 5 个等级。安倍空气离子评议系数（CI）模型以城市居民生活区为研究对象，对城市居民区负离子状况评价结果较好。

表 24-2　空气质量分级标准

等级	A	B	C	D	E
清洁度	最清洁	一般清洁	中等清洁	容许	临界值
CI	＞1.0	1.0～0.7	0.69～0.50	0.49～0.30	0.29

（3）负离子系数：有学者认为，单级系数和安培空气质量评价系数不太适合评价森林空气负离子，因为森林中较大的负离子数量造成单级系数取值范围较大，结果分散，给数据处理带来一定的麻烦，因此提出空气负离子系数，公式为如下：

$$P = n^{-}/(n^{+}+n^{-})$$

负离子系数大小与空气负离子保健功能和空气清洁度大小呈正相关。当负离子系数大于 0.5 时，空气清洁度高，对人体有益。负离子系数越大，空气清洁度越高，空气负离子的保健功能越强（表 24-2）。

（4）森林空气离子评价指数（FCI）：石强等根据森林环境空气离子的特性，结合人们旅游的需要，提出了 FCI，见公式（24-3）。

$$\text{FCI}=n^{-}/1000 \times P \tag{24-3}$$

式（24-3）中：P 为空气负离子系数，1000 为人体生物学效应最低负离子浓度。

表 24-3　森林空气离子分级标准及评价指数分级标准

等级	Ⅰ	Ⅱ	Ⅲ	Ⅳ	Ⅴ
n^{-}（个/cm^3）	3000	2000	1500	1000	400
n^{+}（个/cm^3）	300	500	700	900	1200
P	0.80	0.70	0.60	0.50	0.40
FCI	2.4	1.4	0.9	0.5	0.16

根据仪器测得的数据，也可简单地将森林环境中空气负离子浓度水平分为 6 个等级（表 24-3）。＞3000 为特别清新；2000～3000 非常清新；1500～2000 较为清新；1000～1500 一般；400～1000 不清新；＜400 特别不清新。

（三）注意事项

（1）必须在稳定的环境条件下进行重复多次、或者持续一定时间的测试，才是比较准确的检测结果。

（2）注意选用仪器的适用范围，温度、相对湿度、风速及天气。

（3）要选用适宜的评价方法并正确理解测量数据的意义，关于负离子浓度的检测方法，目前在国内外尚未有一致公认的技术标准。因此进行比较时最好能事先确认所使用的测试仪器、方法及其可比性。

（龙文芳）

实习 25　建筑识图基础与住宅设计卫生审查

（一）目的和意义

在环境卫生工作中，为了进行卫生审查，常接触到地形图和各种工程设计图纸，因此公共卫生医师有必要掌握有关地形图和各种工程图纸（特别是建筑工程图纸）的基本知识和看图技能。住宅设计卫生审查（住宅预防性卫生监督）的任务是通过对住宅建筑的设计方案（包括文字说明和图纸资料）进行卫生学审核，做出卫生学评价，并对设计中不符合国家规定的卫生标准、条例、法规等问题提出改进意见，以便在住宅未建造之前就发现和消除在卫生学方面存在的缺陷。

通过本次实习，使学生了解地形图和各种工程设计图纸的绘制原理；掌握看图的要点；掌握住宅设计卫生审查的基本要求；使学生能够运用看图法基本技能和住宅卫生的基本理论对所给的资料进行审查和评价，并撰写评价报告。

（二）操作方法

实习前，要求学生查阅建筑识图基础的文献资料，了解图纸的分类、绘制原理等基础知识，熟悉图纸绘制中常用的图例，掌握看图要点与看图顺序；复习住宅设计卫生审查的基本理论知识；然后在教师指导下，针对住宅设计实例进行卫生审查；最后以书面形式提交卫生学评价报告。

1. 图纸分类

（1）按图纸表现的内容分类

1）地形图：表示某地区地面上的山川、湖泊、道路、桥梁、农田、居民点和各种建筑物等的位置与地面的高低起伏，是根据实地测量并按照一定的比例尺和图例绘制而成。地形图常作为研究和规划各种基本建设（比如住宅、学校、医院、工厂等）的依据。在卫生工作中，当审查这些基本建设的规划设计是否符合卫生要求，或进行某项卫生调查时，需取得相应的地形图资料。

2）城市和农村规划图：根据规划意图并考虑多方面（其中包括卫生方面）的要求而编制。根据表示的内容和范围可分为许多张，成一整套。

3）环境质量评价图：对一个区域开展环境质量现状评价，可将评价结果绘成各种环境质量评价图（包括大气、地面水、地下水和土壤质量评价图以及环境质量综合评价图等）。还应绘制污染源分布图，把排放废气、废水、废渣等污染物的种类和数量、污染物排放高度或废水排出口位置等标绘于地形图上。环境质量评价图通常把评价区域划分成一定大小的方格，算出每个方格的各种质量指数后，用不同图例或颜色表示各方格的环境质量。也可将经系统监测获得的数据经统计处理后标注在具有监测点位置的地形图上，然后绘制出各种浓度的等值线图。在环境影响评价中，可将预测某建设项目投产后对周围地区在环境质量现状基础上形成的各种环境质量绘成环境质量预测图，可看出建设项目对周围环境质量影响的范围和程度。

4）建筑设计图：表示某一工程项目的设计。为表示出全部设计的各个方面（如建筑物的内外、上下、水电、暖气、通风、材料、设备等），需分多张图纸从不同方面来表现。表示某一基建单位的用地上既有的和拟建的建筑物位置、室外的道路和绿化布置计划等的图纸，称为该建设单位的总平面（布置）图。

5）有关构筑物和设备的设计图：表示环境卫生方面的有关构筑物（如给水净化构筑物和污水净化构筑物等）和设备（如为防止大气污染采用的各种除尘设备和气体净化设备等）的设计图。

（2）按图纸表现的方式分类

1）平面图：表示某一建筑物或设备的平面构造、尺寸等。如房屋建筑平面图表示的是房间的长宽尺寸、墙的厚度、门窗位置、地面材料和地面标高、家具和设备的种类及位置、水电暖通设备的布置等。如将这些内容都标注在同一张图上，则图纸会过于复杂混乱，不易辨认。因此，通常把土建、给排水、暖通、电气设备安装等分绘几张平面图。多层建筑物应按层分别绘制平面图，并在图上注明是第几层。

2）立面（立视）图：表示某一建筑物或设备的外观的形式、尺寸、艺术造型、使用材料等情况。一般应分别用前后立面图和左右立面图表示出前后左右的外观，对称时可减少一个或两个立面。左右的立面图有时也称侧面（侧视）图。

3）剖面图：为了表示某一建筑物或设备内部构造和尺寸等情况，可用剖面图。有纵剖面、横剖面和其他角度的剖面等，从何处剖开及从何方向入视，必须在平面图上用符号（剖面线和箭头）注明，剖面图的多少和剖开的部位，由表现的需要决定。

以上平面图、立面图和剖面图三种图纸一般常根据直角投影的原理绘制。

4）透视图：上述三种图纸有时还不能使看图者一目了然地想象出图纸所示的建筑物或设备的形状，这就需要用透视图来辅助。在人与物体（建筑物或设备等）之间，设立（或假想）有一透明平面作为投影面，人的视线透过投影面观察物体，无数条视线与投影面相交，把各交点连接起来所得的图形即为透视图。

2. 图纸的绘制原理

（1）投影：在空间悬挂一个物体，在该物体后方一定距离处放一张白纸，在该物体前方用平行光照向该物体，白纸上就会出现该物体的影子，这个影子就叫该物体在平面上的投影。平行光垂直照射在投影面（白纸平面）上时，物体的投影称为直角投影。直角投影中，平行于投影面的任一条直线在投影面上投影的大小与该物体的实际大小相同，所以直角投影是工程图纸中最基本的表现方法。

通常单一平面的直角投影不能完整地表示出某一物体的全部形象，因此，常用三个相互垂直平面（*A*、*B* 和 *C*）的直角投影来表示（图 25-1），并把物体的三个相互垂直面（如房屋的墙面与地面）放置成与平面 *A*、*B* 和 *C* 相平行，经三个方向的平行光照射，分别得到平面图、立面图和侧面图。

为了把这三个相互垂直平面上的投影绘在同一张纸上，可将平面 *A*、*C* 铺开，平面图在立面图之下，侧面图在立面图之右。如果审查图纸时图上没有说明，可按此规定看图。

（2）比例尺：采用直角投影时，物体在投影面上投影的大小与该物体本身完全相同，为便利起见，制图时常必须将投影较实物缩小若干倍。把物体的实际尺寸缩小若干倍后画在图纸上的尺寸与物体实际尺寸的比，叫做比例尺（或缩尺）。

（3）线条：图形由各种不同的线条组成，常用的有实线、虚线和对称轴线（中心线）等数种。在图纸中根据某一投影所表示的物体的全部可见轮廓用实线绘制，而物体之不可见轮廓则用虚线表示；表示对称形状的物体时用点画线，这种线也称为对称轴或中心线。

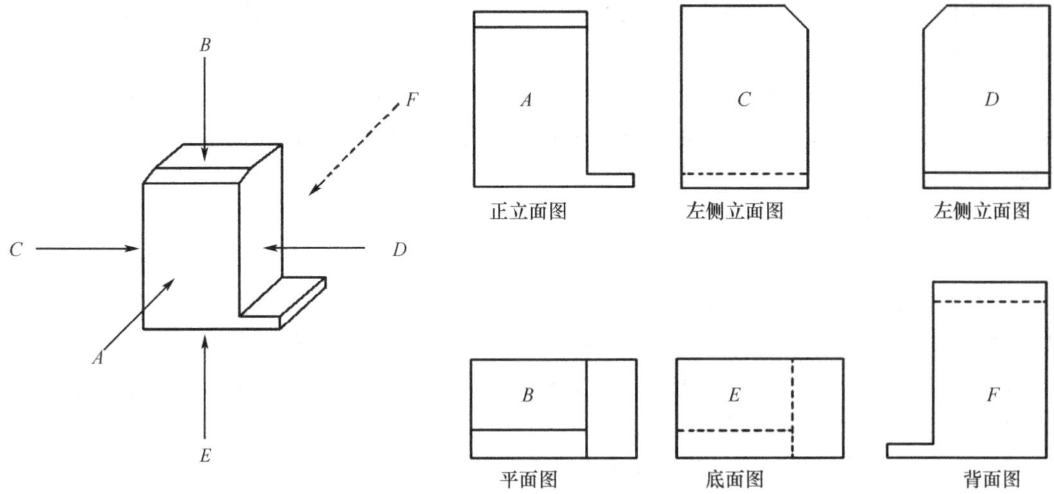

图 25-1　直接正投影图

图纸上不仅要正确地按比例表示出物体的形状，还要标注出它的尺寸。在图上物体的两端画两条与轮廓线垂直的引出线，以表示尺寸的界限。在两条引出线之间，与所要标注尺寸的轮廓线平行，画一较细的实线，叫做尺寸线。在尺寸线两端画上箭头，并在尺寸线中部断开处标出尺寸数字。

（4）剖面：为在图纸上表明物体的内部构造，常用剖面图，即将该物体想象成被一假想平面剖成两个部分，移去一部分，从剖开的一面来观察剩余的部分。

（5）等高线：指地形图上高程相等的相邻各点所连成的闭合曲线。把至地面上高度相同的点连成的闭合曲线，垂直投影到一个水平面上，并按比例缩绘在图纸上，就得到等高线。两等高线间的垂直距离称为等高距，一般常用 0.5m 的倍数作为等高距。等高线中属于整米数者常绘制成较粗的线，而将高度注明于线上，其他细线之高度注明与否均可。

等高线是不规则的曲线，其形状随地势而变，表示地形的高低起伏。此外，从具有等高线的地图上，还可计算该地的平均坡度。方法是：在两等高线上各取一点 *A* 和 *B*，且 *A*、*B* 的连线与等高线大致垂直，两点间的高度差可分别由等高线上获得，两点间的水平距离可在图上直接量得。则 *A*、*B* 的地面坡度为：

$$平均坡度=\frac{两点间高度差}{两点间水平距离}\times 100\%$$

3. 图例　图样是用特定的符号（图例）构成的，要看懂图必须先熟悉图例。只有明白了图上每根线、每个符号的意义，才能彻底了解建筑物或物体的构成情况。

4. 看图工具

（1）比例尺：看图时可使用市售比例尺（或称三棱尺），尺上已按各种比例分好刻度，可直接读出尺寸而避免换算的麻烦。

（2）放大镜：有时为了辨别较复杂图纸上的某些细微部分或图纸的比例尺较大时，可借助放大镜看图。

5. 看图要点与顺序

（1）看图要点：①确定图纸名称（图纸名称通常位于图纸右下角的长方形标框中的格子内，根据图纸名称可了解这张图纸上是什么建筑物或物体，是整套图中的哪一部分，主要表示什么）；②认清比例尺；③确认视图及各图间的关系。

（2）看图顺序：①辨认图上全部符号和标记；②确认每个图的细部；③确定物体尺寸。

6. 住宅设计卫生审查、评价的依据　目前住宅设计卫生审查主要依据《住宅居室容积卫生标准》（GB11727—1989）、《农村住宅卫生规范》（GB 9981—2012）和《住宅设计规范》（GB50096—2011），并应达到以下基本卫生要求：①住宅组成和平面配置适当；②住宅内适宜的微小气候；③良好的采光和照明；④空气清洁，避免室内外污染源的影响；⑤住宅环境应保持安静；⑥有良好的卫生设备；⑦防止病媒虫害的侵扰和控制疾病的传播；⑧住宅周围有良好的绿化。

7. 住宅设计卫生审查的要点

（1）地段的选址：在进行地段选择的卫生审查时，要分析有关的设计资料（说明书、地段布置和总平面图），并对地段的现场进行调查，应从下列几方面进行评价：①是否符合已批准的居民区规划，是否有必要的卫生防护距离以及该地段周围建筑群的关系；②地段附近的道路和交通工具情况；③有无接通上下水道的可能性，固体废弃物如何处理；④绿化情况（草坪和树木种植位置、绿化面积），水面情况（面积、深浅、水质），注意建筑物能否充分利用绿化和水面的良好作用；⑤地段中各种服务性设施（幼儿园、浴室、商店等）的分布情况，其服务半径；⑥地段的地势应平坦且应有一定的坡度（约 0.3%），以便排出雨水；⑦地段的土壤是否受污染，土壤渗水性及地下水位的情况；⑧是否有受强风及洪水侵袭的危险。

（2）进行设计审查时必须提供的文字和图表资料：①详细的说明书；②设计建筑的地段布置图；③计划建筑地段的总平面图（比例尺为 1∶500）；④各层平面图，特别是地下室或半地下室的平面图（比例尺常为 1∶100）；⑤剖面图（比例尺常为 1∶100）；⑥立面图（比例尺常为 1∶100）；⑦典型构成部分（居室）的平面设计（比例尺为 1∶50）；⑧卫生技术设备的设计，包括上水道、下水道、采暖、煤气、供电等。

（3）设计审查的步骤

1）地段布置图的审查：①设计的建筑物是否符合于该地区的总体规划；②设计建筑物的附近，有无对居民健康有害的因素或对象存在；③地段内外的交通道路与交通工具；④附近的服务设施及服务半径。

2）地段总平面图的审查：①地段的规模、形状、长与宽的比例；②建筑物的性质；③建筑密度及净人口密度；④设计建筑物的位置以及与建筑区域内其他建筑物的相互关系；⑤设计建筑物的宽度、长度、层数及高度，设计建筑物与对侧建筑物的间距；⑥建筑物的朝向；⑦建筑物的日照及通风条件；⑧建筑物所在地段内儿童设施及服务设施的配置及其服务半径；⑨地段内的卫生技术设备，包括给水、排水、固体废弃物的清除、照明等；⑩绿化情况。

3）住宅建筑设计图：首层平面、标准层、地下室及半地下室平面图。

标准层平面图：①标准层的形式：单元式、内廊式和外廊式等；②标准层的组成：住宅单元、公共用室、走廊等；③标准层中居室数及朝向，各种朝向居室数的百分数。

住宅单元：①每宅的组成及配置：每宅中主室、辅室、室外设施（阳台、外廊）是否齐全和便于使用，以及相互间隔离情况；②居室规模（面积、净高、进深）：每人平均居住面积、户型、居室规模是否合乎卫生要求；③居室的日照：居室的朝向，建筑物之间的间距，能否得到充足日照；④居室的自然采光：窗户的位置、大小、形状及窗间距离，采光系数及进深系数是否合乎卫生要求；⑤居室自然通风：主室与主室之间、主室与辅室之间有无产生穿堂风的条件（门窗相对或斜对），主室、辅室的门窗与当地夏季主导风向关系，有无换气小窗；⑥居室的隔音：内、外墙的厚度及建筑材料的性能，楼板的厚度及建筑材料，有无吊顶等；⑦前室：

前室门的宽度及其通过家具的可能性，有无壁橱及储藏室、吊棚及挂衣钩等；⑧厨房：位置、大小、朝向及其内部卫生设备、通风、采光等情况；⑨厕所浴室：位置、大小及其内部卫生设备、通风、采光等情况，垂直配置关系，地面是否低于平均地面，其坡度应符合卫生要求；⑩垃圾排送道：入口的位置、构造是否便于排出，有无道口挡板，室外垃圾收集箱设置的位置是否便于清除。

公共通道：①走廊：宽度、通风、采光等情况，地板建筑材料，与各室的关系；②电梯：位置是否靠近主室，数量，有无隔音墙壁围护；③楼梯：楼梯间的位置，与主室之间有无隔离，楼梯的宽度及高度，阶梯的数目、高度及坡度，踏步的宽度，楼梯的出口，楼梯扶栏的高度。

生活福利设施：建筑物内有哪些福利设施（如托幼机构、浴室、理发室等），各种设施的位置、数量、服务范围及与住宅的隔离情况。

4）住宅剖面图：地下室与半地下室的深度，有无防潮通风措施；居室的高度，楼板及吊顶的厚度；窗的形状及高度；地基、基础、勒脚的厚度及楼高。

5）住宅立面图：室外有无阳台、游廊、柱等的设置、位置、体形（凸出或凹入）能对居室造成遮阴。

6）住宅预防性卫生监督的其他工作：住宅建造过程中，①建筑工地应尽量减少对周围居民生活的不利影响（如污染空气或产生噪声振动的露天作业应最大限度地远离居民逗留的地方）；②建筑工地应尽量保证建筑工人良好的生活条件（如保证供给工人充足的优质饮用水，工地厕所应有必需的设备和结构等）；③卫生部门应深入工地，检查有无违反设计的地方及偷工减料的情况（如有类似情况应及时提出并督促改正）。新建筑物使用过程中，卫生部门应进行调查研究，在实践中检验预防性卫生监督过程中所提意见的正确性，为以后的预防性卫生监督工作积累经验。

8. 对住宅设计的实例进行审查 选择当地住宅设计实例，为学生提供相应的文字和图表资料，根据住宅设计卫生标准进行审查，最后以书面形式提交卫生学评价报告。

（三）注意事项

任课教师提醒学生提前查阅文献资料，学生应在课前熟悉相关的建筑识图基础知识。

（王 莹）

实习 26　化妆品中重金属的检测与评价

（一）目的和意义

《化妆品卫生规范》（2007）第三部分卫生化学检测方法规定化妆品中重金属的方法。通过本实习了解不同方法测定化妆品中汞、铅及镉的原理；熟悉化妆品中重金属的测定方法；掌握化妆品中总重金属的卫生评价。

（二）样品前处理

待测元素在样品中含量一般是很低的，而化妆品基体成分及试样中含有的大量水分会对测试带来困难。绝大多数情况下，样品必须经过预处理，先制备成样液，然后再进行检测。常用预处理方法特点及适用范围如表 26-1。

表 26-1　预处理方法特点及适用范围

方法	特点	适用范围
干法消解	传统方法，简单易行，但容易造成样品损失。适合范围较窄，不适合汞等沸点较低的物质。	乳液、膏霜类化妆品
湿式催化消解法	应用广泛，成本低，操作简单。但加热过程中易出现局部过热、碳化、结块，使溶解不完全，酸使用量较大元素易丢失。	油类、乳液、膏霜类化妆品
浸提法	方法简单，耗时较长，提取效率不高，不适于粉剂和蜡质类。	油类、乳液、膏霜类化妆品
微波消解法	耗时少，酸使用量小减少元素损失，准确度高，对粉剂类处理也有较好效果。	油类、乳液、膏霜、蜡质、粉剂类化妆品
压力罐消解法	实际使用少，耗时短。	油类、乳液、膏霜、蜡质、粉剂类化妆品

第一节　化妆品中汞的测定

一、冷原子吸收法

（一）原理

汞蒸气对波长 253.7nm 的紫外光具特征吸收。在一定的浓度范围内，吸收值与汞蒸气浓度成正比。样品经消解、还原处理，将化合态的汞转化为原子态汞，再以载气带入测汞仪测定吸收值，与标准系列比较定量。本方法对汞的检出限和定量下限分别为 0.01μg 和 0.04μg，若取 1g 样品测定，检出浓度为 0.01μg/g，最低定量浓度为 0.04μg/g。

（二）仪器

①具塞比色管，50ml、10ml；②100ml 锥形瓶；③玻璃回流装置（磨口球形冷凝管），250ml；④溶样杯；⑤水浴锅（或敞开式电加热恒温炉）；⑥冷原子吸收测汞仪；⑦汞蒸气发生瓶；

⑧压力自控微波消解系统；⑨高压密闭消解罐；⑩聚四氟乙烯溶样杯。

（三）试剂

（1）硝酸（ρ_{20}=1.42g/ml），优级纯。

（2）硫酸（ρ_{20}=1.84g/ml），优级纯。

（3）盐酸（ρ_{20}=1.19g/ml），优级纯。

（4）过氧化氢[ω（H_2O_2）= 0%]。

（5）五氧化二钒。

（6）硫酸[φ（H_2SO_4）= 10%]：取硫酸 10ml，缓慢加入到 90ml 水中，混匀。

（7）盐酸羟胺溶液（120g/L）：取盐酸羟胺 12.0g 和氯化钠 12.0g 溶于 100ml 水中。

（8）氯化亚锡溶液（200g/L）：称取氯化亚锡 20g 置于 250ml 烧杯中，加入盐酸 20ml，必要时可略加热促溶，全部溶解后，加水稀释至 100ml。

（9）重铬酸钾溶液（100g/L）：称取重铬酸钾 10g，溶于 100ml 水中。

（10）重铬酸钾-硝酸溶液：取重铬酸钾溶液 5ml，加入硝酸 50ml，用水稀释至 1L。

（11）辛醇。

（12）汞标准溶液

1）汞标准溶液[ρ（Hg）=100mg/L]：称取氯化汞（$HgCl_2$）0.1354g 置于 100ml 烧杯中，加入重铬酸钾-硝酸溶液溶解。移入 1000ml 容量瓶，用重铬酸钾-硝酸溶液稀释至刻度。

2）汞标准溶液[ρ（Hg）=10mg/L]：取汞标准溶液[ρ（Hg）=100mg/L]10.0ml 置于 100ml 容量瓶中，用重铬酸钾-硝酸溶液稀释至刻度。可保存一个月。

3）汞标准溶液[ρ（Hg）=1mg/L]：取汞标准溶液[ρ（Hg）=10mg/L] 10.0ml 置于 100ml 容量瓶中，用重铬酸钾-硝酸溶液稀释至刻度。临用前配制。

4）汞标准溶液[ρ（Hg）=0.1mg/L]：取汞标准溶液[ρ（Hg）=1mg/L] 10.0ml 置于 100ml 容量瓶中，用重铬酸钾-硝酸溶液稀释至刻度。

（四）分析步骤

1. 样品预处理 具体方法见实习 2“环境样品的前处理”及《化妆品卫生规范》（2007）。

2. 校准曲线的制备

（1）移取汞标准溶液[ρ（Hg）=0.1mg/L]0、0.10、0.30、0.50、0.70、1.00、2.00ml，置于 100ml 锥形瓶或汞蒸气发生瓶中，用硫酸定容。

（2）按仪器说明书调整好测汞仪。将标准系列加至汞蒸气发生瓶中，加入氯化亚锡溶液 2ml 迅速塞紧瓶塞。开启仪器气阀，待指示达最高读数时，记录读数。绘制校准曲线或计算回归方程。

3. 测定 吸取定量的空白和样品溶液于汞蒸气发生瓶中，加入硫酸定容。按流程进行测定。

（五）计算

$$\omega(\mathrm{Hg})=\frac{(m_1-m_0)\times V}{m\times V_1} \tag{26-1}$$

式（26-1）中：ω（Hg）—样品中汞的质量分数，μg/g； m_1—测试溶液中汞的质量，μg；
m_0—空白溶液中汞的质量，μg； V—样品消化液的总体积，ml；
V_1—分取样品消化液体积，ml； m—样品取样量，g。

二、氢化物原子荧光光度法

（一）原理

样品经消解处理后，样品中汞被溶出。汞离子与硼氢化钾反应生成原子态汞，由载气（氩气）带入原子化器中，在特制汞空心阴极灯照射下，基态汞原子被激发至高能态，去活化回到基态后发射出特征波长的荧光，在一定浓度范围内，其强度与汞含量成正比，与标准系列比较定量。本方法检出限为 0.1μg/L；定量下限为 0.3μg/L。取样量为 0.5g 时，其检出浓度为 0.002μg/g，最低定量浓度为 0.006μg/g。

（二）仪器

（1）所用玻璃器皿均用稀硝酸浸泡过夜，冲洗干净。试管在烘箱 105℃烘 2h 备用。

（2）具塞比色管，10ml、25ml、50ml。

（3）原子荧光光度计。

（三）试剂

（1）氢氧化钾溶液（5g/L）：称取氢氧化钾 5g 溶于 1L 水中。

（2）硼氢化钾溶液（20g/L）：称取硼氢化钾（95%）20g 溶于 1L 氢氧化钾溶液中。置冰箱内保存，一周内有效。

（3）盐酸[10%]：取盐酸（冷原子吸收法）10ml，加水 90ml，混匀。

（4）汞标准溶液[ρ（Hg）=0.01mg/L]：取汞标准溶液（冷原子吸收法）10.0ml 置于 100ml 容量瓶中，用重铬酸钾—硝酸溶液（冷原子吸收法）稀释至刻度。

（四）分析步骤

1. 样品预处理　具体方法见实习 2“环境样品的前处理”及《化妆品卫生规范》（2007）。

2. 校准曲线的制备　吸取汞标准溶液[ρ（Hg）=0.01mg/L]0、0.50、1.25、2.50、5.00ml 置于 25ml 具塞比色管中，加入盐酸 2.5ml，加水至刻度。加盖摇匀后（相应浓度为 0、0.20、0.50、1.00、2.00μg/L），按条件进行原子荧光测定。

3. 测定

（1）仪器参考条件：光电倍增管负高压 300V，汞元素灯电流 15mA，原子化器温度 300℃，高度 8.0mm；氩气流速：载气 300ml/min、屏蔽气 700ml/min；测量方式：标准曲线法，读数方式：峰面积，读数延迟时间 2s，读数时间为 12s；测试样品进样量与硼氢化钾溶液加液量（两者比例为 1∶1）可设定在 0.5～0.8ml 之间。

（2）测定方法：按步骤（1）设好仪器条件，输入相关的参数包括样品稀释倍数和浓度单位，预热，待仪器稳定后，取适量消解定容样品（2～5ml），用盐酸稀释至 10ml 摇匀，编号后放入仪器进样架上，在同一条件下先测定标准曲线，后测定样品。

（五）计算

$$\omega(\mathrm{Hg})=\frac{(\rho_1-\rho_0)\times V}{m\times 1000}\qquad（26\text{-}2）$$

式（26-2）中：ω（Hg）—样品中汞的质量分数，μg/g；

ρ_1—测试溶液中汞的质量浓度，μg/L；

ρ_0—空白溶液中汞的质量浓度，μg/L；

V—样品消化液总体积，ml；

m—样品取样量，g。

（六）线性范围、精密度和准确度

本方法线性范围为 0～10μg/L；回收率为 95%；多次测定的相对标准偏差为 1.2%。

第二节　化妆品中铅的测定

一、火焰原子吸收分光光度法

（一）原理

样品经预处理使铅以离子状态存在于样品溶液中，样品溶液中铅离子被原子化后，基态铅原子吸收来自铅空心阴极灯发出的共振线，其吸光度与样品中铅含量成正比。在其他条件不变的情况下，根据测量被吸收后的谱线强度，与标准系列比较进行定量。方法的检出限为 0.15mg/L，定量下限为 0.50mg/L。若取 1g 样品测定，定容至 10ml，本方法的检出浓度为 1.5μg/g，最低定量浓度为 5μg/g。

（二）仪器

①原子吸收分光光度计及其配件。②离心机。③硬质玻璃消解管或小型定氮消解瓶。④具塞比色管，10ml、25ml、50ml。⑤分液漏斗，100ml。⑥蒸发皿。⑦压力自控微波消解系统。⑧高压密闭消解罐。⑨聚四氟乙烯溶样杯。⑩水浴锅（或敞开式电加热恒温炉）。

（三）试剂

（1）硝酸（ρ_{20}=1.42g/ml），优级纯。

（2）高氯酸[ω（$HClO_4$）= 70%～72%]，优级纯。

（3）过氧化氢[ω（H_2O_2）= 30%]。

（4）硝酸（1+1）：取硝酸 100ml，加水 100ml，混匀。

（5）混合酸：硝酸和高氯酸按 3+1 混合。

（6）辛醇。

（7）盐酸羟铵溶液（120g/L）：取盐酸羟铵 12.0g 和氯化钠 12.0g 溶于 100ml 水中。

（8）铅标准溶液

1）铅标准溶液[ρ（Pb）=1g/L]：称取纯度为 99.99%的金属铅 1.00g，加入硝酸溶液 20ml，加热使溶解，移入 1L 容量瓶中，用水稀释至刻度。

2）铅标准溶液[ρ（Pb）=100mg/L]：取铅标准溶液[ρ（Pb）=1g/L]10.0ml 置于 100ml 容量瓶中，加硝酸溶液 2ml，用水稀释至刻度。

3）铅标准溶液[ρ（Pb）=10mg/L]：取铅标准溶液[ρ（Pb）=100mg/L]10.0ml 置于 100ml 容量瓶中，加硝酸溶液 2ml，用水稀释至刻度。

（9）甲基异丁基酮（MIBK）。

（10）盐酸溶液（7mol/L）：取优级纯浓盐酸（ρ_{20}=1.19g/ml）30ml，加水至 50ml。

（四）分析步骤

1. 样品预处理　具体方法见实习 2“环境样品的前处理”及《化妆品卫生规范》（2007）。

2. 测定

（1）移取铅标准溶液[ρ（Pb）=10mg/L]0、0.50、1.00、2.00、4.00、6.00ml，分别置于 10ml 具塞比色管中，加水至刻度。按仪器操作程序，将仪器的分析条件调至最佳状态。在扣除背景吸收下，分别测定校准曲线系列、空白和样品溶液。如样品溶液中铁含量超过铅含量 100 倍，不宜采用氘灯扣除背景法，应采用塞曼效应扣除背景法，或预先除去铁。绘制浓度—吸光度曲线，计算样品含量。

（2）将标准、空白和样品溶液转移至蒸发皿中，在水浴上蒸发至干。加入盐酸 10ml 溶解残渣，转移至分液漏斗，用等量的 MIBK 萃取二次，保留盐酸溶液。再用盐酸 5ml 洗 MIBK 层，合并盐酸溶液，必要时赶酸，定容。按仪器操作程序，进行测定。

（五）计算

$$\omega(\text{Pb}) = \frac{(\rho_1 - \rho_0)\times V}{m} \qquad (26\text{-}3)$$

式（26-3）中：ω（Pb）—样品中铅的质量分数，μg/g；

ρ_1—测试溶液中铅的质量浓度，mg/L；

ρ_0—空白溶液中铅的质量浓度，mg/L；

V—样品消化液总体积，ml；

m—样品取样量，g。

二、微分电位溶出法

（一）原理

样品经预处理，使铅以离子状态存在于溶液中。在适当的还原电位下铅被富集于玻碳汞膜电极上。在酸性溶液中，于−0.46V（相对饱和甘汞电极）铅离子有一灵敏的溶出峰，其峰高与其含量成正比。在其他条件不变的情况下，测量溶出峰并与标准系列比较，定量。本方法检出限为 0.056μg，定量下限为 0.19μg。如取 1g 样品，检出浓度为 0.56μg/g，最低定量浓度为 1.9μg/g。

（二）仪器

①电沙浴；②100ml 锥形瓶；③100ml 容量瓶；④50ml 玻璃烧杯；⑤微分电位溶出分析仪及其配件。

（三）试剂

（1）电极镀汞液：称取 $Hg(NO_3)_2 \cdot H_2O$ 68.5mg 和 KNO_3 25.3g 溶于水中，加入硝酸（一、火焰原子吸收分光光度法）0.63ml，定容至 1L。

（2）盐酸（1+1）：取纯盐酸（ρ_{20}= 1.19g/ml）100ml，加水 100ml，混匀。

（3）乙醇（1+1）：取无水乙醇 100ml，加水 100ml，混匀。

（4）酚酞指示剂（1g/L 乙醇溶液）：称取酚酞 0.1g 用 50ml 无水乙醇溶解，再加 50ml 水，混匀。

（5）氨水（1+1）：取氨水 100ml，加水 100ml，混匀。

（四）分析步骤

1. 样品预处理　具体方法见实习 2“环境样品的前处理”及《化妆品卫生规范》（2007）。

2. 标准工作溶液的制备 取铅标准溶液[ρ（Pb）=10mg/L]0、0.050、0.10、0.20、0.40、0.70、1.00ml，分别置于6个锥形瓶中，与样品同时消解，定容至100ml。

3. 电极预处理玻碳 电极使用前用硝酸（1+1）（火焰原子吸收分光光度法）浸泡，水冲洗后，用滴有乙醇（1+1）的滤纸擦拭电极，再用水冲净。将三电极插入镀汞液中，按表26-2参数镀汞后待用。

4. 测定 分别取待测标准溶液和样品溶液10.0ml于25ml容量瓶中，加2滴酚酞指示剂，用氨水（1+1）调至溶液微红色，再加盐酸（1+1）0.3ml，用水定容至刻度，转移到50ml烧杯中，插入三电极，按表26-2参数测定。工作曲线法测定时，绘制质量-溶出峰高曲线，计算样品含量。标准加入法测定时，以峰高及加入量直接计算。

表 26-2 仪器参考参数

仪器参数	镀汞	测定
电解电压（V）	−1.10	−1.10
电极转速（rpm）	2500	2000
富集时间（s）	40	60
溶出下限电压（V）	−0.20	−0.20
溶出上限电压（V）	−0.90	−1.00
静止时间（s）	30	30
灵敏度	20	20
洗电极时间（s）	20	10～20

（五）计算

1. 工作曲线法

$$\omega(\mathrm{Pb})=\frac{(m_1-m_0)\times V}{m\times V_1} \tag{26-4}$$

式（26-4）中：ω（Pb）—样品中铅的质量分数，μg/g；

m_1—测试溶液中铅的质量，μg；

m_0—空白溶液中铅的质量，μg；

V—样品溶液总体积，ml；

V_1—分取样品溶液体积，ml；

m—样品取样量，g。

2. 标准加入法

$$\omega(\mathrm{Pb})=\frac{h_1\times m_1}{(h_1\times h_2)\times m} \tag{26-5}$$

式（26-5）中：ω（Pb）—样品中铅的质量分数，μg/g；

h_1—样品溶液中铅的峰高；

h_2—加入标准后溶液中铅的样品峰高；

m_1—加入铅标准的质量，μg；

m—样品取样量，g。

（六）精密度和准确度

取基体类型不同的 4 类化妆品样品（粉、水、蜜、油）作 3 种浓度（高、中、低）的加标回收试验，相对标准偏差为 2.05%～7.96%，回收率为 82.7%～103.0%。

三、双硫腙萃取分光光度法

（一）原理

样品经预处理后，在弱碱性下样品溶液中的铅与双硫腙作用生成红色螯合物，用氯仿提取，比色定量。锡大量存在时干扰测定。本方法不适用于含有氧化钛及铋化合物的试样。本方法的检出限为 0.3μg，定量下限为 1.0μg。若取 1g 样品测定，则检出浓度为 0.3μg/g，最低定量浓度为 1μg/g。

（二）仪器

①分液漏斗（125ml），预先用稀酸浸泡，并经水洗；②分光光度计。

（三）试剂

（1）氯仿，不含氧化物。

（2）酚红指示液（1g/L 乙醇溶液）：称取酚红 0.1g 用 100ml 无水乙醇溶解，混匀。

（3）双硫腙储备溶液（1g/L 氯仿溶液）：保存在冷暗处。必要时按下述方法纯化：称取 0.5g 研细的双硫腙，溶于 50ml 氯仿中。如不全溶，可用滤纸过滤于 950ml 分液漏斗中。用氨水（1+1）（二、微分电位溶出法）提取 3 次，每次 100ml，合并提取液。再用 10ml 氯仿洗氨水溶液 2 次。用盐酸（1+1）（二、微分电位溶出法）调至酸性，将沉淀出的双硫腙用氯仿提取 2～3 次，每次 100ml。合并氯仿层，加氯仿至总体积为 500ml。

（4）双硫腙使用溶液（0.01g/L 氯仿溶液）：取双硫腙储备溶液 1ml，用氯仿稀释至 100ml。

（5）硝酸（1%）：取硝酸（一、火焰原子吸收分光光度法）10ml，加水 990ml，混匀。

（6）盐酸羟胺溶液（200g/L）：取盐酸羟胺 20g，加水 50ml，加 2 滴酚红指示液，加氨水（1+1）（二、微分电位溶出法）至 pH8.5～9.0，用双硫腙氯仿溶液提取，直至氯仿层绿色不变，再用氯仿洗水层两次。此水层以盐酸（1+1）（二、微分电位溶出法）调至酸性，加水至 100ml 备用。

（7）柠檬酸铵溶液（200g/L）：取柠檬酸铵 50g 溶于 100ml 水中，加 2 滴酚红指示液，加氨水（1+1）（二、微分电位溶出法）至 pH8.5～9.0，用双硫腙氯仿溶液提取数次，每次 10～20ml，直至氯仿层绿色不变为止。弃除氯仿层，水层加水稀释至 250ml。

（8）氰化钾溶液（100g/L）（注意有剧毒）：如试剂含铅需纯化时，应先将氰化钾 10g 溶于水 20ml 中，以下按（3）所述方法纯化后再稀释至 100ml。

（9）无铅脱脂棉：医用脱脂棉，必要时用双硫腙氯仿液去除铅。

（四）分析步骤

1. 样品预处理 具体方法见实习 2“环境样品的前处理”及《化妆品卫生规范》（2007）。

2. 测定 取适量已处理的样品溶液于 125ml 分液漏斗中，加水至总体积为 50ml，另取铅标准使用溶液[ρ（Pb）=10mg/L]0、0.10、0.20、0.30、0.40、0.50ml 分别置于 125ml 分液漏斗中，各补加硝酸溶液，至总体积为 50ml。然后向样品溶液、空白溶液及铅标准溶液中各加柠檬酸铵溶液 2ml、盐酸羟胺溶液 1ml、酚红指示液 2 滴，用氨水（二、微分电位溶出法）调节至红色出现。向各分液漏斗中加入氰化钾溶液 2ml，混匀。准确加入双硫腙使用溶液 5ml，剧烈振摇提取 1min，静置分层。在分液漏斗下颈部塞入少许无铅脱脂棉，然后将氯仿层滤入比色皿中。以氯仿调零，在波长 510nm 下测定吸光度，并绘制标准曲线。

（五）计算

$$\omega(\text{Pb})=\frac{m_1-m_0}{m\times V_1}\times V \tag{26-6}$$

式（26-6）中：ω（Pb）—样品中铅的质量分数，μg/g；

m_1—测试溶液中铅的质量，μg；

m_0—空白溶液中铅的质量，μg；

V—样品溶液总体积，ml；

V_1—分取样品溶液体积，ml；

m—样品取样量，g 。

第三节　化妆品中镉的测定

一、火焰原子吸收分光光度法

（一）原理

样品经预处理，使镉以离子状态存在于溶液中，样品溶液中镉离子被原子化后，基态原子吸收来自镉空心阴极灯的共振线，其吸收量与样品中镉的含量成正比。在其他条件不变的情况下，根据测量的吸收值与标准系列比较进行定量。本方法检出限为 0.007mg/L，定量下限为 0.023mg/L。若取 1g 样品，检出浓度为 0.18μg/g，最低定量浓度为 0.59μg/g 。

（二）仪器

①原子吸收分光光度计及其附件；②硬质玻璃消解管或高型烧杯；③具塞比色管，10ml、25ml；④电热板或水浴锅；⑤压力自控密闭微波溶样炉；⑥高压密闭消解罐；⑦聚四氟乙烯溶样杯。

（三）试剂

（1）硝酸（ρ_{20}=1.42g/ml），优级纯。

（2）高氯酸[ω（$HClO_4$）=70%～72%]，优级纯。

（3）过氧化氢[ω（H_2O_2）=30%]，优级纯。

（4）硝酸（1+1）：取硝酸 100ml，加水 100ml，混匀。

（5）混合酸：硝酸和高氯酸按（3+1）混合。

（6）镉标准溶液

1）镉标准溶液[ρ（Cd）= 1g/L]：称取金属镉[ω（Cd）= 99.99%] 1.00g，加入硝酸（1+1）20ml 于 250ml 烧杯中，加热溶解。转移至 1L 容量瓶中，用水稀释至刻度。

2）镉标准溶液[ρ（Cd）= 100mg/L]：移取镉标准溶液[ρ（Cd）= 1g/L] 10.0ml 于 100ml 容量瓶中，加硝酸（1+1）2ml，用水稀释至刻度。

3）镉标准使用溶液[ρ（Cd）=10mg/L]：移取镉标准溶液[ρ（Cd）=100mg/L]10.0ml 于 100ml

容量瓶中，加硝酸（1+1）2ml，用水稀释至刻度。

（7）甲基异丁基酮（MIBK）。

（8）盐酸（7mol/L）：取优级纯浓盐酸（ρ_{20}=1.19g/ml）30ml，加水至 50ml。

（9）盐酸羟胺溶液（120g/L）：取盐酸羟胺 12.0g 和氯化钠 12.0g 溶于 100ml 水中。

（10）辛醇。

（四）分析步骤

1. 样品预处理 具体方法见实习 2“环境样品的前处理”及《化妆品卫生规范》（2007）。

2. 测定

（1）移取镉标准溶液[ρ（Cd）=10mg/L]0、0.50、1.00、2.00、3.00、4.00、5.00ml，分别于 50ml 容量瓶中，加硝酸（1+1）1ml，用水稀释至刻度。分别相当于 0、0.10、0.20、0.40、0.60、0.80、1.00mg/L 镉。按仪器操作程序，将仪器的分析条件调至最佳状态。在扣除背景吸收下，分别测定校准曲线系列、空白和样品溶液。如样品溶液中铁含量超过镉含量 100 倍，不宜采用氘灯扣除背景法，应采用塞曼效应扣除背景法，或预先除去铁。绘制浓度-吸光度曲线，计算样品含量。

（2）将标准、空白和样品溶液转移至蒸发皿中，在水浴上蒸发至干。加入盐酸 10ml 溶解残渣，转移至分液漏斗，用等量的 MIBK 萃取 2 次，保留盐酸溶液。再用盐酸 5ml 洗 MIBK 层，合并盐酸溶液，必要时赶酸，定容。按仪器操作程序进行测定。

（五）计算

$$\omega(\text{Cd}) = \frac{(\rho_1 - \rho_0)\times V}{m} \qquad (26\text{-}7)$$

式（26-7）中：ω（Cd）—样品中镉的质量分数，μg/g；

ρ_1—测试溶液中镉的质量浓度，mg/L；

ρ_0—空白溶液中镉的质量浓度，mg/L；

V—样品溶液总体积，ml；

m—样品取样量，g 。

（六）精密度和准确度

实验采用湿式消化法，测定含镉为 0.25～1.00μg/g 的膏、霜、粉饼、水剂等不同种类的化妆品样品，其相对标准偏差为 0.73%～8.73%；228 份样品的回收率范围为 85.8%～101.3%。实验采用浸提法测定含镉为 0.25～1.00μg/g 的膏、霜、粉饼、水剂等不同种类的化妆品样品，其相对标准偏差为 0.69%～6.90%；252 份样品的回收率范围为 85.6%～102.0%。

二、微分电位溶出法

（一）原理

样品经预处理，使镉以离子状态存在于溶液中。于电解池中选用适当的还原电位，将 Cd^{2+} 富集于玻璃汞膜上。镉在酸性溶液中，于−0.62V（相对饱和甘汞电极）有一灵敏的溶出峰，其峰高与其含量成正比。在其他条件不变的情况下，测量溶出峰，并与标准系列比较，进行定量。本方法检出限及定量下限分别为 0.025μg 和 0.082μg。如取 1g 样品测定，检出浓度为 0.25μg/g，最低定量浓度为 0.82μg/g。

（二）仪器

（1）电沙浴。

（2）100ml 锥形瓶。

（3）100ml 容量瓶。

（4）50ml 玻璃烧杯。

（5）微分电位溶出分析仪及其配件。

（三）试剂

（1）玻碳电极镀汞液：称取 $Hg(NO_3)_2 \cdot H_2O$ 68.5mg 和 KNO_3 25.3g 混合溶于水中，加入硝酸（一、火焰原子吸收分光光度法）0.63ml，用水定容至 1L。

（2）盐酸（1+1）：取优级纯盐酸（ρ_{20}=1.19g/ml）100ml，加水 100ml，混匀。

（3）乙醇（1+1）：取无水乙醇 100ml，加水 100ml，混匀。

（4）酚酞指示剂（1g/L 乙醇溶液）：称取酚酞 0.1g 用 50ml 无水乙醇溶解，再加 50ml 水，混匀。

（5）氨水（1+1）：取氨水 100ml，加水 100ml，混匀。

（四）分析步骤

1. 样品预处理　具体方法见实习 2“环境样品的前处理”及《化妆品卫生规范》（2007）。

2. 标准工作溶液的制备　取镉标准溶液[ρ(Cd)=10mg/L]0、0.050、0.10、0.20、0.40、0.70 和 1.00ml，分别置于 7 个锥形瓶中，与样品同时消解，并转移至 100ml 容量瓶中，用水定容。

3. 电极预处理　玻碳电极使用前用硝酸（1+1）（一、火焰原子吸收分光光度法）浸泡，水冲洗后，用滴有乙醇（1+1）的滤纸擦拭电极，再用水冲净，将三电极插入镀汞液中，按表 26-3 参数镀汞后待用。

表 26-3　仪器参考参数

仪器参数	镀汞	测定
电解电压（V）	−1.10	−1.10
电极转速（rpm）	2500	2000
富集时间（s）	40	60
溶出下限电压（V）	−0.20	−0.20
溶出上限电压（V）	−0.90	−1.00
静止时间（s）	30	30
灵敏度	20	20
洗电极时间（s）	20	10～20

4. 测定　分别取镉标准工作溶液和样品溶液 10.0ml 于 25ml 容量瓶中，加酚酞指示剂 2 滴，用氨水（1+1）调至溶液呈微红色，再加盐酸（1+1）0.3ml，用水定容至刻度，转移到 50ml 烧杯中，插入三电极，按表 26-3 参数测定。工作曲线法测定时，记录峰高，绘制质量-溶出峰高曲线，计算样品含量。标准加入法测定时，以峰高及标准加入量直接计算。

（五）计算

1. 标准曲线法

$$\omega(\mathrm{Cd})=\frac{(m_1-m_0)\times V}{m\times V_1} \tag{26-8}$$

式（26-8）中：ω（Cd）—样品中镉的质量分数，μg/g；

m_1—测试溶液中镉的质量，μg；

m_0—空白溶液中镉的质量，μg；

V—样品溶液总体积，ml；

V_1—分取样品溶液体积，ml；

m—样品取样量，g。

2. 标准加入法

$$\omega(\text{Cd}) = \frac{h_1 - m_0}{(h_1 - h_2) \times m} \tag{26-9}$$

式（26-9）中：ω（Cd）—样品中镉的质量分数，μg/g；

h_1—样品溶液中镉的峰高；

h_2—加入标准后样品溶液中镉的峰高；

m_1—加入镉标准的质量，μg；

m—样品取样量，g。

（六）精密度和准确度

取四大类化妆品样品（粉、水、蜜、油）作 3 种浓度（高、中、低）的加标回收试验，相对标准偏差为 2.44%～9.35%，回收率为 81.3%～104%。

【评价】

化妆品中重金属的接触限制如表 26-4 所示，根据相应卫生学要求评价化妆品中重金属成分是否超标。

表 26-4　化妆品中有害物质的接触限制

《化妆品卫生规范》（2007）	《化妆品安全技术规范》意见稿（2015）
汞≤1 mg /kg（含有机汞防腐剂的眼部化妆品除外）	汞≤1 mg /kg（含有机汞防腐剂的眼部化妆品除外）
铅≤40 mg /kg	铅≤10 mg /kg
砷≤10 mg /kg	砷≤10 mg /kg
	镉≤5 mg /kg

注：（1）化妆品中砷的测定在样品经过预处理，样品制备成样液后测定方法同实习 11“水中砷的测定”

（2）化妆品预处理制备成样液后，还可以使用电感耦合等离子体质谱法 ICP-MS（ICP-AES）同时检测多种重金属

（张　贺）

参 考 文 献

国家环境保护局. 1995. 环境空气总悬浮颗粒物的测定重量法（GB/T 15432—1995）[S]
聂长茜. 2003. 环境监测与分析实践教程[M]. 北京：化学工业出版社
潘健民. 2009. 环境监测实验（英汉双语教材）[M]. 北京：科学出版社
唐焕文. 2011. 环境卫生与职业卫生学实习指导[M]. 北京：科学出版社
王立章. 2014. 室内污染监测与控制技术[M]. 北京：化学工业出版社
吴志刚. 2012. 环境卫生学实习指导[M]. 北京：人民卫生出版社
杨新军，邱洪斌. 2013.公共卫生执业医师基本实践技能训练教程[M]. 北京：人民卫生出版社
詹平，陈华. 2008. 环境卫生学（案例版）[M].北京：科学出版社
张爱华. 2012.公共卫生与预防医学实验教程[M].北京：科学出版社
张朝武，周宜开. 2005.现代卫生检验[M]. 北京：人民卫生出版社
中华人民共和国国家质量监督检验检疫总局，中国国家标准化管理委员会. 2012.医院消毒卫生标准（GB15982—2012 ）[S]
中华人民共和国卫生部. 2009. 医务人员手卫生规范 （WS/T 313—2009）[S]
中华人民共和国卫生部. 2012. 医院空气净化管理规范（WS/T 368—2012 ）[S]